国有资产交易

法律实务与疑难问题

佟杉杉 · 著

法律出版社
LAW PRESS·CHINA
北京

序　言

国有资产交易既有一般性，也有特殊性。所谓一般性，是指它本质上是一种交易行为，与其他交易行为一样，受《民法典》《公司法》等民商事法律的调整。所谓特殊性，是指其交易标的国有资产具有特殊性，从维护国有资产安全、优化国有经济布局和结构调整等政策目标考量，国家从法律法规和政策等方面对国有资产交易作出特别规定。

正是基于国有资产具有特殊性以及由此形成的特别规定，以及在国有企业改革不断深化的大环境下，无论是交易实践还是法律实务，国有资产交易逐渐成为一个相对独立的领域，自成一统。

目前，我国已经基本上形成了由《企业国有资产法》为代表的法律，由《企业国有资产监督管理暂行条例》为代表的行政法规，由《企业国有资产交易监督管理办法》为代表的部门规章，以及大量的部门规范性文件、地方性法规、地方政府规章和交易机构交易规则为补充的，多个层次规范构成的企业国有资产交易法律制度体系。①

国有资产交易法律制度体系的不断丰富完善，无疑为国有资产交易参与者，包括转让方、受让方、融资方、投资方、中介机构、交易

① 国有资产一般可划分为由国家对企业的出资形成的经营性资产，由国家机关、国有事业单位等组织使用管理的行政事业性资产，以及属于国家所有的土地、矿藏、森林、水流等资源性资产。鉴于国有资产交易主要发生在经营性资产领域，如无特殊说明，本书所称“国有资产交易”仅指“企业国有资产交易”，相关问题均以企业国有资产交易为研究分析对象。

机构、监管机构等，提供了行动指南。学习了解并掌握这些知识，是做好国有资产交易的重要基础。

多年来的经验让我深刻意识到，这需要熟知并灵活运用、甚至创造性地理解适用现有的国有资产交易法律知识，特别是对不同层面、不同地域、不同情形下形成的纷繁芜杂、尚不完备甚至冲突的大量规范性文件，以及成文的、不成文的内部掌握的知识和经验。尤其是国有资产交易过程中遇到“疑难杂症”，现行法规制度又处于空白或模糊之时，更加考验参与者的智慧和能力。

在这个过程中，具有法律知识背景的法律人将起到关键作用。一方面，国有资产交易涉及的法律关系较为复杂，这就要求参与者既要有整体观，对整个交易流程进行统筹考虑，又要有应变能力和执行力，妥善处理各类突发问题。法律人长期与纠纷和问题打交道，具有操控方面的经验。另一方面，国有资产交易本质上依然是一个法律问题，最终需要通过合同等法律文件来实现，法律人作为专业法律知识的拥有者和实践者，在这方面有天然优势。

这也是编写本书的缘由之一。近二十年来，我一直专注国有资产交易法律问题，也亲身策划参与了许多重大国有资产交易项目，结识了许多志同道合的同道大咖，在交流与碰撞中积淀了理论和实践经验。将多年来的心得体会和经验整理分享的想法始于2018年，几经修改，终于成稿，了却了一桩心愿，也算是一段人生经历的梳理总结。

关于本书内容，特做如下提示和说明：

第一，本书仅以非上市企业国有资产交易为研究对象。主要考虑上市公司与非上市公司的国有资产交易监管，在规则体系、交易方式、交易流程等方面差异较大。此外，上市公司作为热点向来关注度高，相关文章书籍比较丰富，但对于非上市企业的国有资产交易，各方面关注度还不是很高，相关书籍特别是实务方面的书籍不多。这也是编写本书的一个缘由。

第二，本书主要以国有资产监督管理委员会监管范围内的国有企业资产交易为对象，重点关注适用《企业国有资产交易监督管理办法》(以下简称32号令)、必须在国有资产监督管理委员会选定交易机构“进场交易”行为。对于财政部门等其他履行出资人职责部门监管的金融、文化等特殊类型国有企业资产交易,以及不属于32号令调整范围的国有企业资产变动,本书原则上不涉及。

第三,本书聚焦企业国有资产进场交易过程中法律实务和操作细节。在体例上,以问题为导向,聚焦常见问题并予以分析,虽然体系上不够自洽,但更便于读者有选择地阅读和使用。在表述上,以实践性为主,兼具法理分析,力图让读者了解国有资产交易的核心要义、关键环节、热点难点以及应对策略。在角度选择上,主要对相关问题进行规则层面解析,一般不涉及其他考量。在形式上,通过图表方式,使要点和逻辑更加清晰明了,方便阅读掌握。

本书得以坚持写作、不断改进和最终出版,还当感谢很多人的指导、鼓励和帮助。感谢我的引路人首都十大诚信经纪人姚允升先生,感谢大成律师事务所高级合伙人马玲律师、君众律师事务所主任张明君律师参与本书部分内容的讨论,感谢海润天睿律师事务所高级合伙人邢立新律师、高级合伙人张振祖律师提出的宝贵意见和大力支持。

本书出版前夕,适逢十三届全国人大三次会议审议通过《民法典》。为便于阅读适用,本书相关法条引用与《民法典》最新规定保持一致。希望本书的出版,对于国有资产交易参与者有所裨益,让更多的人了解和参与到国有资产交易事务中。本书内容主要是个人对于国有资产交易规则理解思考和实践经验的归纳总结,囿于自身能力所限,书中难免有错误不足之处,敬请批评指正。

是为序。

佟杉杉

2020年9月于北京

国有资产交易相关政策法规一览表

序号	名称	文号	简称	备注
法　律				
1	中华人民共和国合同法		《合同法》	1999年10月1日施行，2021年1月1日废止
2	中华人民共和国公司法		《公司法》	2023年12月29日第二次修订，2024年7月1日施行
3	中华人民共和国合伙企业法		《合伙企业法》	2007年6月1日施行（修订）
4	中华人民共和国企业国有资产法		《企业国有资产法》	2009年5月1日施行
5	中华人民共和国资产评估法		《资产评估法》	2016年12月1日施行
6	中华人民共和国外商投资法		《外商投资法》	2020年1月1日施行
7	中华人民共和国民法典		《民法典》	2021年1月1日施行
行政法规				
8	企业法人登记管理条例	国务院令第1号		1988年7月1日施行，2022年3月1日废止
9	国有资产评估管理办法	国务院令第91号		1991年11月16日施行

续表

序号	名称	文号	简称	备注
10	公司登记管理条例	国务院令第156号		1994年7月1日施行，2022年3月1日废止
11	企业国有资产产权登记管理办法	国务院令第192号		1996年1月25日施行
12	国有企业监事会暂行条例	国务院令第283号		2000年3月15日施行，2022年3月29日废止
13	企业国有资产监督管理暂行条例	国务院令第378号		2003年5月27日施行，2019年3月2日修订
司法解释				
14	最高人民法院关于适用《中华人民共和国合同法》若干问题的解释（一）	法释〔1999〕19号	《合同法司法解释（一）》	1999年12月29日施行，2021年1月1日废止
15	最高人民法院关于在国有资本控股、参股的股份有限公司中从事管理工作的人员利用职务便利非法占有本公司财物如何定罪问题的批复	法释〔2001〕17号		2001年5月26日施行
16	最高人民法院关于金融资产管理公司收购、处置银行不良资产有关问题的补充通知	法〔2005〕62号		2005年5月30日施行
17	最高人民法院关于如何认定国有控股、参股股份有限公司中的国有公司、企业人员的解释	法释〔2005〕10号		2005年8月11日施行
18	最高人民法院关于适用《中华人民共和国合同法》若干问题的解释（二）	法释〔2009〕5号	《合同法司法解释（二）》	2009年5月13日施行，2021年1月1日废止
19	最高人民法院印发《关于当前形势下审理民商事合同纠纷案件若干问题的指导意见》的通知	法发〔2009〕40号		2009年7月7日施行

续表

序号	名称	文号	简称	备注
20	最高人民法院关于充分发挥审判职能作用切实加强产权司法保护的意见	法发〔2016〕27号		2016年11月28日施行
21	最高人民法院关于民事执行中变更、追加当事人若干问题的规定	法释〔2016〕21号		2016年12月1日施行，2021年1月1日修正
22	全国法院民商事审判工作会议纪要	法〔2019〕254号	《九民纪要》	2019年11月8日施行
		国务院文件		
23	国务院办公厅转发财政部关于改革国有资产评估行政管理方式加强资产评估监督管理工作意见的通知	国办发〔2001〕102号	102号文	2001年12月31日施行
24	国务院办公厅转发国务院国有资产监督管理委员会关于规范国有企业改制工作意见的通知	国办发〔2003〕96号	96号文	2003年11月30日施行
25	国务院办公厅转发国资委关于进一步规范国有企业改制工作实施意见的通知	国办发〔2005〕60号	60号文	2005年12月19日施行
26	国务院办公厅转发国资委关于推进国有资本调整和国有企业重组指导意见的通知	国办发〔2006〕97号		2006年12月5日施行
27	国务院办公厅关于在全国范围内开展厂办大集体改革工作的指导意见	国办发〔2011〕18号		2011年4月18日施行
28	国务院关于国有企业发展混合所有制经济的意见	国发〔2015〕54号		2015年9月23日施行
29	国务院办公厅关于印发中央企业公司制改制工作实施方案的通知	国办发〔2017〕69号		2017年7月18日施行
30	国务院办公厅关于印发国有金融资本出资人职责暂行规定的通知	国办发〔2019〕49号		2019年11月7日施行

续表

序号	名称	文号	简称	备注
部门规章				
31	国有企业清产核资办法	国资委令第1号		2003年9月9日施行
32	企业国有产权转让管理暂行办法	国资委、财政部令第3号	3号令	2004年2月1日施行，2017年12月29日废止
33	企业国有资产评估管理暂行办法	国资委令第12号		2005年9月1日施行
34	中央企业境外国有产权管理暂行办法	国资委令第27号	27号令	2011年7月1日施行
35	国家出资企业产权登记管理暂行办法	国资委令第29号	29号令	2012年6月1日施行
36	企业国有资产交易监督管理办法	国资委、财政部令第32号	32号令	2016年6月24日施行
37	中央企业投资监督管理办法	国资委令第34号		2017年1月7日施行
38	上市公司国有股权监督管理办法	国资委、财政部、证监会令第36号		2018年7月1日施行
39	中央企业违规经营投资责任追究施行办法（试行）	国资委令第37号	37号令	2018年8月30日施行
40	金融企业国有资产转让管理办法	财政部令第54号		2009年5月1日施行
41	资产评估机构审批和监督管理办法	财政部令第64号		2011年10月1日施行，2017年6月1日废止
42	资产评估行业财政监督管理办法	财政部令第86号		2017年6月1日施行，2019年1月2日修改
43	私募投资基金监督管理暂行办法	证监会令第105号		2014年8月21日施行

续表

序号	名称	文号	简称	备注
中央部门规范性文件				
44	企业国有资产所有权界定的暂行规定	国资综发〔1991〕23号		1991年3月26日施行
45	国家国有资产管理局关于印发《国有资产产权界定和产权纠纷处理暂行办法》的通知	国资法规发〔1993〕68号		1993年12月21日施行
46	中共国务院国资委纪委、监察部驻国务院国资委监察局关于印发《关于加强对国有企业改制及国有产权转让监督检查工作的意见》的通知	国资纪发〔2004〕2号		2004年3月8日施行
47	国务院国有资产监督管理委员会关于做好贯彻落实《企业国有产权转让管理暂行办法》有关工作的通知	国资发产权〔2004〕195号		2004年3月8日施行，2016年6月30日废止
48	国务院国有资产监督管理委员会关于做好产权交易机构选择确定工作的指导意见	国资发产权〔2004〕252号		2004年7月14日施行，2017年12月29日废止
49	国务院国有资产监督管理委员会关于企业国有产权转让有关问题的通知	国资发产权〔2004〕268号		2004年8月25日施行，2017年12月29日废止
50	国务院国有资产监督管理委员会、财政部关于印发《企业国有产权向管理层转让暂行规定》的通知	国资发产权〔2005〕78号		2005年4月11日施行，2016年6月30日废止
51	国务院国有资产监督管理委员会关于印发《企业国有产权无偿划转管理暂行办法》的通知	国资发产权〔2005〕239号		2005年8月29日施行

续表

序号	名称	文号	简称	备注
52	国务院国有资产监督管理委员会关于加强企业国有资产评估管理工作有关问题的通知	国资委产权〔2006〕274号		2006年12月12日施行
53	国务院国有资产监督管理委员会、财政部关于企业国有产权转让有关事项的通知	国资发产权〔2006〕306号	306号文	2006年12月31日施行，2017年12月29日废止
54	国务院国有资产监督管理委员会关于建立中央企业国有产权转让信息联合发布制度有关事项的通知	国资发产权〔2008〕32号		2008年3月1日施行，2017年12月29日废止
55	国务院国有资产监督管理委员会关于施行《上市公司国有股东标识管理暂行规定》有关问题的函	国资厅产权〔2008〕80号		2008年3月4日施行
56	国务院国有资产监督管理委员会关于印发《企业国有产权无偿划转工作指引》的通知	国资发产权〔2009〕25号		2009年2月16日施行
57	国务院国有资产监督管理委员会关于印发《企业国有产权交易操作规则》的通知	国资发产权〔2009〕120号	120号文	2009年7月1日施行
58	国务院国有资产监督管理委员会关于印发《中央企业资产评估项目核准工作指引》的通知	国资发产权〔2010〕71号		2010年5月25日施行
59	国务院国有资产监督管理委员会关于规范中央企业选聘评估机构工作的指导意见	国资发产权〔2011〕68号		2011年5月28日施行
60	国务院国有资产监督管理委员会关于中央企业国有产权置换有关事项的通知	国资发产权〔2011〕121号		2011年9月7日施行

续表

序号	名称	文号	简称	备注
61	国务院国有资产监督管理委员会关于印发《国家出资企业产权登记管理工作指引》的通知	国资发产权〔2012〕104 号		2012 年 7 月 24 日施行
62	国务院国有资产监督管理委员会关于印发《企业国有资产评估项目备案工作指引》的通知	国资发产权〔2013〕64 号		2013 年 5 月 10 日施行
63	国务院国有资产监督管理委员会办公厅关于中央企业资产转让进场交易有关事项的通知	国资厅发产权〔2013〕78 号		2013 年 12 月 18 日施行，2017 年 12 月 29 日废止
64	国务院国有资产监督管理委员会办公厅关于公布从事中央企业资产转让交易业务交易机构的通知	国资厅产权〔2014〕286 号		2014 年 5 月 6 日施行
65	国务院国有资产监督管理委员会关于加强中央企业评估机构备选库管埋有关事项的通知	国资发产权〔2016〕42 号		2016 年 3 月 22 日施行
66	国务院国有资产监督管理委员会、财政部、中国证券监督管理委员会关于印发《关于国有控股混合所有制企业开展员工持股试点的意见》的通知	国资发改革〔2016〕133 号	133 号文	2016 年 8 月 2 日施行
67	国务院国有资产监督管理委员会关于印发《中央企业混合所有制改革操作指引》的通知	国资产权〔2019〕653 号		2019 年 10 月 31 日施行
68	国务院国有资产监督管理委员会关于印发《中央企业禁入限制人员信息管理办法（试行）》的通知	国资发监责规〔2019〕131 号		2020 年 1 月 1 日施行

续表

序号	名称	文号	简称	备注
69	国务院国有资产监督管理委员会关于印发《有限合伙企业国有权益登记暂行规定》的通知	国资发产权规〔2020〕2号		2020年1月3日施行
70	国务院国有资产监督管理委员会《关于企业国有资产交易流转有关事项的通知》	国资发产权规〔2022〕39号	39号文	2022年5月16日施行
71	财政部关于印发《事业单位及事业单位所办企业国有资产产权登记管理办法》的通知	财教〔2012〕242号		2012年9月5日施行，2019年4月4日修订
72	财政部关于印发《中央文化企业国有资产产权登记管理暂行办法》的通知	财文资〔2012〕16号		2013年1月1日施行
73	财政部关于印发《中央文化企业国有产权交易操作规则》的通知	财文资〔2013〕6号		2013年6月1日施行
74	财政部关于印发《政府投资基金暂行管理办法》的通知	财预〔2015〕210号		2015年11月12日施行
75	财政部、科技部、国资委关于印发《国有科技型企业股权和分红激励暂行办法》的通知	财资〔2016〕4号		2016年3月1日施行，2018年9月18日修改
76	财政部关于做好资产评估机构备案管理工作的通知	财资〔2017〕26号		2017年7月14日施行
77	财政部关于印发《资产评估基本准则》的通知	财资〔2017〕43号		2017年10月1日施行
78	财政部关于进一步规范中央文化企业国有资产交易管理的通知	财文〔2017〕140号		2017年10月13日施行

续表

序号	名称	文号	简称	备注
79	国家统计局、国家工商行政管理局关于印发《关于划分企业登记注册类型的规定》的通知	国统字〔1998〕200号		1998年8月28日施行，2011年9月30日调整
80	国家统计局关于对国有公司企业认定意见的函	国统函〔2003〕44号		2003年4月18日施行
地方政府规章及规范性文件				
81	北京市产权交易管理规定	北京市人民政府令第90号		2002年1月1日施行，2010年11月27日修改
82	北京市人民政府国有资产监督管理委员会关于印发《北京市企业国有资产产权登记业务办理规则》的通知	京国资产权字〔2005〕78号		2005年9月10日施行
83	北京市人民政府国有资产监督管理委员会关于加强企业国有产权转让监督管理工作的通知	京国资发〔2006〕3号		2006年2月20日施行，2019年7月4日废止
84	北京市人民政府国有资产监督管理委员会关于印发《北京市企业国有资产评估管理暂行办法》的通知	京国资发〔2008〕5号		2008年3月1日施行
85	北京市人民政府国有资产监督管理委员会关于印发《北京市国有企业投资项目后评价管理暂行办法》的通知	京国资发〔2012〕11号		2012年4月24日施行
86	北京市人民政府国有资产监督管理委员会关于印发《关于市属国有控股混合所有制企业开展员工持股试点的施行办法》的通知	京国资发〔2016〕21号		2016年12月19日施行
87	北京市人民政府国有资产监督管理委员会、北京市财政局关于贯彻落实《企业国有资产交易监督管理办法》的意见	京国资发〔2017〕10号		2017年5月31日施行

续表

序号	名称	文号	简称	备注
88	北京市人民政府国有资产监督管理委员会关于进一步规范市属国有企业京内土地房屋资产处置和房屋出租对外合作经营管理的通知	京国资发〔2018〕21号		2018年10月29日施行
89	北京市人民政府国有资产监督管理委员会关于深化企业国有资产评估管理改革工作有关事项的通知	京国资发〔2019〕2号		2019年3月18日施行
90	北京市人民政府国有资产监督管理委员会关于印发《市属国有企业混合所有制改革操作指引》的通知	京国资发〔2019〕15号		2019年8月7日施行
91	天津市企业国有资产监督管理暂行办法	天津市人民政府令第88号		2005年6月9日施行
92	天津市市管企业境外国有产权监督管理暂行办法	津国资产权〔2012〕34号		2012年4月23日施行
93	天津市人民政府国有资产监督管理委员会关于市管企业资产转让进场交易有关事项的通知	津国资产权〔2014〕25号		2014年4月23日施行
94	上海市产权交易市场管理办法	上海市人民政府令第36号		2004年11月25日施行
95	上海市国有资产监督管理委员会关于印发《上海市企业国有产权无偿划转暂行办法》的通知	沪国资委产〔2006〕362号		2006年4月24日施行
96	上海市国有资产监督管理委员会、市工商局、市产管办关于印发《上海市产权交易市场管理办法施行细则》的通知	沪国资委产〔2009〕270号		2009年6月16日施行

续表

序号	名称	文号	简称	备注
97	上海市国有资产监督管理委员会关于本市企业国有产权置换有关事项的通知	沪国资委产权〔2012〕343号		2012年10月12日施行
98	上海市国有资产监督管理委员会关于印发《本市国有企业混合所有制改制操作指引（试行）》的通知	沪国资委改革〔2016〕26号		2016年1月22日施行
99	上海市国有资产监督管理委员会、上海市财政局、上海市金融办、上海证监局关于印发《关于本市地方国有控股混合所有制企业员工持股首批试点工作实施方案》的通知	沪国资委改革〔2017〕18号		2017年1月10日施行
100	重庆市企业国有资产交易监督管理暂行办法	渝府办发〔2019〕114号	渝发114号文	2019年11月11日施行
产权交易规则				
101	北京产权交易所企业国有产权转让操作规则			2020年7月31日施行（修订）
102	北京产权交易所国有企业增资操作规则			2023年10月20日施行（修订）
103	北京产权交易所实物资产转让操作规则			2022年5月9日施行（修订）
104	北京产权交易所企业国有产权转让受理转让申请操作细则			2020年7月31日施行（修订）
105	北京产权交易所企业国有产权转让预披露转让信息操作细则			2016年12月1日施行
106	北京产权交易所企业国有产权转让登记受让意向操作细则			2020年7月31日施行（修订）

续表

序号	名称	文号	简称	备注
107	北京产权交易所企业国有产权转让组织交易签约操作细则			2020年7月31日施行（修订）
108	北京产权交易所企业国有产权转让出具交易凭证操作细则			2020年7月31日施行（修订）
109	北京产权交易所企业国有产权转让网络竞价实施办法			2020年7月31日施行（修订）
110	北京产权交易所企业国有产权转让动态报价实施办法			2020年7月31日施行（修订）
111	北京产权交易所企业国有产权转让拍卖实施办法			2020年7月31日施行（修订）
112	北京产权交易所企业国有产权转让招投标实施办法			2023年6月30日施行（修订）
113	北京产权交易所企业国有产权转让交易保证金操作细则			2016年12月1日施行
114	北京产权交易所企业国有产权转让结算交易资金操作细则			2016年12月1日施行
115	北京产权交易所企业国有产权转让股东行使优先购买权操作细则			2016年12月1日施行
116	北京产权交易所企业国有产权转让中止和终结操作细则			2018年5月22日施行
117	北京产权交易所企业国有产权转让争议调解操作细则			2018年5月22日施行
118	北京产权交易所企业非国有产权交易规则			2020年11月23日施行（修订）

续表

序号	名称	文号	简称	备注
119	北京产权交易所金融债权资产转让操作规则			2023 年 3 月 31 日施行
120	北京产权交易所、天津产权交易中心、河北产权市场技术类无形资产交易规则			2021 年 7 月 1 日施行（修订）
121	上海联合产权交易所交易业务总规程	沪联产交〔2017〕23 号		2017 年 5 月 2 日施行
122	上海联合产权交易所有限公司产权交易业务运行管理办法（试行）	沪联产交〔2019〕24 号		2019 年 4 月 3 日试行
123	企业增资业务规则（试行）			2019 年 8 月 14 日施行
124	上海联合产权交易所有限公司物权交易操作指引			2022 年 12 月 12 日施行（修订）
125	上海联合产权交易所有限公司债权交易规则			2020 年 6 月 28 日施行（修订）
126	上海联合产权交易所有限公司企业国有产权转让登记受让意向操作细则	沪联产交〔2020〕45 号		2020 年 7 月 21 日施行（修订）
127	上海联合产权交易所有限公司企业国有产权转让组织交易签约操作细则			2020 年 6 月 2 日施行（修订）
128	上海联合产权交易所有限公司股东行使优先购买权操作指引	沪联产交〔2019〕55 号		2019 年 8 月 1 日施行
129	上海联合产权交易所有限公司非公开协议转让项目登记操作细则			2022 年 12 月 12 日施行（修订）
130	上海联合产权交易所有限公司企业增资业务择优确定投资人操作流程			2020 年 6 月 2 日施行（修订）

续表

序号	名称	文号	简称	备注
131	上海联合产权交易所有限公司交易中止和终结操作细则			2022 年 12 月 12 日施行（修订）
132	上海联合产权交易所有限公司产权交易争议调解操作细则	沪联产交〔2018〕51 号		2018 年 10 月 22 日施行

目　录

第一章
国有资产交易基本问题

为促进企业国有资产合理流动，实现国有资产价值最大化，防止国有资产流失，全国人大、国务院、财政部、国资委[①]和有关部门制定了《企业国有资产法》、《企业国有资产监督管理暂行条例》、32号令等一系列法律、行政法规、部门规章及规范性文件，对企业国有资产交易行为实施严格监管，特别是全面施行强制"进场交易"制度。但这无疑会增加企业交易成本、影响交易便利，也会增加当事人担忧。哪些国有企业必须受上述法规约束，哪些交易行为必须进场交易，认定判断的标准是什么，这是实践中需要解决的首要问题。

---

① 如无特别指明，本书中的国资委指国务院国有资产监督管理委员会。

第一节　国有资产交易主体

一、国有企业的不同认定

从一般常识和逻辑认知来看，国有企业是国有资产的主要承载者，理应受国有资产交易法律法规的约束。但国有企业作为一个泛化概念，虽然在政策性文件和工作生活中经常被使用，实际上内涵和外延并不清晰，在不同场景有着不同的含义。实践中，不同部门基于监管目的和工作需要，从资本构成、控制力等方面对国有企业进行界定，尺度也不统一。因此，准确理解并区分国有企业的不同含义，绝不仅仅是一个理论问题，而是适用国有资产监管政策必须要弄清的现实问题。

（一）不同领域对国有企业的界定

“国有企业”的前身是计划经济时期的“国营企业”，即“全民所有制企业”。随着国企改革进程不断深化，“国有企业”替代“国营企业”，范围也随着“公有制实现形式可以而且应当多样化”的改革进程发生着变化，给理解适用带来了新的问题。目前，“国有企业”一词在不同领域使用时，其外延有较大的差别（见图1－1）。

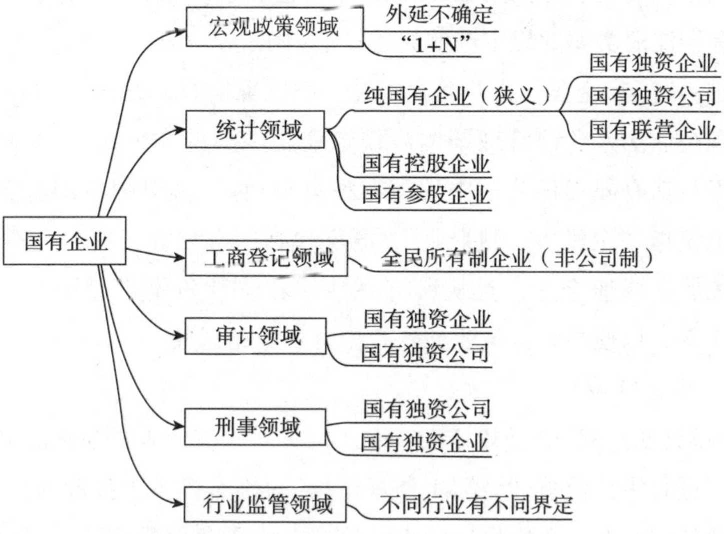

图1－1　不同领域国有企业界定

1. 宏观政策领域

在党和政府制定的政策性文件中，一般笼统地使用“国有企业”，未作出详细的概念界定。比如，“1+N”文件体系中，中共中央、国务院于2015年8月24日印发的《关于深化国有企业改革的指导意见》，无论是文件名，还是文件内容，使用的概念都是“国有企业”，虽然文件开头就强调“国有企业属于全民所有，是推进国家现代化、保障人民共同利益的重要力量，是我们党和国家事业发展的重要物质基础和政治基础”，但这只是从地位作用方面进行界定，并未过多涉及内涵和外延。总体来看，党和政府政策文件中的“国有企业”是一个大概念，外延范围也有弹性，“国有企业”一词在文件的不同位置就可能会有不同的含义。

2. 统计和工商登记领域

国家统计局《关于对国有公司企业认定意见的函》（国统函〔2003〕44号）指出，国有企业有广义、狭义之分，广义的国有企业是指具有国家资本金的企业，可分为纯国有企业、国有控股企业、国有参股企业三个层次；狭义的国有企业仅指纯国有企业，包括国有独资企业、国有独资公司和国有联营企业三种形式，企业的资本金全部为国家所有。

国家统计局、原国家工商行政管理总局联合发布的《关于划分企业登记注册类型的规定调整的通知》（国统字〔2011〕86号）第3条规定：“国有企业是指企业全部资产归国家所有，并按《中华人民共和国企业法人登记管理条例》规定登记注册的非公司制的经济组织。不包括有限责任公司中的国有独资公司。”这里的“国有企业”实际上仅指“全民所有制企业”，既不包括国有独资公司，也不包括国有控股、参股企业，是从所有制性质和统计角度对“国有企业”下的定义，以便与私营企业、外商投资企业相区分。

3. 审计领域

《审计法》第20条规定：“审计机关对国有企业的资产、负债、损益，进行审计监督。”第21条规定：“对国有资本占控股地位或者主导地位的企业、金融机构的审计监督，由国务院规定。”虽然没有对国有企业下定义，但《审计法》的上述表述方式表明，国有企业仅指全部资本都是国有的企业，包括国有独资企业、国有独资公司，但不包括国有资产占控股地位或者主导地位的企业，更不包括国有参股企业。

4. 刑事领域

《刑法》使用了国有公司、企业概念，但未作解释。从刑法谦抑性原则出发，国有公司、企业仅指国有独资公司、企业，不包括国有控股、参股公司。最高人民法院《关于在国有资本控股、参股的股份有限公司中从事管理工作的人员利用职务便利非法占有本公司财物如何定罪问题的批复》（法释〔2001〕17号）规定："在国有资本控股、参股的股份有限公司中从事管理工作的人员，除受国家机关、国有公司、企业、事业单位委派从事公务的以外，不属于国家工作人员。"最高人民法院《关于如何认定国有控股、参股股份有限公司中的国有公司、企业人员的解释》（法释〔2005〕10号）规定："国有公司、企业委派到国有控股、参股公司从事公务的人员，以国有公司、企业人员论。"这两个司法解释被认为构成了国有公司、企业单指国有独资公司、国有独资企业，不包括国有资本控股、参股公司的司法依据。

5. 行业监管领域

国有企业参与合伙企业开展股权投资业务是近年来的热门做法。《合伙企业法》2006年修订时增加"国有独资公司、国有企业、上市公司以及公益性的事业单位、社会团体不得成为普通合伙人"的规定，但对此处的"国有企业"一直有着不同理解。国家发展改革委2012年印发的《全国股权投资企业备案管理工作会议纪要》[①] 曾指出，根据有关立法部门的解释，结合股权投资实际，《股权投资企业合伙协议指引》将"国有企业"界定为"系指国有

① 国家发展改革委办公厅《关于印发全国股权投资企业备案管理工作会议纪要和股权投资企业备案文件指引/标准文本的通知》（发改办财金〔2012〕1595号）于2012年6月14日生效，2016年6月13日被《国家发展改革委宣布失效一批文件的公告》（国家发展和改革委员会公告2016年第13号）废止。

股权合计达到或超过50%的企业”。但也有意见认为,《合伙企业法》第3条的国有企业应该是国有独资企业,即全民所有制企业,在表述上也与“国有独资公司”并列,不应当包括国有控股企业。

此外,国家还针对特殊国有企业“量身定制”特殊规则。例如,国务院于2000年制定了《国有企业监事会暂行条例》,该条例中的“国有企业”仅指“国有重点大型企业”。结合2003年《企业国有资产监督管理暂行条例》原第34条的规定①,《国有企业监事会暂行条例》中的“国有企业”实际上指的是“国有独资企业、国有独资公司”形式的“国有重点大型企业”。对于金融类、文化类等特殊类型国有企业,国家也有针对性地制定了不同的监管规则。

(二)国资监管领域相关概念

在国资监管领域,与“国有企业”概念并存的,还有“国家出资企业”“所出资企业”“国有独资企业”“国有独资公司”“国有全资企业”“国有控股企业”“国有参控企业”“国有实际控制企业”等概念,不仅增加了理解难度,概念相互之间的关系、外延边界等也容易产生争议。

1. 国家出资企业、中央企业

2008年10月28日全国人大常委会审议通过的《企业国有资产法》通篇没有出现“国有企业”一词,而是以资本结构为基础创造了“国家出资企业”这一新概念。《企业国有资产法》第5条规定:“本法所称国家出资企业,是指国家出资的国有独资企业、国有独资公司,以及国有资本控股公司、国有资本参股公司。”对这个概念曾

---

① 《企业国有资产监督管理暂行条例》(国务院令第378号)第34条曾规定:“国务院国有资产监督管理机构代表国务院向其所出资企业中的国有独资企业、国有独资公司派出监事会。监事会的组成、职权、行为规范等,依照《国有企业监事会暂行条例》的规定执行。地方人民政府国有资产监督管理机构代表本级人民政府向其所出资企业中的国有独资企业、国有独资公司派出监事会,参照《国有企业监事会暂行条例》的规定执行。”2019年3月2日国务院《关于修改部分行政法规的决定》(国务院令第709号)删除第34条。

有不同理解，一种理解认为国资委直接作为公司股东时才属于国家出资企业，另一种理解认为国家出资企业代表了所有国有企业。

结合《企业国有资产法》第 4 条、第 11 条、第 21 条等规定①，“国家出资企业”应当仅指由国务院和地方人民政府以及履行出资人职责的机构（各级国资委、财政部门等）直接出资的“一级企业”，不包括“二级企业”及以下级别的企业②。2018 年 3 月 30 日，国资委在其网站“互动交流”栏目，就国家出资企业概念理解问题作出回复时指出，“由国家出资企业出资设立的子企业不属于国家直接出资的企业，但国家出资企业的国有资本出资人权益，通过国家出资企业的投资延伸到子企业”。应当说，这个回复一方面明确了“国家出资企业所出资企业”不是“国家出资企业”，另一方面又明确了“国家出资企业所出资企业”应当接受监管。这进一步印证，国家出资企业只是国有企业中特定的一部分（一级企业），并不能涵盖所有的国有企业。

国家出资企业一般又被称为“集团”或者“母公司”；根据履行出资人职责机构的层级，又分别称为中央企业、地方企业。比如，2017 年 1 月 7 日，《中央企业投资监督管理办法》（国资委令第 34 号）第 2 条明确规定，本办法所称中央企业是指国务院国有资产监

---

① 《企业国有资产法》第 4 条第 1 款规定：“国务院和地方人民政府依照法律、行政法规的规定，分别代表国家对国家出资企业履行出资人职责，享有出资人权益。”第 11 条规定：“国务院国有资产监督管理机构和地方人民政府按照国务院的规定设立的国有资产监督管理机构，根据本级人民政府的授权，代表本级人民政府对国家出资企业履行出资人职责。国务院和地方人民政府根据需要，可以授权其他部门、机构代表本级人民政府对国家出资企业履行出资人职责。”第 21 条第 2 款规定：“国家出资企业对其所出资企业，应当依照法律、行政法规的规定，通过制定或者参与制定所出资企业的章程，建立权责明确、有效制衡的企业内部监督管理和风险控制制度，维护其出资人权益。”

② 比如，中国石油天然气集团有限公司是由国务院国资委履行出资人职责的“一级企业”，中国石油天然气集团有限公司作为“一级企业”出资设立的中国石油天然气股份有限公司，就是“二级企业”，以此类推。对企业层级进行划分，一个重要作用是区分监管主体。参见本章第四节“国资交易监管体系”。

督管理委员会代表国务院履行出资人职责的国家出资企业①。2019年7月25日，北京市国资委印发的《北京市市管企业工资总额管理办法》(京国资发〔2019〕13号）第2条明确规定，本办法所称市管企业是指北京市人民政府国有资产监督管理委员会履行出资人职责的企业。

2. 所出资企业

《企业国有资产监督管理暂行条例》第5条第3款规定："国务院，省、自治区、直辖市人民政府，设区的市、自治州级人民政府履行出资人职责的企业，以下统称所出资企业。"2004年国资委的3号令也曾使用了这一概念，并且对其界定完全一致。

从概念可以看出，《企业国有资产监督管理暂行条例》所称的"所出资企业"，与《企业国有资产法》所称的"国家出资企业"的内涵与外延是一致的。但从表述上看，国家出资企业更加准确，直接体现出国家出资人地位。

3. 国有独资公司、国有独资企业

1993年《公司法》从公司治理出发明确了"国有独资公司"概念，指出"本法所称国有独资公司是指国家授权投资的机构或者国家授权的部门单独投资设立的有限责任公司"。2005年第一次修订《公司法》时，进一步强调"本法所称国有独资公司，是指国家单独出资、由国务院或者地方人民政府授权本级人民政府国有资产监督管理机构履行出资人职责的有限责任公司"。2023年第二次修订的《公司法》仍然保留了"国有独资公司"概念，并作为"国家出资公司"的一种形式；同时，"国有独资公司"的组织形式，既包括独资有限责任公司，也包括独资股份有限公司。从上述规定来看，"国有独资公司"只能是"一级企业"，且必须是"独资""公司制"，比"国家出资企业"的范围还要窄，与"国有企业"应当涵盖的范围相去甚远。

在《企业国有资产监督管理暂行条例》和《企业国有资产法》中，"国有独资企业"经常与"国有独资公司"同时出现、并列表

① 根据国资委官方网站2023年11月23日发布的央企名录，国资委管理的中央企业有97家。

述。二者的共同点在于都是国有独资，由国资监管机构直接履行出资人职责，在层级上属于一级企业。二者的区别在于组织形式不同："国有独资公司"是公司制，受《公司法》和《公司登记管理条例》调整；"国有独资企业"是非公司制，一般指传统的全民所有制企业，受《全民所有制工业企业法》和《企业法人登记管理条例》调整。根据《企业国有资产法》第39条的规定，"国有独资企业改为国有独资公司"是企业改制方式之一，随着改制进程加快，国有独资企业将逐步减少直至取消。

从概念关系看，根据《企业国有资产法》的规定，国有独资企业和国有独资公司都是国家出资企业，是国家出资企业的两种具体形式。

对于国资监管领域出现的"国有全资企业""国有控股企业""国有参控企业""国有实际控制企业"等概念，将在后文作进一步解释。

二、纳入国资交易监管范围国有企业类型

国有资产交易监管领域国有企业的外延到底是什么？这是适用国资交易规则的前提，也是处理国资交易实务一切问题的基础。2004年3号令未作出详细规定。2016年，报经国务院同意，国资委、财政部联合出台32号令，对这个问题作了较为清晰的界定（见图1-2）。

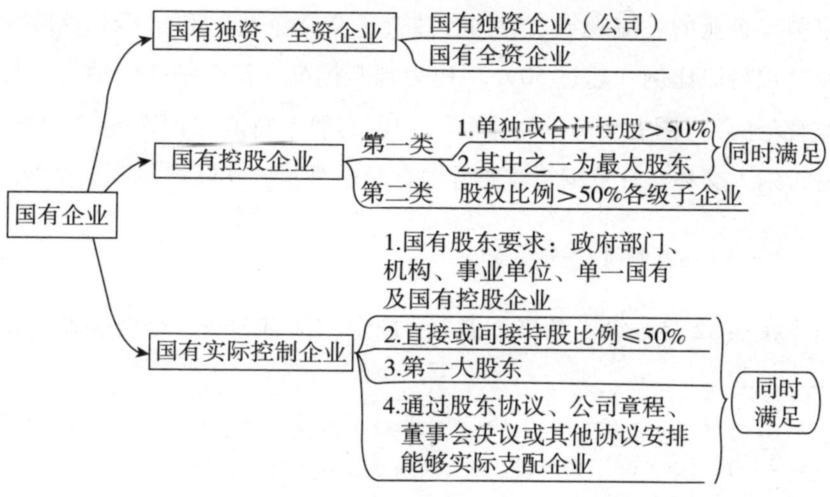

图1-2　32号令中规定的国有企业

【核心法规】

《企业国有资产交易监督管理办法》（国资委、财政部令第 32 号）

第 4 条　本办法所称国有及国有控股企业、国有实际控制企业包括：

（一）政府部门、机构、事业单位出资设立的国有独资企业（公司），以及上述单位、企业直接或间接合计持股为 100% 的国有全资企业；

（二）本条第（一）款所列单位、企业单独或共同出资，合计拥有产（股）权比例超过 50%，且其中之一为最大股东的企业；

（三）本条第（一）、（二）款所列企业对外出资，拥有股权比例超过 50% 的各级子企业；

（四）政府部门、机构、事业单位、单一国有及国有控股企业直接或间接持股比例未超过 50%，但为第一大股东，并且通过股东协议、公司章程、董事会决议或者其他协议安排能够对其实际支配的企业。

32 号令第 3 条将国有企业分为"国有独资、全资企业"、"国有控股企业"和"国有实际控制企业"，第 4 条对上述概念又作了进一步界定，提出了明确的判断标准，具有很强的可操作性，也是目前认定国有企业的主流观点。"国有独资、全资企业"和"国有控股企业"以持股比例（超过 50%）作为判断标准，符合条件的纳入交易监管范围；"国有实际控制企业"中国有股东持股比例不超过 50%，是否纳入交易监管范围，需要看国有股东是否"实际控制"该企业。

（一）国有独资、全资企业

按照 32 号令第 4 条第 1 款①的规定，国有独资、全资企业是指

---

① 实为第 4 条第 1 项，但考虑到第 32 号令使用"本条第（一）款""本条第（一）、（二）款"的表述，本书对该条文的引述，与 32 号令保持一致，表述为"第 4 条第 1 款"。

“政府部门、机构、事业单位出资设立的国有独资企业（公司），以及上述单位、企业直接或间接合计持股为100%的国有全资企业”。简言之，国有独资、全资企业是指100%属于国有、没有任何非国有成分的纯国企，股东（出资人）可以是一个（独资），也可以是多个（全资）；既包括非公司制全民所有制企业，也包括公司制国有独资公司、国有全资公司。国有独资、全资企业全部纳入32号令监管范围。

1. 关于“政府部门、机构、事业单位”

这里的“政府部门”是指《企业国有资产法》第11条所指的“其他部门”，即国务院和地方人民政府根据需要，授权其代表本级人民政府对国家出资企业履行出资人职责的“其他部门”，主要是指财政部门。实践中，履行出资人职责的机构主要是国资委，同时国务院和地方人民政府还授权其他有关部门对某些国有企业履行出资人职责，如授权财政部对中国邮政集团有限公司等履行出资人职责①，各级财政部门根据政府授权集中统一履行国有金融资本②、文化类企业的出资人职责。

2. 关于“国有独资企业（公司）”

从逻辑上讲，国有独资企业应当包括国有独资公司，似乎无须在表述上特别添加“（公司）”。32号令采取这种表述，可能是考虑“国有独资企业”特指未改制的传统“全民所有制企业”，“国有独资公司”特指由国家单独出资、由国务院或者地方人民政府授权本级人民政府国有资产监督管理机构履行出资人职责的公司，二者都是特

① 2019年12月28日，中国邮政集团有限公司发布改制公告称，根据中央深化国有企业改革的工作部署，中国邮政集团公司改制更名为中国邮政集团有限公司，改制后的中国邮政集团有限公司由中央管理，是依照《中华人民共和国公司法》组建的国有独资公司，由财政部依据国家法律、行政法规等规定代表国务院履行出资人职责。

② 2019年11月7日，国务院办公厅印发《国有金融资本出资人职责暂行规定》第3条规定：“按照权责匹配、权责对等、权责统一的原则，各级财政部门根据本级政府授权，集中统一履行国有金融资本出资人职责。财政部根据国务院授权，履行国有金融资本出资人职责。地方财政部门根据地方政府授权，履行地方国有金融资本出资人职责。”

定概念，且在实践中并列使用。《企业国有资产法》第5条中使用了“国有独资企业、国有独资公司”的表述，进一步表明二者是并列关系。

从层级上看，国有独资企业和国有独资公司都属于“一级企业”，这也是判断国有独资企业和国有独资公司的一个标准。

3. 关于“直接或间接合计持股为100%的国有全资企业”

“直接或间接”持股是区分企业层级的标准。比如，“国有独资企业（公司）”A作为一级企业，如果是直接持股“国有全资企业”C，则C就是二级企业；如果是通过另一家二级企业间接持股C，则C就是三级企业。

“合计持股”意味着“国有全资企业”的股东可以是单个，也可以是多个。比如，A和B都属于国有独资企业（公司），二者分别出资60%、40%成立C公司，这时C公司就属于“国有全资企业”。

如果A单独出资100%持股成立C公司，则C依然是“国有全资企业”，而不是“国有独资企业（公司）”。因为从表面上看，国有独资企业（公司）、国有全资企业（单独持股100%情形）的出资人都是单一的，并且100%持股，但区别的关键就是其出资人的法律地位不同，前者的出资人是“履行出资人职责的机构”（各级国资委、财政部门等），后者的出资人则是符合条件的企业①。

（二）国有控股企业

主要以持股比例作为判断“控股”标准，要求持股比例超过

---

① 2012年6月1日起施行的29号令将此类企业归入“履行出资人职责的企业”。同年7月24日印发实施的《国家出资企业产权登记管理工作指引》（国资发产权〔2012〕104号）又将此类企业的出资人地位界定为“国有出资人”；同时，对于“履行出资人职责的机构”则简称为“国家出资人”，专指“各级人民政府以及政府授权履行出资人职责的机构、部门”；国家出资人、国有出资人，以及国有绝对控股出资人、国有实际控制出资人，统称“国有控制出资人”。国有控制出资人之外的企业、自然人或者其他经济组织，称为“其他出资人”。

50% 不足 100% ①。从 32 号令的规定看，并非所有国有持股比例大于 50% 的企业都列入监管范围。在判断国有控股企业标准上，32 号令规定了详细的条件。具体来讲，第 4 条将国有控股企业分为两类：

1. 第一类国有控股企业

对应的是第 4 条第 2 款的规定，即“本条第（一）款所列单位、企业单独或共同出资，合计拥有产（股）权比例超过 50%，且其中之一为最大股东的企业”。第一类国有控股企业允许“合并”计算，具有以下几个特征：

（1）出资人可以是一个，也可以是多个，但限定在“政府部门、机构、事业单位”（国家出资人）和“国有独资、全资企业”（国有出资人），这些单位和企业的资产 100% 属于国有。因此，第一类国有控股企业的出资人不包括国有控股、参股企业。

（2）符合上述条件的出资人，如果是单独出资，则持股比例应当超过 50%（单独持股超过 50%，同时意味着就是最大股东）；如果是共同出资，不仅要求合计持股比例超过 50%，且要求其中之一必须是最大股东。要求其中之一必须是最大股东，是基于能够控制企业的考虑。

以上两个特征也是两个必要条件，必须同时满足，否则不能认定为第一类国有控股企业。比如，甲企业有三个股东 A、B、C，股权结构是 30%、30%、40%，其中 A 和 B 属于“政府部门、机构、事业单位”和“国有独资、全资企业”，C 为非国有其他出资人。此种情形下，A 和 B 虽然合计持股 60%，超过了 50%，但 A 和 B 都不是最大股东，因此甲企业不属于第一类国有控股企业（见图 1－3）。

---

① 从逻辑上讲，全资也属于控股的一种，但实践中二者是并列关系。32 号令虽未明确规定控股指“不足 100%”，但从第 4 条 4 个条款的逻辑看，全资为 100%，控股为超过 50% 不足 100%，参股为未超过 50%。《国家出资企业产权登记管理工作指引》（国资发产权〔2012〕104 号）规定“直接或者间接合计持股比例超过 50% 不足 100% 的企业简称为国有绝对控股出资人”。

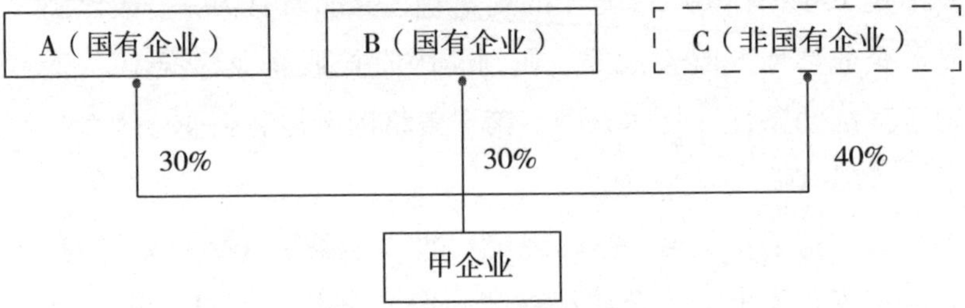

图1－3　甲企业股权结构

还有一种特殊情形存在疑问。仍以上述甲企业为例，如果A、B、C三个股东的持股比例为40%、20%、40%，此时A和C都是40%，没有最大股东，甲企业是否属于第4条第2款所指的国有控股企业（见图1－4）。

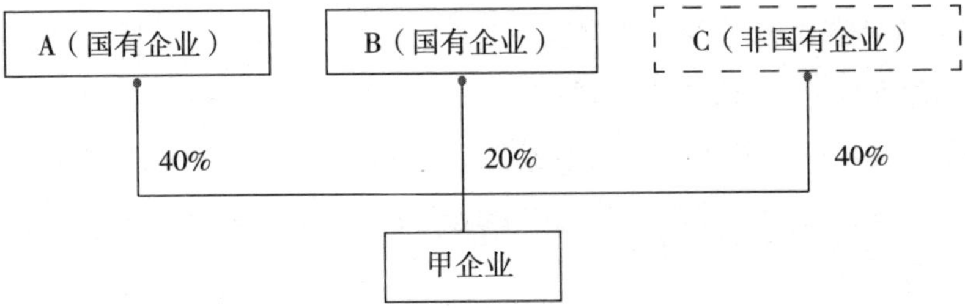

图1－4　甲企业股权结构

如果认为A和C都是最大股东，可以认为甲企业也符合国有控股企业标准。那么在更极端的情形下，如A、B、C三个股东平均持股，各占1/3，很难说三个股东都是最大股东，甲企业也很难据此认定为国有控股企业（见图1－5）。

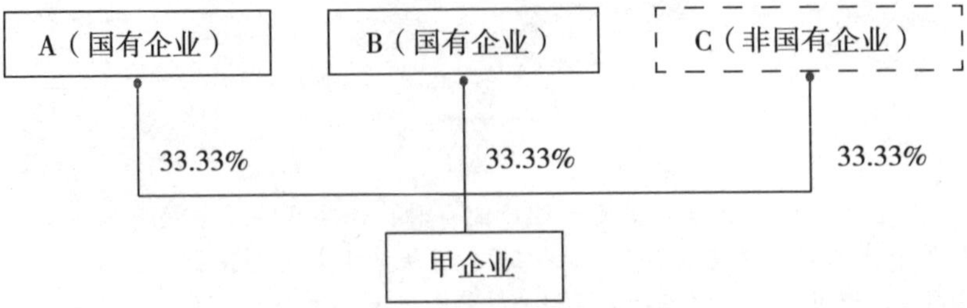

图1－5　甲企业股权结构

上述特殊股权结构情形下，如果甲企业也不符合“国有实际控制企业”的标准，是否纳入国资交易监管范围，建议听取国资监管部门的意见。

2. 第二类国有控股企业

对应的是第4条第3款的规定，即“本条第（一）、（二）款所列企业对外出资，拥有股权比例超过50%的各级子企业”。结合第4条第1款、第2款的规定，第二类国有控股企业是由“国有独资企业（公司）”、“国有全资企业”和“第一类国有控股企业”出资的，且股权比例超过50%绝对控股的各级子企业。

从字面上看，这个表述是清晰的，但依然存在以下两个问题：

（1）如何判断对各级子企业是否控股

比如，A属于100%国有独资公司，拥有B公司60%股权；B公司拥有C公司60%股权；C拥有D公司40%股权；D拥有E公司80%股权（见图1－6）。C作为A的二级子企业，是否属于国有控股企业？

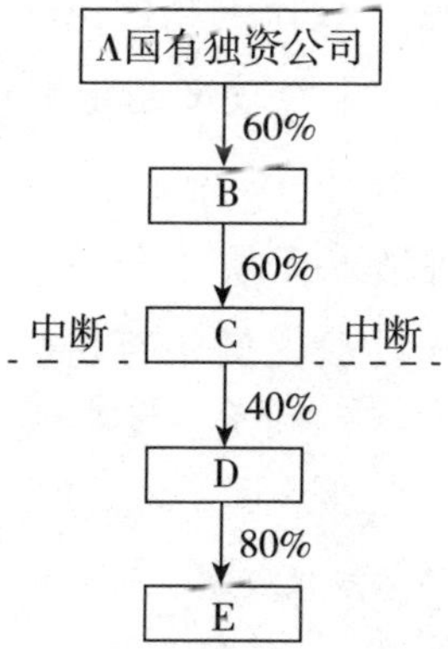

图1－6　C公司A公司的关系

理论上有两种计算方法：

方法一：按照权益法计算，A间接拥有C公司60%×60%＝36%的股权，此种情形下未超过50%，C公司似乎不能作为国有控股企业。

方法二：只要连续保持绝对控股关系，控股链条不中断，就视为国有控股企业；控股链条中断的，中断之后的都不属于国有控股企业。按照这种判断方法，A 对 B 控股，B 对 C 控股，因此 C 属于国有控股企业。但 C 不控股 D，此时控股链条中断，D 以及 D 之下 E 等各级子企业均不再属于国有控股企业，即使 D 对 E 控股，E 也不属于国有控股企业。

从实践看，国资交易监管按照“方法二”来判断国有控股企业，这样更容易判断①，监管范围也比“方法一”大，能够体现严管要求。此外，国资委《关于施行〈上市公司国有股东标识管理暂行规定〉有关问题的函》（国资厅产权〔2008〕80 号）曾明确规定②，“上述 2 中所述企业连续保持绝对控股关系的各级子企业”，应当标注国有股东标识。这表明，“连续保持绝对控股关系”，是国资委判断各级子企业控股地位的标准。

（2）可否“合并”计算持股比例

与第 4 条第 2 款表述不同，第 4 条第 3 款使用的是“对外出资”，而不是“单独或共同出资”；使用的是“拥有股权比例超过 50%”，而不是“合计拥有产（股）权比例超过 50%，且其中之一为最大股东”。表述的不同，是否意味着政策制定者仅关注“单独”出资情形，把“共同出资”排除在外？

结合实践经验，此种情形无须“合并”计算持股比例，操作实务中关注点都是单个股东持股比例是否超过 50%。这是区分两类控

---

① 如果按照“方法一”，在“父子孙”垂直单向持股结构中，计算间接持股比例还比较容易，但如果存在交叉持股、子公司对母公司持股等情形下计算持股比例，将会是一个复杂的问题，极大地降低了可操作性、便利性。

② 国资委《关于施行〈上市公司国有股东标识管理暂行规定〉有关问题的函》（国资厅产权〔2008〕80 号）规定：持有上市公司股份的下列企业或单位应按照《上市公司国有股东标识管理暂行规定》（国资发产权〔2007〕108 号，已失效）标注国有股东标识：1. 政府机构、部门、事业单位、国有独资企业或出资人全部为国有独资企业的有限责任公司或股份有限公司。2. 上述单位或企业独家持股比例达到或超过 50% 的公司制企业；上述单位或企业合计持股比例达到或超过 50%，且其中之一为第一大股东的公司制企业。3. 上述“2”中所述企业连续保持绝对控股关系的各级子企业。4. 以上所有单位或企业的所属单位或全资子企业。

股企业的主要标准，也是将二者进行区分的意义所在。

第一，从文义解释的角度，第4条第3款没有使用“单独或共同出资”“合计拥有股权比例超过50%”的表述，就意味着无须“合并”计算。

第二，从简政放权的角度，如果将此处扩张解释为“合并”计算，就会扩大监管范围；从“法无授权不可为”的法治理念出发，监管的依据并不是很充分。

第三，从体系解释的角度，是否“合并”计算是第4条第2款与第3款的重要区别，如果要求一致，无须分款表述。从第4条第4款表述逻辑来看，在认定标准上，其严格程度是依次降低的①，有意将部分含有国有成分的企业排除在外。第3款不要求“合并”计算，符合上述逻辑。

上述分析只是笔者的实际经验，鉴于国资委并没有更为明确的解释说明，各地掌握的尺度可能不同，实践中如果对此有疑问，谨慎起见应当与监管部门沟通确认。

此外，32号令关于国有控股企业的判断标准，与《公司法》存在重大差别，在国有资产交易中应当遵循32号令而不是《公司法》。根据《公司法》第265条，“出资额或者持有股份的比例虽然低于百分之五十，但依其出资额或者持有的股份所享有的表决权已足以对股东会的决议产生重大影响的股东”属于“控股股东”，此类公司属于国有控股企业；但根据32号令，此类公司国有股东持股比例不足50%，不属于国有控股企业，只能考虑属于国有实际控制企业。

（三）国有实际控制企业

根据32号令第4条第4款的规定，政府部门、机构、事业单位、

① 第4条第1款认定标准是“直接或间接”+“合计”+“100%”，第2款认定标准是“单独或共同”+“合计”+“超过50%”+“其中之一为最大股东”，第3款认定标准是“单独”+“超过50%”，第4款认定标准是“单独”+“不超过50%”+“实际支配”。

单一国有及国有控股企业直接或间接持股比例未超过 50%，但为第一大股东，并且通过股东协议、公司章程、董事会决议或者其他协议安排能够对其实际支配的企业，属于“国有实际控制企业”。

“国有实际控制企业”这个概念，体现了从单一的股权比例认定国有企业（股权控制）逐渐向重视实际控制（包括协议控制等）过渡的监管理念。这个概念看起来非常清晰严谨，但在实践中引起困惑及争议最大的仍然是“国有实际控制企业”的界定问题。一方面是由于国有参股企业数量众多，是否符合国有实际控制企业认定标准从而纳入 32 号令监管范围，决定着是否履行审批、审计评估、进场交易等程序，对其交易行为产生重大影响，因而受到普遍关注。另一方面是由于“实际支配”的判断标准过于弹性，在实践中有时难以把握。

1. 四大判断标准

根据 32 号令第 4 条第 4 款，国有实际控制企业应当具有以下四个条件（见图 1－7）：

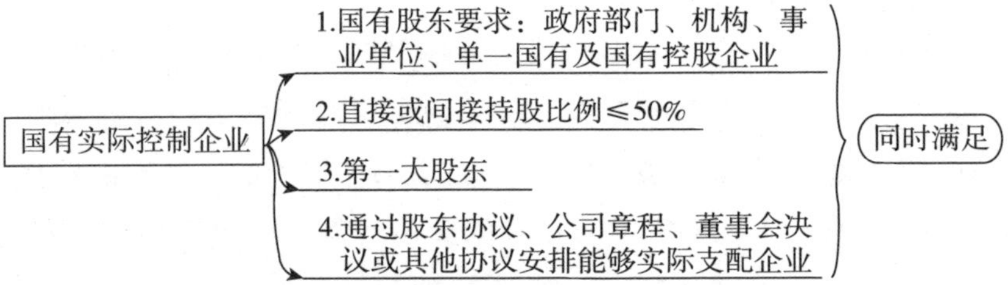

图 1－7 国有实际控制企业构成

（1）国有股东（控制主体）应当属于：政府部门、机构、事业单位、单一国有及国有控股企业。

（2）国有股东直接或间接持股比例未超过 50%。

（3）国有股东必须是第一大股东。

（4）国有股东能够通过股东协议、公司章程、董事会决议或者其他协议安排来实际支配企业。

从 32 号令的表述可以看出，上述四个条件是并列关系，必须同时满足才能被认定为是国有实际控制企业。条文中并没有使用“单独或者合计”持股的表述，相反强调“单一”国有及国有控股企业，因此应当是单独持股，即单个国有股东直接或间接持股比例不超过50%。如果存在国有股东和非国有股东并列第一的情形，也应当认为满足“第一大股东”条件①。

2.“实际支配”的界定

在32号令出台前，与“实际支配”相关的概念也出现在有关文件中。比如，2011年9月7日，国资委《关于中央企业国有产权置换有关事项的通知》指出：“本通知所称实际控制企业，是指中央企业虽未直接或者间接绝对控股，但为第一大股东并通过章程、董事会或者其他安排能够实际支配，且其他股东不构成一致行动人的企业。”2012年6月1日，国资委制定的29号令第3条第2款规定，“前款所称拥有实际控制权，是指国家出资企业直接或者间接合计持股比例超过50%，或者持股比例虽然未超过50%，但为第一大股东，并通过股东协议、公司章程、董事会决议或者其他协议安排能够实际支配企业行为的情形”。

32号令在以往规定基础上，明确提出国有实际控制企业概念②。但实践中，由于“实际支配”缺乏可量化的判断标准，易引起争议。实务中，可参考《企业会计准则第36号——关联方披露》及上市公司相关规定，从以下几个方面来认定实际支配的量化标准：

（1）有权决定股东会或者股东大会的表决结果，例如，其所持表决权能够不经其他股东表决同意而直接通过相关议案，且该表决是合法有效的；

（2）有权决定董事会的表决结果，例如，代表其利益的董事能够不经其他董事表决同意而直接通过相关议案，且该表决是合法有

---

① 比如，甲企业三个股东A、B、C分别持股40%、40%、20%，A是国有股东并实际控制甲企业，虽然A与B（非国有股东）持股相同、并列第一，但实践中一般也认为A满足第一大股东条件，甲企业应认定为国有实际控制企业。

② 29号令中“国家出资企业直接或者间接合计持股比例超过50%”的情形，在32号令中作为国有控股企业。与国务院国有资产监督管理委员会《关于中央企业国有产权置换有关事项的通知》不同，32号令的概念界定中也没有“其他股东不构成一致行动人”的要求。

效的；

（3）对董事和高级管理人员的提名及任免情况，例如，其提名或委派的董事、高级管理人员明显占据多数；

（4）有权决定企业的财务政策，例如，其查看企业财务报表，或者能够决定企业财务的预算或者决算；

（5）有权决定企业的经营政策，例如，其与企业处于产业链的上下游，如果不依赖于该投资主体，则企业主要业务无法持续经营等。

3. 几种特殊情形的处理

（1）满足前三项条件，但没有“实际支配”相关约定

实务中，许多企业并没有股东协议、董事会决议等协议安排，章程也是工商部门的示范模板，国有股东既没有具有“实际支配”的证明，也没有不具有“实际支配”的证明。

比如，甲企业三个股东A、B、C持股比例分别为40%、35%、25%（见图1－8），国有股东A符合条件（1）；持股比例40%，符合条件（2）；A为第一大股东，符合条件（3）；但三个股东没有就实际支配问题作任何书面约定，甲企业运作过程中，也不存在实际支配的股东。

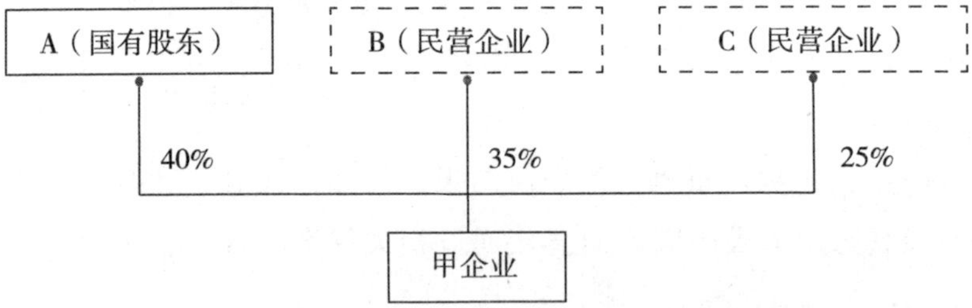

图1－8 甲企业股权结构

如果仅从32号令第4条第4款的表述看，只有同时满足4个条件，才能认定为“国有实际控制企业”。但实务操作中遇到的问题是，满足前3个条件的，是否就可以推定“实际控制”？特别是国有股东持股比例较高、股权结构不太分散、其他股东不构成一致行动人的情形，比如，上述例子中的40%，在实践中一般就可以理解为具

有相对控股地位①，是否即可推定为“实际控制”？

从实践经验看，一般情况下，交易机构认为只要符合前3个条件，即使没有“实际控制”相关约定，也认定是国有实际控制企业，除非产权转让方能提出相反的公司内部规章或者协议，证明民营资本拥有实际支配权，或者相关投资主体或其上级国资监管机构出具说明并承担保证责任。

（2）国有股东拥有实际控制权，但形式上不具备“第一大股东”要件

甲企业三个股东A、B、C持股比例分别为35%、40%、25%（见图1－9），国有股东A不是第一大股东，但通过制度安排，实际控制甲企业。此种情形下，甲企业是否作为国有实际控制企业？

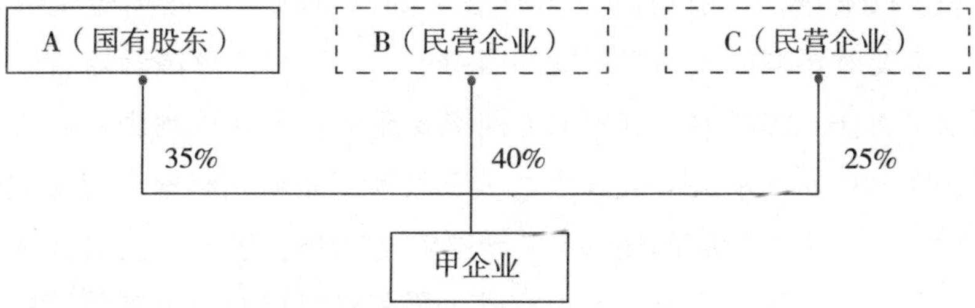

图1－9　甲企业股权结构

如果仅从32号令第4条第4款的表述看，国有股东A不是第一大股东，不能认定甲企业“国有实际控制企业”。但国有股东A实际控制甲企业，甲企业却不被认定为国有实际控制企业，似乎存在悖论。

2003年4月18日国家统计局《关于对国有公司企业认定意见的函》（国统函〔2003〕44号）曾将国家资本（股本）“虽不大于其他经济成分，但根据协议规定，由国家拥有实际控制权的企业（协议控制）”作为国有相对控股企业，这个规定中并无国有股东必须是第一大股东的要求。

是重形式，还是看实质，这是判断的关键。从国资监管实质大于

① 在实务中，持股比例高于1/3的企业也被称为相对控股企业。根据《公司法》，持股比例高于1/3，对重大决策就有否决权。

形式的思维来看，此种情况下应该认定为国有实际控制企业。从审慎角度来看，这样也避免违反国资监管承担责任的风险。实践中，建议向上级国资监管机构请示是否需要按照国有实际控制企业的规定履行相关法定程序。

（3）国有股东与非国有股东持股比例相同

在中外合资企业中，中方股东和外方股东的出资比例各为50%的情形很常见，从制度安排上有时也很难判断哪一方实际控制。这种结构在内资公司中也存在。基于前面的分析，此种情形下也应谨慎对待，不能完全按照32号令第4条第4款表述自我认定。

综上所述，国有实际控制企业的判断在实践中存在模糊的一面，除非国有股东持股比例明显低于非国有股东并且确实没有实际控制协议安排，一般情况下国有股东都要审慎对待此类企业的认定，必要时要事前向国资监管部门请示，以防因违反国资监管政策而承担责任。实践中，有的地方国资委要求将实际控制企业名单进行备案，比如，重庆市国资委《关于贯彻〈企业国有资产交易监督管理办法〉有关问题的通知》（渝国资〔2018〕9号）要求，国家出资企业应将本企业所属各级控股企业和实际控制企业名单通过市国资委综合办公平台及书面形式报送市国资委备案，并于每年1月31日前将更新情况报市国资委。此种情形下，只需查询是否列入备案范围就可以作出判断。

第二节 国有资产交易行为

一、国有资产交易三种行为

企业作为市场主体，从事交易行为是其经营活动的重要形式。与日常交易活动不同，国有资产交易标的限于产权（股权）、重大资产，而不是国有企业生产的普通商品；在法律适用和交易程序上，适用特殊的规则，并受到国资监管部门监管。

国家逐步扩大国资交易行为种类的监管范围。从2004年3号令仅约束"企业产权转让"行为①到2016年32号令扩大到"企业产权转让、企业增资、企业资产转让",基本实现了国资进场的"全覆盖",体现了加强国有资产监管、防止国有资产流失的政策导向。

根据32号令,目前下列三种行为受国有资产交易法规约束(见图1-10),除非满足32号令规定的例外情形,均应当进场交易②:

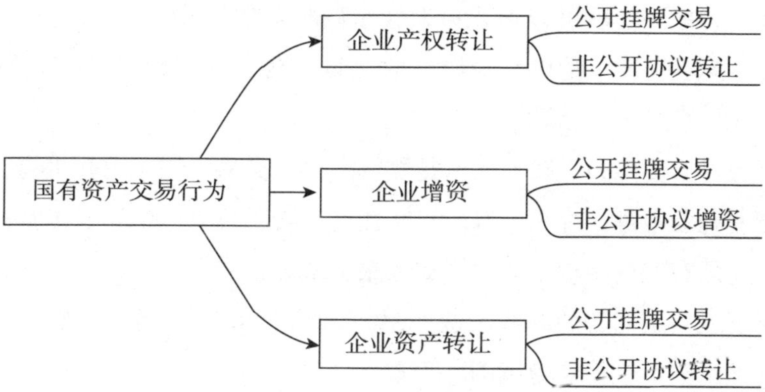

图1-10 国有资产交易行为

（一）企业产权转让

根据32号令第3条第1项规定,企业产权转让,是指"履行出资人职责的机构、国有及国有控股企业、国有实际控制企业转让其对企业各种形式出资所形成权益的行为"。

---

① 一些地方在3号令出台后,就要求国有企业增资、资产转让也应进场交易。比如,辽宁省国资委《关于企业国有产权转让进场交易的通知》(辽国资〔2006〕119号)规定,凡涉及国有企业产权、资产转让及国有参股企业国有股权(产权)转让的行为必须在依法设立并具有国有产权交易资格的产权交易机构中公开进行。"涉及国有企业产权、资产转让的行为"具体包括:国有企业产权转让、公司制企业国有股权转让,国有及国有控股企业(单位)通过增资扩股形式进行企业改制,国有及国有控股企业实物资产、债权、知识产权、专利、商标、商誉、专有技术等无形资产转让,破产企业处置资产(财产),涉讼国有资产的处置,国有参股企业国有股权(产权)转让及其他国有资产转让行为。

② 关于进场交易制度及例外情形,详见本章第三节。

企业国有资产交易监管最初是从产权转让开始的，早期的国有资产交易制度也专门针对产权转让。《企业国有资产监督管理暂行条例》（国务院令第709号）第30条规定：“国有资产监督管理机构应当建立企业国有资产产权交易监督管理制度，加强企业国有资产产权交易的监督管理，促进企业国有资产的合理流动，防止企业国有资产流失。”2004年3号令以部门规章形式，对《企业国有资产监督管理暂行条例》产权转让部分作了细化，从其名称《企业国有产权转让管理暂行办法》就可以看出，3号令调整对象限定为产权转让。北京、上海、天津、重庆等地设立的交易机构名称中都有“产权”字样，并一直延续至今。

通过十多年的实践，无论是监管主体、交易机构、中介机构，还是国有企业本身，都在国有产权转让这种交易行为中积累了丰富的经验，使国有产权转让市场发展成为最为成熟的市场①，让国有产权转让制度成为最完备的制度。这些都为32号令将企业增资、资产转让一并纳入国资交易监管范围，积累了经验，提供了参考。

（二）企业增资

根据32号令第3条第2项规定，企业增资，是指“国有及国有控股企业、国有实际控制企业增加资本的行为（以下称企业增资），政府以增加资本金方式对国家出资企业的投入除外”。

将企业增资列入进场交易范围，这是32号令的重大创新之一，也是以往实践经验的总结。早在2005年60号文就曾提出，拟通过增资扩股实施改制的企业，应当通过产权交易市场、媒体或网络等公开企业改制有关情况、投资者条件等信息，择优选择投资者。但当时这个要求仅限于改制过程中的增资行为，且允许通过“媒体或网络等”途径，实践中一些国企增资并未通过产权交易市场进行。这一时期，可以视为企业增资进场交易的初步探索。

---

① 据国家相关部门数据统计，从2007年至2015年，产权市场全行业挂牌转让国有产权成交接近1万亿元，通过市场竞争，国有产权增值达到1626亿元。

新一轮国资改革以来，企业增资进场交易制度加速建立。2015年，国务院《关于国有企业发展混合所有制经济的意见》（国发〔2015〕54号）再次强调国有企业产权和股权转让、增资扩股、上市公司增发等，应在产权、股权、证券市场公开披露信息，公开择优确定投资人。部分地方国资委对于增资扩股行为进场交易也提出明确要求，产权交易机构推出了增资进场交易操作规则，北京产权交易所有限公司（以下简称北京产权交易所）2023年10月20日发布实施《北京产权交易所国有企业增资操作规则》。

2016年32号令的出台，最终将企业增资行为从部门规章层面正式纳入国资交易监管范围，为国有企业增资行为进场交易提供了依据，也开辟了国有资产交易市场的新领域。

（三）企业资产转让

根据32号令第3条第3项规定，资产转让，是指“国有及国有控股企业、国有实际控制企业的重大资产转让行为”。这是32号令在扩大监管范围方面另一项重大创新。

在32号令出台前，特别是党的十八大以来，国资委出台了针对特定企业实物资产进场交易的规定，部分地方也进行了积极探索，要求达到一定金额的国有企业实物资产也需进场交易，为32号令统一将国有资产纳入进场交易体系积累了经验。

（1）中央层面。国资委办公厅《关于中央企业资产转让进场交易有关事项的通知》（国资厅发产权〔2013〕78号）曾规定：“中央企业及其各级控股企业一定金额以上的资产对外转让，应当遵循公开、公平、公正的原则，在依法设立的企业国有产权交易机构（以下简称产权交易机构）公开进行……”“中央企业要建立并完善企业生产设备、房产、在建工程以及土地使用权、债权、知识产权等各类资产转让的管理制度，明确资产转让管理的职责部门、管理权限、决策程序、工作流程，对其中应当进场交易的资产种类、金额标准作出具体规定，并将相关制度报送国务院国资委备案”；“资产转让进场交易应当遵守企业国有产权转让制度的相关规定，结合资产转让的特点进行操作……”“各地国资监管机构可参照本通知制定本地区企业资产转让进场交易管理制度……”

（2）地方层面。北京市国资委《关于加强企业实物资产转让管理工作的通知》明确要求：“国有及国有控股企业（以下简称转让方）将所属重要实物资产转让给境内外法人、自然人或者其他组织（以下简称实物资产转让），应当在北京产权交易所有限公司（以下简称北交所）公开进行。”天津市国资委《关于市管企业资产转让进场交易有关事项的通知》规定：“市管企业及其各级全资、控股企业一定金额以上的资产对外转让，应当遵守公开、公平、公正的原则，在依法设立且资产交易信息接入国务院国资委企业国有产权交易信息监测系统的企业国有产权交易机构公开进行，并首选进入天津产权交易中心交易。”

就产权交易机构来说，北京产权交易所制定了《北京产权交易所实物资产转让操作规则》、《北京产权交易所实物资产转让动态报价实施办法》及《北京产权交易所实物资产转让网络竞价实施办法》等具体规则，细化实物资产进场交易的具体流程。

32 号令关于资产转让进场交易方面的规定，多数是参照了国资厅发产权〔2013〕78 号的相关内容，可以说是对以往经验的总结提炼，并首次以部门规章的形式确认，进一步激发了企业资产转让市场的活力。

【核心法规】

《企业国有资产交易监督管理办法》（国资委、财政部令第 32 号）

第 3 条　本办法所称企业国有资产交易行为包括：

（一）履行出资人职责的机构、国有及国有控股企业、国有实际控制企业转让其对企业各种形式出资所形成权益的行为（以下称企业产权转让）；

（二）国有及国有控股企业、国有实际控制企业增加资本的行为（以下称企业增资），政府以增加资本金方式对国家出资企业的投入除外；

（三）国有及国有控股企业、国有实际控制企业的重大资产转让行为（以下称企业资产转让）。

二、不受32号令约束"负面清单"

32号令第3条、第4条从正面视角规定了受国有资产交易约束（特别是进场交易）的主体和行为种类。为了更加深入地理解和把握国有资产交易监管的范围，还可以从反面视角，归纳出不受32号令约束的企业和不受32号令约束的交易行为，可称为"负面清单"（见图1-11），从而对32号令的约束边界有更加清晰的认识和把握。

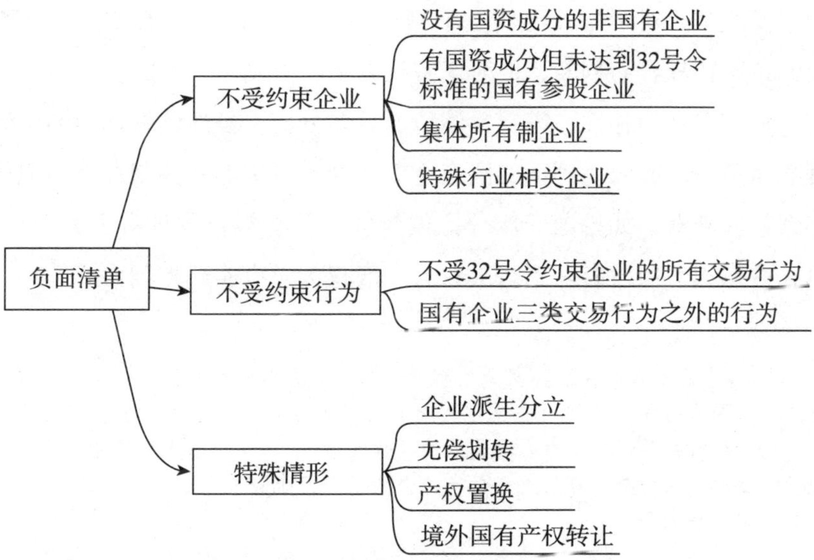

图1-11　负面清单

（一）不受32号令约束的企业

1. 没有任何国资成分的非国有企业。以组织形式为区分标准，主要包括：依据《个人独资企业法》设立、由单个自然人投资的个人独资企业①；依据《公司法》《合伙企业法》设立、全部资本由非国有主体投资的企业（民营企业）；依据《外资企业法》（已失效）设立、全部资本由外国投资者投资的外资企业②。

2. 国资成分未超过50%且不是第一大股东，或者虽然是第一大股东但没有实际控制力的国有企业。这是32号令第4条第4款所列情形的反面，可以理解为“国有参股企业”（不包括国有实际控制企业）。《北京产权交易所企业非国有产权转让操作规则》（2020年11月23日起施行）第2条“本规则所称企业非国有产权是指国有参股企业、自然人或其他非国有组织对企业各种形式的出资所形成的权益”的规定将“国有参股企业”产权交易列入“非国有产权转让操作规则”。

实践中，对于持股比例达不到50%、不是第一大股东，这两个硬性条件比较容易判断，但对于有没有实际控制力，可能会有不同理解，具有一定的弹性，需要具体情况具体分析。虽然监管部门的监管理念从单一的股权比例认定国有企业逐渐向重视实际控制过渡，但从实践经验来看，如果国资成分比例较低，不参与企业日常事务管理，对某些重大事项没有一票否决权，一般视为没有实际控制力。③

---

① 《个人独资企业法》第2条规定：“本法所称个人独资企业，是指依照本法在中国境内设立，由一个自然人投资，财产为投资人个人所有，投资人以其个人财产对企业债务承担无限责任的经营实体。”从这个概念可以看出，个人独资企业出资人为单个自然人，财产为个人财产，企业性质属于纯粹的私有制，没有任何国有成分。

② 《外资企业法》（已失效）第2条规定：“本法所称的外资企业是指依照中国有关法律在中国境内设立的全部资本由外国投资者投资的企业，不包括外国的企业和其他经济组织在中国境内的分支机构。”从这个概念可以看出，外资企业（不是指“中外合资经营企业”“中外合作经营企业”，也不是指“外商投资企业”）的全部资本均是外资，没有国有成分。需要说明的是，《外商投资法》自2020年1月1日起施行，《外资企业法》同时废止，但在《外商投资法》施行后5年内，外资企业可以继续保留原企业组织形式。《外商投资法实施条例》第44条第2款进一步规定：“自2025年1月1日起，对未依法调整组织形式、组织机构等并办理变更登记的现有外商投资企业，市场监督管理部门不予办理其申请的其他登记事项，并将相关情形予以公示。”据此，外资企业这种组织形式在一段时期内仍然存在。

③ 关于国有实际控制企业的判断标准，参见本章第一节。

3. 依据《城镇集体所有制企业条例》《乡村集体所有制企业条例》设立的集体所有制企业。①

4. 特殊行业相关企业。具体有两类：

一是优先适用其他规定。根据32号令第63条之规定，金融、文化类国家出资企业的国有资产交易和上市公司的国有股权转让等行为，国家另有规定的，依照其规定。这里的“国家另有规定”主要是指《金融企业国有资产转让管理办法》（2009年3月17日，财政部令第54号）、《中央文化企业国有产权交易操作规则》（2013年5月7日，财文资〔2013〕6号）、《关于进一步规范中央文化企业国有资产交易管理的通知》（2017年10月13日，财文〔2017〕140号）、《上市公司国有股权监督管理办法》（2018年5月16日，国资委、财政部、证监会令第36号）。

二是完全排除在外。根据32号令第66条之规定，政府设立的各类股权投资基金投资形成企业产（股）权对外转让，按照有关法律法规规定执行。这里的“有关法律法规规定”主要是指2015年11月财政部《关于印发〈政府投资基金暂行管理办法〉的通知》（财预〔2015〕210号），这意味着该类股权投资基金对外投资形成的产（股）权对外转让，不适用32号令②。

（二）不受32号令约束的交易行为

1. “不受32号令约束的企业”的所有交易行为。企业交易行为完全按照意思自治原则，遵循市场规则，由其自主决定。当然，如果上述企业自愿到产权交易所转让其产权等，也不禁止。《北京市产权

---

① 国家层面未要求集体所有制企业适用32号令，但部分地方要求集体产权应当进场交易，有的地方鼓励集体产权进场交易。《上海市产权交易市场管理办法》第5条第1款规定：“本市所辖国有、集体产权的交易，应当在产权交易市场进行。”《北京市产权交易管理规定》第5条第3款规定：“城镇集体企业产权以及其他产权的交易，可以在产权交易机构进行。”

② 相关分析参见第五章第一节“五、国有出资有限合伙企业是否受32号令约束”。

交易管理规定》[1] 第5条第3款规定，城镇集体企业产权以及其他产权交易，可以在产权交易机构进行。《上海市产权交易市场管理办法实施细则》第2条明确，鼓励各类产权在产权交易市场进行交易，不受地区、行业、出资或者隶属关系的限制。

2. 虽属于受32号令约束的三类企业，但不属于产权转让、增资、资产转让这三类交易行为的其他交易行为[2]。具体来讲，与产权转让相对应的产权“受让”行为，不受约束；与增资相对应的“减资”，不受约束；与资产转让相对应的资产“受让”（购买），不受约束。

当然，不具有交易性质的其他行为，如无偿划转，也不受32号令约束。

【核心法规】

《企业国有资产交易监督管理办法》（国资委、财政部令第32号）

第63条　金融、文化类国家出资企业的国有资产交易和上市公司的国有股权转让等行为，国家另有规定的，依照其规定。

第66条　政府设立的各类股权投资基金投资形成企业产（股）权对外转让，按照有关法律法规规定执行。

三、企业派生分立是否属于产权（资产）转让

派生分立是法人分立的一种方式。根据全国人大常委会法工委《民法总则释义》，法人分立是指一个法人分成两个或两个以上法人的法律行为。按分立方式的不同，法人分立有派生分立和新设分立两种方式，其中派生分立，是指原法人仍然存在，但从原法人中分立出去一个新的法人。以国有控股A公司为例，派生分立后A公司继续存在，同时从原A公司中分离出一个新公司B。

---

① 2001年12月7日北京市人民政府第90号令公布，根据2005年6月15日北京市人民政府第159号令第一次修改，根据2010年11月27日北京市人民政府第226号令第二次修改。

② 部分地方在32号令三种交易行为之外，将企业资产出租行为也列入进场交易范围，详见本章第三节。

派生分立除了外部债权债务需要处理外，还必然会引起产权（资产）的分割变动。仍以上述 A 公司为例，派生分立出 B 公司后，A 公司原有部分资产会转移到 B 公司，A 公司股东所持股权也会在 A 公司、B 公司之间重新进行调整。从表面上看，产权和资产都发生了变动，这是否属于 32 号令所指的产权转让、资产转让?

考虑上述行为发生在企业分立过程中，不涉及外部第三方，也不属于通常意义上的交易行为，按照《公司法》等法律就能够操作，一般认为不属于 32 号令所指的产权转让、资产转让。2019 年 8 月 1 日，国资委在其网站“问答选登”栏目中，就“国有控股企业进行存续分立是否适用 32 号文”作出回复，该回复表示：“《企业国有资产交易监督管理办法》（国资委、财政部令第 32 号）规范的行为包括企业国有产权转让、企业增资、资产转让，国有控股企业进行存续分立原则上不属于产权转让或资产转让行为，具体应按照有关法律法规执行。”

国资委回复中“原则上”不属于产权转让或资产转让行为的表态，意味着存在例外情形。可以理解为，企业在分立过程中，如果同时出现向外部第三方转让股权、资产情形，则该种情形视为产权转让、资产转让，应当适用 32 号令。

此外，除了派生分立外，新设分立以及企业合并（吸收合并和新设合并）都会涉及上述问题，均可按照前述分析区别不同情况进行处理。

四、无偿划转是否受 32 号令约束

如果从广义上理解“转让”，无偿划转国有资产确实会引起产权主体变更，属于“转让”行为。但由于没有对价、非市场化等特点，无偿划转与“有偿转让”在适用情形、审批程序等方面有着重大区别。在国有资产交易法规制度中，“无偿划转”不视为“交易”，不属于国有资产交易法规的调整对象，不受 32 号令约束。

1. 国有资产交易法规的调整对象限定为“有偿转让”，不包括无偿划转。

《企业国有资产法》第51条规定："本法所称国有资产转让，是指依法将国家对企业的出资所形成的权益转移给其他单位或者个人的行为；按照国家规定无偿划转国有资产的除外。"这里明确将"无偿划转"排除在"国有资产转让"之外。

3号令强调"有偿转让"企业国有资产适用该办法。第2条第1款明确规定："国有资产监督管理机构、持有国有资本的企业（以下统称转让方）将所持有的企业国有产权有偿转让给境内外法人、自然人或者其他组织（以下统称受让方）的活动适用本办法。"从文义解释角度，强调"有偿转让"适用3号令，无偿划转就不应该适用3号令。

32号令虽然没有出现有偿转让字样，但第2条强调企业国有资产交易"遵循等价有偿"原则，在第二章、第三章、第四章中多条内容围绕"价格"展开，并且将规章名称中的"转让"一词改为"交易"，更加体现"有偿"这一市场经济特征。

从地方法规层面看，《北京市产权交易管理规定》第2条第2款明确规定："本规定所称产权交易是指企业财产所有权及相关财产权益的有偿转让行为。"

根据《企业国有产权无偿划转管理暂行办法》（国资发产权〔2005〕239号）的规定，企业国有产权无偿划转是指企业国有产权在政府机构、事业单位、国有独资企业、国有独资公司之间的"无偿转移"。"无偿转移"的本质属性，决定无偿划转不适用国有资产交易法规。需要特别强调的是，除了不满足"有偿"这一交易本质外，无偿划转行为发生在确定的"划出方"和"划入方"之间，这与32号令主要通过进场交易公开征集受让方的运作机制完全不同，无须也没有必要适用32号令。

2. 国资委、财政部等部门针对国有资产无偿划转制定专门规则。

国有资产无偿划转不受32号令等国有资产交易规则约束，并不意味着其脱离国资监管。相反，国家有关部门针对国有资产无偿划转，制定了专门的规则。

1999年，财政部印发《关于企业国有资产办理无偿划转手续的规定》（财管字〔1999〕301 号），强调“企业国有资产无偿划转是指企业因管理体制改革、组织形式调整和资产重组等原因引起的整体或部分国有资产在不同国有产权主体之间的无偿转移”。

3 号令对国有产权有偿转让进行规范之后，2005 年 8 月 29 日，国资委印发《企业国有产权无偿划转管理暂行办法》（国资发产权〔2005〕239 号），全面规范企业国有产权无偿划转行为（实物资产等无偿划转参照执行），对适用范围①、遵循原则、划转程序、批准程序等作出详细规定，强调所出资企业及其各级子企业“国有产权无偿划转适用本办法”。2009 年 2 月 16 日，国资委印发《企业国有产权无偿划转工作指引》（国资发产权〔2009〕25 号），作为国资发产权〔2005〕239 号文的配套文件，对报送文件、审核事项等具体工作作了进一步梳理规范。

2018 年 5 月 16 日，国资委、财政部、证监会联合发布 36 号令，公布《上市公司国有股权监督管理办法》，在“国有股东所持上市公司股份公开征集转让”和“国有股东所持上市公司股份非公开协议转让”之后，又专设“国有股东所持上市公司股份无偿划转”一章，对政府部门、机构、事业单位、国有独资或全资企业之间依法无偿划转所持上市公司股份作出规范。这进一步表明，在国资委的交易监管思路中，“无偿划转”是特殊事项，不具有交易性质。

综上所述，国有资产无偿划转与国有资产交易是两类并列的行为，分别受不同的法规约束，国有资产交易法规的调整对象不包括无

① 2022 年 5 月 16 日，国资委印发 39 号文，进一步扩大国有产权无偿划转的适用范围，第 5 条明确：“国有控股、实际控制企业内部实施重组整合，经国家出资企业批准，该国有控股、实际控制企业与其直接、间接全资拥有的子企业之间，或其直接、间接全资拥有的子企业之间，可比照国有产权无偿划转管理相关规定划转所持企业产权。”

偿划转国有资产行为①。鉴于此，如无特别说明，本书不再涉及国有资产无偿划转内容，相关章节提及的转让仅指交易范畴中的有偿转让。

【核心法规】

《企业国有资产法》

第51条　本法所称国有资产转让，是指依法将国家对企业的出资所形成的权益转移给其他单位或者个人的行为；按照国家规定无偿划转国有资产的除外。

《企业国有产权无偿划转管理暂行办法》（国资发产权〔2005〕239号）

第3条　各级人民政府授权其国有资产监督管理机构（以下简称国资监管机构）履行出资人职责的企业（以下统称所出资企业）及其各级子企业国有产权无偿划转适用本办法。

股份有限公司国有股无偿划转，按国家有关规定执行。

五、产权置换是否受32号令约束

产权置换不仅会发生产权主体变更，而且双方需要支付对价，具有以物易物的“交易”特征，表面上似乎属于32号令所指“企业产权转让”。但从政策要求和实务操作看，产权置换不受32号令约束，也无须进场交易。

2011年9月7日，国资委发布《关于中央企业国有产权置换有关事项的通知》（国资发产权〔2011〕121号），规定“本通知所称国有产权置换，是指中央企业实施资产重组时，中央企业及其全资、绝对控股企业（以下统称国有单位）相互之间以所持企业产权进行

---

①　实践中，不排除有的地方要求无偿划转国有资产行为也履行进场手续（进场不挂牌，有的也称签证手续），由产权交易机构出具交易凭证，据此到有关部门办理变更手续。这种做法主要是从广义上理解“转让”，把不具有交易性质的“无偿划转”也包括在内。但同时考虑无偿划转的特殊性，在程序上与公开挂牌转让相区别，并不要求挂牌，只需进场换交易凭证，交易机构一般也不收取佣金。关于进场不挂牌，详见本章第三节。

交换，或者国有单位以所持企业产权与中央企业实际控制企业所持产权、资产进行交换，且现金作为补价占整个资产交换金额比例低于25%的行为”，同时还对中央企业国有产权置换应当具备的条件、程序、审批等作出规定。

参照国资委发布的《关于中央企业国有产权置换有关事项的通知》（国资发产权〔2011〕121号）的规定，许多地方下发了地方国有企业国有产权置换的通知。2012年10月12日，上海市国资委《关于本市企业国有产权置换有关事项的通知》（沪国资委产权〔2012〕343号），基本上也是对适用范围、置换条件、置换程序、价格确定、审批权限、资料审核、监督检查等事项予以明确。

从国资委的上述规定来看，国有产权置换具有以下特征：

1. 置换双方主体确定。国有产权置换限定在国有单位之间，既包括中央企业之间的置换，也包括中央企业与地方企业之间的置换。但无论形式如何，置换双方自始至终都是确定的，也是经过国资监管部门事前批准的。这与32号令要求转让方通过进场公开征集受让方，受让方在交易达成前不确定，是完全不同的。

2. 置换价格确定。产权置换的实质是以物易物，置换双方以价值同等或相近的产权进行交换。置换价格以备案的资产评估结果作为依据，差额部分允许进行现金补价。这表明，置换价格是确定的，无须通过进场交易“发现价格”。

3. 置换程序特殊。基于产权置换的特殊性，国资委明确规定了特殊的置换程序，包括可行性研究、内部审核、资产评估、签订置换协议、履行审批程序。这表明，产权置换无须执行32号令产权转让的程序。

笔者在实践中，没有遇到产权置换按照32号令产权转让程序进场交易的案例。从操作角度来看，是比较复杂和困难的。按照32号令产权转让程序，产权置换双方既是转让方，同时又是受让方，存在两个产权转让行为，双方互为条件，难以操作；双方主体明确，置换价格确定，进场前已经签署了置换协议，相关行为已经报国资监管部门批准，也没有必要再进场。

六、境外国有产权转让是否受32号令约束

境外国有产权，是指国有企业及其各级子企业以各种形式对境外企业出资所形成的权益。2011年6月14日，国资委发布27号令，第2条强调“国务院国有资产监督管理委员会（以下简称国资委）履行出资人职责的企业（以下简称中央企业）及其各级独资、控股子企业（以下简称各级子企业）持有的境外国有产权管理适用本办法”。27号令还规范了境外国有产权登记和评估项目管理流程，对境外企业产权转让等国有产权变动事项的审核权限、基本程序、转让价格、转让方式、对价支付等作出了具体规定，同时授权“地方国有资产监督管理机构可以参照本办法制定所出资企业境外国有产权管理制度”。

鉴于国有企业持有的境外国有产权管理适用27号令，境外国有产权转让原则上不适用32号令①。但根据27号令和地方国资委的相关规定，为国有企业转让境外国有产权进场交易留下了政策空间。

27号令第12条规定：“中央企业及其各级子企业转让境外国有产权，要多方比选意向受让方。具备条件的，应当公开征集意向受让方并竞价转让，或者进入中央企业国有产权转让交易试点机构挂牌交易。”2020年11月20日，国资委发布《关于进一步加强中央企业境外国有产权管理有关事项的通知》（国资发产权规〔2020〕70号），将国有实际控制企业也纳入管理范围，并进一步强调：“中央企业要强化境外国有资产交易的决策及论证管理，境外国有产权（资产）对外转让、企业引入外部投资者增加资本要尽可能多方比选意向方。具备条件的，应当公开征集意向方并竞价交易。”

在地方层面，《天津市市管企业境外国有产权监督管理暂行办法》（津国资产权〔2012〕34号）第11条规定：“市管企业及其各级独资、控股企业转让境外国有产权，要多方比选意向受让方。具备

---

① 3号令第36条就曾规定：“境外企业国有产权转让管理办法另行制定。”表明国资委单独对待境外企业国有产权转让，并未将其纳入3号令以及此后的32号令调整范围。

条件的，应当公开征集意向受让方并竞价转让，也可进入天津产权交易中心挂牌交易。”

从上述规定来看，如果具备条件，国资监管部门是鼓励境外国有产权转让进场交易的，实践中也有相关案例。需要说明的是，27 号令规范的是境内企业所持境外国有产权，对于境外国有企业在境内投资企业的资产交易，应当适用 32 号令①。

第三节　强制进场交易制度

一、“进场交易”判断“三原则”

32 号令第 3 条、第 4 条界定了适用 32 号令的“三类主体”和“三种行为”，总的来讲，“三类主体”从事“三种行为”都应当进场交易，并以进场交易为前提履行审批备案、审计、资产评估、挂牌、竞价、签约、出具交易凭证等程序。但实践中也有人对此产生困惑，比如，对于企业产权转让，是标的企业满足“三类主体”要求，还是转让方满足“三类主体”要求，抑或转让方和标的企业都必须满足“三类主体”要求，才必须按照 32 号令的要求进场交易？

根据交易行为不同类别，可按以下三个原则作判断（见图 1－12）：

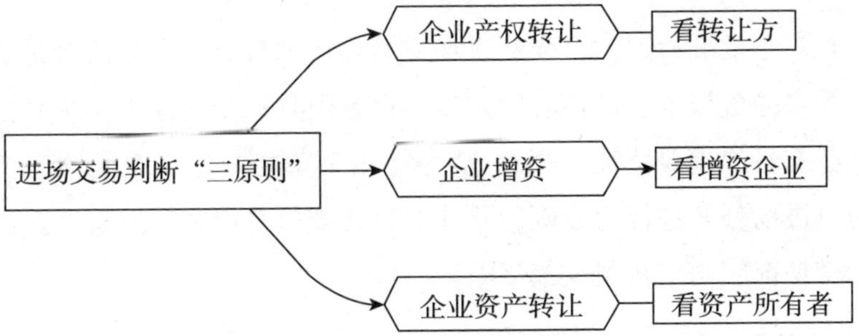

图 1－12　进场交易判断“三原则”

① 32 号令第 65 条规定：“境外国有及国有控股企业、国有实际控制企业在境内投资企业的资产交易，比照本办法规定执行。”

1. 企业产权转让时，看转让方是否属于“三类主体”。

比如，A公司转让其所持目标公司B20%股权，只需关注A公司是否属于“三类主体”（国有及国有控股企业、国有实际控制企业）。如果A属于“三类主体”，则应当进场交易；如果A不属于“三类主体”，则无须进场交易。至于目标公司B是否属于“三类主体”，以及A公司在目标公司B持有多少股，在所不问。

2. 企业增资时，看增资企业是否属于“三类主体”。

比如，甲公司进行增资，三个原股东A、B、C分别持股20%、20%、60%，拟引进D公司作为新股东。此时，只需关注增资前甲公司（增资企业本身）是否属于“三类主体”，判断方法依据32号令第4条（会涉及A、B、C三个股东的国有身份判定）。至于D公司是否属于“三类主体”，以及增资后甲公司是否属于“三类主体”，在所不问。

3. 企业资产转让时，看资产所有者是否属于“三类主体”。

比如，房屋转让，只需关注不动产登记证中的所有权人的身份。如果所有权人属于“三类主体”，则进场交易；如果不属于“三类主体”，则无须进场交易。至于房屋登记权利人与实际权利人是否一致，依法处置设定担保资产的抵押权人、质权人是否为“三类主体”，资产受让方是否属于“三类主体”，在所不问。

二、强制“进场交易”制度法律效力

相对于批准、评估，强制进场交易是在国有资产交易监管过程中建立起来的最根本、最核心的制度，也是国有资产交易不同于其他性质资产交易的重要特征。根据32号令第2条之规定，企业国有资产交易以进场公开进行为原则，除非法律法规另有规定，所有企业国有资产交易都应当“进场交易”①。

---

① 企业国有资产交易应履行批准、审计评估、进场交易三类法定程序。鉴于进场交易是32号令最典型、最核心、最普遍的制度性要求，非公开协议转让仅是进场交易的例外，并且进场交易本身就包括了前置批准程序、审计评估程序，本书如无特别说明，将“进场交易”与“32号令要求”在同等意义上使用，即32号令要求就是指进场交易。

（一）“进场交易”效力争议

3号令首次以部门规章形式明确“企业国有产权转让应当在依法设立的产权交易机构中公开进行”，并强调“未按本办法有关规定在产权交易机构中进行交易的”，“必要时应当依法向人民法院提起诉讼，确认转让行为无效”。

这一规定从实施开始，就引发了效力争议。主要表现在，如果当事人不遵循“进场交易”，签订的产权转让合同是否有效？有观点认为，根据《合同法司法解释（一）》第4条之规定，合同法实施以后，人民法院确认合同无效，应当以全国人大及其常委会制定的法律和国务院制定的行政法规为依据，不得以地方性法规、行政规章为依据。3号令属于部门规章，即使违反3号令不进场交易，也不能认定合同无效。但从落实国资监管制度角度，如果不能认定合同无效，实质上就架空了“进场交易”制度。

为了回应质疑，弥补3号令位阶不足的缺陷，2008年10月28日通过的《企业国有资产法》将“进场交易”上升到“法律”层面。《企业国有资产法》第54条规定，除按照国家规定可以直接协议转让的以外，国有资产转让应当在依法设立的产权交易场所公开进行。

虽然《企业国有资产法》为“进场交易”提供了“法律”依据，但是违反这一规定是否必然导致无效，仍然存在争议。2009年4月24日，《合同法司法解释（二）》第14条规定：“合同法第五十二条第（五）项规定的‘强制性规定’，是指效力性强制性规定。”2009年7月7日，最高人民法院又发布《关于当前形势下审理民商事合同纠纷案件若干问题的指导意见》（法发〔2009〕40号）强调：“违反效力性强制规定的，人民法院应当认定合同无效；违反管理性强制规定的，人民法院应当根据具体情形认定其效力。”“人民法院应当综合法律法规的意旨，权衡相互冲突的权益，诸如权益的种类、交易安全以及其所规制的对象等，综合认定强制性规定的类型。”在司法实践中，因对“进场交易”这一要求有不同的理解，所以出现一些截然相反的判例。

认定场外交易无效司法判例

2010年《最高人民法院公报》第4期刊载了“巴菲特投资有限公司诉上海自来水投资建设有限公司股权转让纠纷案”。公报裁判摘要指出：根据《企业国有资产监督管理暂行条例》第13条的规定，国务院国有资产监督管理机构可以制定企业国有资产监督管理的规章、制度。根据国务院国资委、财政部制定实施的《企业国有产权转让管理暂行办法》第4条、第5条的规定，企业国有产权转让应当在依法设立的产权交易机构中公开进行，企业国有产权转让可以采取拍卖、招投标、协议转让等方式进行。企业未按照上述规定在依法设立的产权交易机构中公开进行企业国有产权转让，而是进行场外交易的，其交易行为违反公开、公平、公正的交易原则，损害社会公共利益，应依法认定其交易行为无效。

未认定场外交易无效司法判例

最高人民法院在（2015）民二终字第399号二审民事判决书中认定：安联公司与安恒达公司签订《交易框架安排协议》约定安联公司将涉诉世纪中珠公司49%股权转让给安恒达公司，因该49%股权系国有资产，所以协议各方应当依照国有资产转让的法律法规完善相关程序和手续。安联公司提供了其控股股东及上级主管企业安徽交控集团2011年8月12日的《会议纪要》，虽然安恒达公司不认可其真实性，但因安恒达公司未提供证据予以推翻，故对上述《会议纪要》的真实性应予采纳。《会议纪要》表明上级主管企业安徽交控集团对安联公司出让涉诉股权并无异议，安徽省国资委2014年6月16日作出的《监督检查意见书》也可在一定程度上表明涉诉49%股权转让未脱离国有资产监督管理机关的监管。所以，即使安联公司出让上述股权未在产权交易场所公开进行、未办理股权资产评估备案，但在没有充足证据证明国有资产监督管理机关否定股权转让的情形下，不宜直接认定安联公司出让涉诉股权的行为无效。

（二）《民法典》及《九民纪要》最新规定

《民法典》第153条第1款规定："违反法律、行政法规的强制性规定的民事法律行为无效。但是，该强制性规定不导致该民事法律行为无效的除外。"这一规定将最高人民法院此前的司法解释上升为法律。从理解上看，第153条第1款前一句中的"强制性规定"为"效力性强制规定"，后一句中的"强制性规定"为"管理性强制规定"。从适用上来看，对强制性规定的识别仍然存在不确定性。

2019年11月8日，《九民纪要》就"强制性规定的识别"作出了较为具体的规定。《九民纪要》第30条指出："合同法施行后，针对一些人民法院动辄以违反法律、行政法规的强制性规定为由认定合同无效，不当扩大无效合同范围的情形，合同法司法解释（二）第14条将《合同法》第52条第5项规定的'强制性规定'明确限于'效力性强制性规定'。此后，最高人民法院《关于当前形势下审理民商事合同纠纷案件若干问题的指导意见》进一步提出了'管理性强制性规定'的概念，指出违反管理性强制性规定的，人民法院应当根据具体情形认定合同效力。随着这一概念的提出，审判实践中又出现了另一种倾向，有的人民法院认为凡是行政管理性质的强制性规定都属于'管理性强制性规定'，不影响合同效力。这种望文生义的认定方法，应予纠正。

人民法院在审理合同纠纷案件时，要依据《民法总则》第153条第1款①和合同法司法解释（二）第14条的规定慎重判断'强制性规定'的性质，特别是要在考量强制性规定所保护的法益类型、违法行为的法律后果以及交易安全保护等因素的基础上认定其性质，并在裁判文书中充分说明理由。下列强制性规定，应当认定为'效

① 原《民法总则》第153条第1款规定："违反法律、行政法规的强制性规定的民事法律行为无效，但是该强制性规定不导致该民事法律行为无效的除外。"《民法典》第153条第1款仅调整了标点，修改为："违反法律、行政法规的强制性规定的民事法律行为无效。但是，该强制性规定不导致该民事法律行为无效的除外。"

力性强制性规定'：强制性规定涉及金融安全、市场秩序、国家宏观政策等公序良俗的；交易标的禁止买卖的，如禁止人体器官、毒品、枪支等买卖；违反特许经营规定的，如场外配资合同；交易方式严重违法的，如违反招投标等竞争性缔约方式订立的合同；交易场所违法的，如在批准的交易场所之外进行期货交易。关于经营范围、交易时间、交易数量等行政管理性质的强制性规定，一般应当认定为'管理性强制性规定'。"

在上述应当认定为"效力性强制性规定"的情形中，"强制性规定涉及金融安全、市场秩序、国家宏观政策等公序良俗的"和"交易场所违法的，如在批准的交易场所之外进行期货交易"这两项，与国资交易进场交易联系最为密切，将有助于司法实践中对违反进场交易合同效力的判定。

（三）违反"进场交易"不具可行性

虽然违反"进场交易"签订合同是否有效在理论和司法实践中是一个颇具争议的问题，但从实践操作角度来看，如果不进场交易，无论合同是否有效，都会影响产权变更手续，无法实现交易目的，不具有可行性。

3号令第24条曾规定："企业国有产权转让成交后，转让和受让双方应当凭产权交易机构出具的产权交易凭证，按照国家有关规定及时办理相关产权登记手续。"从地方操作要求来看，北京市国资委、财政局《关于加强企业国有产权转让监督管理工作的通知》（京国资发〔2006〕3号）进一步强调"本市企业国有产权转让必须在北京产权交易所有限公司（以下简称北交所）进行"，"凡未经北交所出具产权交易凭证的国有产权交易，各有关部门不予办理变更登记手续"。上海市国资委制定的《上海市产权交易市场管理办法实施细则》（沪国资委产〔2009〕270号）明确，"未经联交所审核出具产权交易凭证的本市国有产权或集体产权交易，各有关部门应当不予办理权证变更手续"。

32号令第30条继续强调"产权交易合同生效，并且受让方按照合同约定支付交易价款后，产权交易机构应当及时为交易双方出具交易凭证”；第44条明确“增资协议签订并生效后，产权交易机构应当出具交易凭证”；第50条规定“企业资产转让的具体工作流程参照本办法关于企业产权转让的规定执行”。虽然32号令未明确凭产权交易机构出具的“交易凭证”才能办理相关产权登记手续，但实践中“交易凭证”仍然是办理相关手续的必备文件，地方政府相关要求仍然有效。比如，渝发114号文第37条强调，“企业产权转让完成并取得产权交易机构出具的交易凭证后，方可到有关部门办理权属变更登记”。

更为重要的是，无论合同是否有效，只要未按规定“进场交易”，就会受到党纪处分甚至刑事处罚。早在2004年，国资委《关于加强对国有企业改制及国有产权转让监督检查工作的意见》（国资纪发〔2004〕2号）就强调，依据3号令的规定，抓住进场交易等主要环节，对“不按规定在产权交易机构中进行交易”的违规违纪行为，进行严肃认真地调查处理；对违反党纪政纪的，要给予处分；造成经济损失的，要按有关法规，追究责任人的赔偿责任；对涉嫌犯罪的，要依法移送司法机关处理。2018年8月30日，国资委印发37号令明确将“未按规定进场交易”列为需要追责的情形。因此，在实践中不进场交易这条路是走不通的。

【核心法规】

《民法典》

第153条　违反法律、行政法规的强制性规定的民事法律行为无效。但是，该强制性规定不导致该民事法律行为无效的除外。

违背公序良俗的民事法律行为无效。

《企业国有资产法》

第54条　国有资产转让应当遵循等价有偿和公开、公平、公正的原则。

除按照国家规定可以直接协议转让的以外，国有资产转让应当在依法设立的产权交易场所公开进行。转让方应当如实披露有关信息，征集受让方；征集产生的受让方为两个以上的，转让应当采用公开竞价的交易方式。

转让上市交易的股份依照《中华人民共和国证券法》的规定进行。

《企业国有资产交易监督管理办法》（国资委、财政部令第32号）

第2条　企业国有资产交易应当遵守国家法律法规和政策规定，有利于国有经济布局和结构调整优化，充分发挥市场配置资源作用，遵循等价有偿和公开公平公正的原则，在依法设立的产权交易机构中公开进行，国家法律法规另有规定的从其规定。

三、能否任意选择产权交易机构

选择确定产权交易机构，是企业国有资产“进场交易”的重要前提。3号令第4条曾规定，企业国有产权转让应当在依法设立的产权交易机构中公开进行，不受地区、行业、出资或者隶属关系的限制，但这并不意味着企业可以任意选择产权交易机构。国资委《关于做好产权交易机构选择确定工作的指导意见》（国资发产权〔2004〕252号）等文件，对如何选择产权交易机构作出过详细规定。

32号令综合此前规定，再次强调国资监管机构的主要职责之一是“选择从事企业国有资产交易业务的产权交易机构”，明确“省级以上国资监管机构应当在全国范围选择开展企业国有资产交易业务的产权交易机构，并对外公布名单”，规定了列入名单范围内交易机构的具体条件，并赋予了其视情况对名单范围内交易机构进行提醒、警告、通报、暂停直至停止委托相关业务等动态监督职能。

根据以上规定以及交易实践，企业只能在省级以上国资监管机构公布的产权交易机构清单中选择交易机构，至于选择哪一家，由企业自主决定。具体来讲，分为两种情形：

1. 央企由国资委确定产权交易机构名单

（1）关于产权转让。2004年3月8日，国资委《关于做好贯彻落实〈国有产权转让管理暂行办法〉有关工作的通知》（国资发产权〔2004〕195号）明确：“我委将在对全国产权交易机构调查摸底的基础上，按照一定的程序选择确定从事中央企业国有产权转让活动的产权交易机构。在此之前，暂将上海联合产权交易所有限公司（以下简称上海联合产权交易所)、天津产权交易中心和北京产权交易所作为试点，负责发布中央企业的国有产权转让信息，并由其或其所在的区域性产权市场组织相关产权交易活动。”此后，重庆联合产权交易所集团股份有限公司（以下简称重庆联合产权交易所）被列入试点，京、津、沪、渝4个直辖市全部作为从事央企产权转让的产权交易机构。2019年10月31日，国资委印发《中央企业混合所有制改革操作指引》（国资产权〔2019〕653号），进一步明确“从事中央企业产权转让业务的机构有北京产权交易所、天津产权交易中心、上海联合产权交易所和重庆联合产权交易所”。根据2020年12月27日国资委办公厅《关于调整从事中央企业国有资产交易业务产权交易机构的通知》（国资厅产权〔2020〕333号）和2021年5月20日国资委办公厅《关于深圳联合产权交易所股份有限公司开展中央企业权益类交易业务的通知》（国资厅产权〔2021〕137号），目前国资委确定的从事中央企业产权转让业务的机构有6家，分别是：北京产权交易所、上海联合产权交易所、广东联合产权交易中心、山东产权交易中心、重庆联合产权交易所、深圳联合产权交易所。

（2）关于企业增资。2016年8月24日，国资委办公厅发布《关于公布从事中央企业增资业务产权交易机构的通知》（国资厅产权〔2016〕591号），确定北京产权交易所和上海联合产权交易所从事中央企业增资业务。2019年10月31日，国资委印发《中央企业混合所有制改革操作指引》（国资产权〔2019〕653号），再次明确“从事中央企业增资扩股业务的机构有北京产权交易所和上海联合产权交易所”。根据国资厅产权〔2020〕333号文和国资厅产权〔2021〕137号文，目前国资委确定的从事中央企业增资业务的机构扩大到6家，分别是：北京产权交易所、上海联合产权交易所、广东联合产权交易中心、山东产权交易中心、重庆联合产权交易所、深圳联合产权交易所。

（3）关于资产转让。2014年5月，国资委办公厅《关于公布从事中央企业资产转让交易业务交易机构的通知》（国资厅产权〔2014〕286号），明确北京产权交易所等18家产权交易机构已具备开展中央企业资产转让交易业务的条件。2014 年 12 月，国资委办公厅又公布第二批 9 家产权交易机构名单。根据国资厅产权〔2020〕333 号文，目前国资委确定的从事中央企业实物资产转让业务机构名单变更为北京产权交易所等 36 家。

需要强调的是，当中央企业的各级全资、控股、实际控制企业存在三种交易行为时，必须在上述指定交易机构名单中选择。2018 年 8 月 7 日，国资委在其网站“问答选登”栏目中，就“央企四级子公司是否需在中央企业产权交易机构产权转让”作出回复，明确表示：“产权转让方为中央企业及其各级全资、控股、实际控制企业时，均应当在国务院国资委公布的从事中央企业资产转让交易业务的交易机构名单中选择产权交易机构进行转让。”

2. 地方国有企业由省级国资监管机构公布产权交易机构名单

虽然 32 号令鼓励打破“一个省一个产权机构且垄断本省业务”的局面，鼓励在“全国范围”选择交易机构，但受行政区域划分的影响，各地交易机构主要服务于本地区内的国有资产交易。

以北京市为例，要求北京市属国有企业选择北京产权交易所进行国有资产交易。北京市政府 2010 年 11 月 27 日修订的《北京市产权交易管理规定》明确，“本市所属企业国有产权的交易，应当在市国有资产监督管理机构选择确定的产权交易机构公开进行”，禁止“在市国有资产监督管理机构选择确定的产权交易机构之外进行本市所属企业国有产权的交易”①。北京市国资委、财政局《关于加强企业国有产权转让监督管理工作的通知》（京国资发〔2006〕3 号）规定，“本市企业国有产权转让必须在北京产权交易所有限公司（以下简称北交所）进行。北交所是经市政府批准设立的、市国资委选择确定的本市唯一的实施企业国有产权交易的产权交易机构”。

32 号令实施后，北京市国资委、财政局再次发布《关于贯彻落

① 2002 年实施的《北京市产权交易管理规定》第 5 条曾明确“本市所辖国有产权的交易，应当在北京产权交易中心进行”。2010 年，虽将此款修改为“应当在市国有资产监督管理机构选择确定的产权交易机构公开进行”，但北京市国资委并未指定其他机构，实质上仍然是“北交所”一家。

实〈企业国有资产交易监督管理办法〉的意见》（京国资发〔2017〕10号），进一步强调“企业国有资产交易须在北京产权交易所有限公司（以下简称北交所）进行。北交所是经市政府批准设立的、市国资委选择确定的实施企业国有资产交易的产权交易机构”。

此外，北京产权交易所还是中央企业产权转让、增资扩股、资产转让三项业务的指定机构。

【核心法规】

《企业国有资产交易监督管理办法》（国资委、财政部令第32号）

第54条　省级以上国资监管机构应当在全国范围选择开展企业国有资产交易业务的产权交易机构，并对外公布名单。选择的产权交易机构应当满足以下条件：

（一）严格遵守国家法律法规，未从事政府明令禁止开展的业务，未发生重大违法违规行为；

（二）交易管理制度、业务规则、收费标准等向社会公开，交易规则符合国有资产交易制度规定；

（三）拥有组织交易活动的场所、设施、信息发布渠道和专业人员，具备实施网络竞价的条件；

（四）具有较强的市场影响力，服务能力和水平能够满足企业国有资产交易的需要；

（五）信息化建设和管理水平满足国资监管机构对交易业动态监测的要求；

（六）相关交易业务接受国资监管机构的监督检查。

北京市国资委、财政局《关于贯彻落实〈企业国有资产交易监督管理办法〉的意见》（京国资发〔2017〕10号）

四、严格落实进场交易制度

（一）企业国有资产交易须在北京产权交易所有限公司（以下简称北交所）进行。北交所是经市政府批准设立的、市国资委选择确定的实施企业国有资产交易的产权交易机构，负责发布企业国有资产交易信息、组织相关国有资产交易活动，并出具国有资产交易凭证。

（二）北交所应当保证国有资产交易的规范开展，根据国务院国资委及本市有关规定的要求，制订国有资产交易规则，完善交易制度和工作流程，核定交易服务收费标准，报市国资委、市财政局和有关部门备案，并向社会公开。

四、非公开协议转让与“场外交易”

根据32号令第31条之规定，符合条件的产权转让“可以采取非公开协议转让方式”。从条款设置来看，“非公开协议转让”共有3条内容，但都没有明确是否进场，也没有明确是否取得“交易凭证”。如何理解“非公开协议转让”，是必须进场，还是无须进场(可称为“场外交易”)？不同的理解就会有不同的操作要求。32号令的前身是2004年国资委3号令，通过与3号令的对比分析，可以帮助我们理解32号令“非公开协议转让”的含义。

1. 3号令中的“协议转让”

3号令没有使用“非公开协议转让”一词，而是使用“协议转让”。3号令共有3个条款涉及“协议转让”，分别是第一章“总则”第5条、第三章“企业国有产权转让的程序”第18条、第四章“企业国有产权转让的批准程序”第30条。总则第5条的规定“企业国有产权转让可以采取拍卖、招投标、协议转让以及国家法律、行政法规规定的其他方式进行”，是对国有产权转让方式的概括，不具有分析判断价值。但根据第18条、第30条的规定并结合配套制度可以看出，3号令中的“协议转让”分为两种情形：

（1）场内协议转让

3号令第18条规定：“经公开征集只产生一个受让方或者按照有关规定经国有资产监督管理机构批准的，可以采取协议转让的方式。采取协议转让方式的，转让方应当与受让方进行充分协商，依法妥善处理转让中所涉及的相关事项后，草签产权转让合同，并按照本办法第十一条规定的程序进行审议。”本条规定可以理解为场内协议转让，“场内”表明其履行了进场交易程序。此种情形下，由于只征集到一个受让方，无法竞价，所以直接由转让方和受让方签署协议。

从结构上看，第18条位于第三章“企业国有产权转让的程序”

中，是在明确内部决策程序、批准程序、清产核资和审计、资产评估、进场公开征集受让方的基础上，针对“经公开征集只产生一个受让方”这一特殊情形所作出的规定，是对第 17 条“经公开征集产生两个以上受让方”的补充，表明场内协议转让是履行了进场交易手续的。

场内协议转让与后文所述“场外协议转让”最大的区别在于，前者的受让方事前是不确定的，后者的受让方事前是确定的。场内协议转让与一般场内转让程序的区别在于，前者只征集到一个受让方无法竞价，后者征集到两个以上受让方、需要通过竞价才能确定受让方。关于价格形成机制，306 号文第 5 项“关于企业国有产权转让价格”进一步指出，“对经公开征集只产生一个意向受让方而采取协议转让的，转让价格应按本次挂牌价格确定”。120 号文第 32 条进一步指出，“只产生一个符合条件的意向受让方的，由产权交易机构组织交易双方按挂牌价与买方报价孰高原则直接签约”。

因此，此种情形下的“协议转让”，既进了场，也挂了牌，与一般的“进场交易”没有本质上的差别，只是转让价格形成机制方面的一种特殊方式。

（2）场外协议转让

3 号令第 30 条规定：“对于国民经济关键行业、领域中对受让方有特殊要求的，企业实施资产重组中将企业国有产权转让给所属控股企业的国有产权转让，经省级以上国有资产监督管理机构批准后，可以采取协议转让方式转让国有产权。”可以理解为场外协议转让①，“场外”表明其未履行进场公开交易程序。

从结构上看，第 30 条位于第四章“企业国有产权转让的批准程序”，并且作为进场交易批准程序的例外。国资监管机构在审核批准此种情形时，交易双方已经确定，交易价格已经确定，并且双方也签署了转让协议，根本无须再进场公开征集受让方、确定交易价格。此种情形可视为进场交易的豁免，属于“场外交易”。

场外协议转让作为进场交易的例外，国家严格限定其适用范围。

① 306 号文使用的就是“场外协议转让”一词。

除了3号令的规定，306号文第1项就对“关于省级以上国资监管机构对协议转让方式的批准”提出进一步要求，特别强调“企业国有产权转让应不断提高进场交易比例，严格控制场外协议转让”；“对于国民经济关键行业、领域的结构调整中对受让方有特殊要求，或者所出资企业（本通知所称所出资企业系指各级国有资产监督管理机构履行出资人职责的企业）内部资产重组中确需采取直接协议转让的，相关批准机构要进行认真审核和监控”。306号文对“允许协议转让的范围”、批准权限、资产评估、转让价格、跟踪报告制度等作了进一步细化。

2. 32号令中的“非公开协议转让”

32号令详细规定了“非公开协议转让”的适用情形，从其内容和要求来看，与3号令、306号文中提及的“场外协议转让”是一致的。这个意义来讲，32号令中的“非公开协议转让”属于“场外交易”①。

此种情形下，转让方无须进场交易，也无须通过产权交易机构征集受让方、发现价格等。以非公开协议转让企业产权为例，根据32号令第31条、第33条第5项，国资监管机构在审核批准非公开协议转让时，应当审核的文件之一就是“产权转让协议”，这表明转让方在提请批准之前，已经找到了受让方、商定了价格、签订了转让协议，无须通过进场实现上述功能。关于“非公开协议转让”的适用范围、审批机构、价格确定等，详见本书第三章。

此外，32号令未就进场交易过程中公开征集一个受让方的情形作出特别规定，即“场内协议转让”。一般认为，在此种情形下，转让方履行了进场挂牌程序，本质上属于场内交易，已包含在32号令场内交易制度中。此外，120号文虽然制定于32号令之前，但一直有效，其中第32条关于“只产生一个符合条件的意向受让方的，由产权交易机构组织交易双方按挂牌价与买方报价孰高原则直接签约”的规定，也是“场内协议转让”的依据。

3. 非公开协议转让特殊处理：进场不挂牌

虽然“非公开协议转让”属于“场外交易”，无须进场交易，但

---

① 这一结论同样适用“非公开协议增资”。

实践中有的地方也要求进场、履行相关手续（交易鉴证手续），俗称“进场不挂牌”。

北京市国资委、财政局《关于加强企业国有产权转让监督管理工作的通知》（京国资发〔2006〕3号）规定：“本市企业国有产权转让，符合《办法》第三十条规定条件，确需采取协议转让方式的，报经市国资委批准后进行，并在北交所办理相关交易手续。”北京市国资委、财政局《关于贯彻落实〈企业国有资产交易监督管理办法〉的意见》（京国资发〔2017〕10号）再次强调，符合条件的企业产权转让、企业增资事项“可以采取非公开协议方式进行，并在北交所办理相关交易手续”。

《上海联合产权交易所非挂牌协议项目登记管理办法（试行）》（沪联产交〔2012〕19号）①规定，本办法所指非挂牌协议转让项目是指转让方与受让方在进场前已经达成交易并签订合法文件（包括但不限于《产权交易合同》《股权转让协议》等）的项目；该类项目采用项目登记的方式办理业务；经联交所核对材料后，对符合登记条件的，联交所应当在3个工作日内通知当事人结清相关费用，然后合法合规出具《上海联合产权交易所产权交易凭证（c类）》。

重庆市国资委《关于贯彻〈企业国有资产交易监督管理办法〉有关问题的通知》（渝国资〔2018〕9号）规定，采取非公开协议方式进行的项目，产权交易机构在审查有权单位的批准文件、交易合同和付款凭证后出具交易凭证，只收取工本费。渝发114号文强调，“采取非公开协议方式进行的项目，产权交易机构在审查有权单位的批准文件、交易合同和付款凭证后出具交易凭证”。上述规定意味着，重庆市国有企业产权非公开协议转让也需要进场，在履行特别程

① 2019年7月19日，上海联合产权交易所发布《非公开协议转让项目登记操作细则（试行）》（沪联产交〔2019〕63号），以替代《非挂牌协议项目登记管理办法（试行）》（沪联产交〔2012〕19号），新细则虽然名称由“非挂牌协议项目”改为“非公开协议转让项目”，但内容没有实质性变化。鉴于“非挂牌协议项目”的称谓更容易理解区分，且新细则中也使用“非挂牌协议项目”概念，本书仍引用原办法。

序后取得交易凭证。

4. 广义的非公开协议转让

基于《企业国有资产法》将“无偿划转国有资产”排除在“国有资产转让”概念之外，32 号令又将“非公开协议转让”作为进场公开转让的例外，本书从狭义角度使用“非公开协议转让”概念，仅指具有交易性质、仍受 32 号令约束的产权转让行为，未将不属于国有资产交易领域的协议转让行为包括在内。

但在实践中，也有从更加广义角度来界定“非公开协议转让”的。广义的“非公开协议转让”，以是否公开作为判断标准，不考虑转让是否有偿或者具有其他特殊性，除了 32 号令所指的“非公开协议转让”（狭义）之外，还将其他非公开方式的转让也包括在内，如无偿划转和产权置换①。

比如，2019 年 7 月 19 日，上海联合产权交易所发布《非公开协议转让项目登记操作细则（试行）》（沪联产交〔2019〕63 号），将国有企业非公开协议转让项目分为 4 类（见图 1－13）：

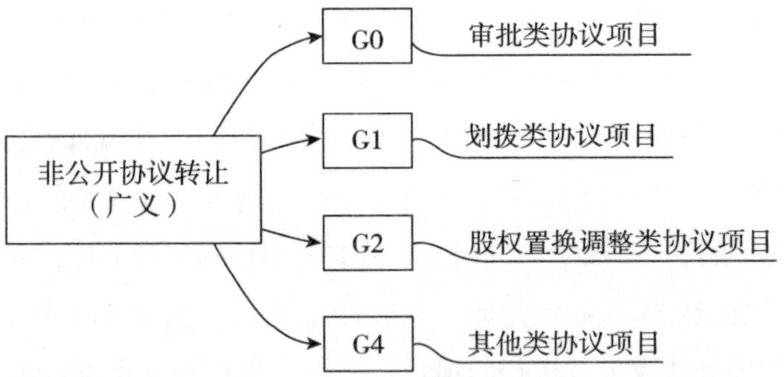

图 1－13　广义非公开协议转让

（1）审批类协议项目（项目编号为 G0），是指根据 32 号令的规定，由国资监管机构批准的，或由国家出资企业因实施内部重组整合审议决策采取非公开协议方式转让的项目。

---

① 关于无偿划转和产权置换的特征以及不受 32 号令调整的分析，参见本章第二节。

（2）划拨类协议项目（项目编号为G1），是指根据《企业国有产权无偿划转管理暂行办法》（国资发产权〔2005〕239号）、《上海市企业国有产权无偿划转暂行办法》（沪国资委产〔2006〕362号）的规定，经相关机构（部门）批准同意无偿划转的项目。

（3）股权置换调整类协议项目（项目编号为G2），是指根据《公司法》或《关于中央企业国有产权置换有关事项的通知》、《关于本市企业国有产权置换有关事项的通知》（沪国资委产权〔2012〕343号）等规定，经相关机构批准或决策的同一集团内部股权置换或重组的项目。

（4）其他类协议项目（项目编号为G4），是指按照产权市场规则，国有创投退出类协议转让项目或通过司法裁判、仲裁裁决等协议项目。

沪联产交〔2019〕63号文所列上述4种情形都属于广义的“非公开协议转让”，其中G0属于狭义“非公开协议转让”。按照沪联产交〔2019〕63号文，4种类型的非公开协议转让项目，由协议转让项目各方自行对照细则所列明的适用情形，符合条件的，按照相关规定取得必要的批准文件，并选择进场登记的操作方式。上海联合产权交易所负责对提供的协议转让项目材料进行合规性形式审核登记并出具产权交易凭证。价款结算方式，可以根据交易双方自愿原则，由双方当事人自主选择是否进场结算价款。上述规定不具有强制性，灵活度较大，具有交易鉴证的特征。

【核心法规】

《企业国有资产交易监督管理办法》（国资委、财政部令第32号）

第13条　产权转让原则上通过产权市场公开进行。转让方可以根据企业实际情况和工作进度安排，采取信息预披露和正式披露相结合的方式，通过产权交易机构网站分阶段对外披露产权转让信息，公开征集受让方……

第31条　以下情形的产权转让可以采取非公开协议转让方式：

（一）涉及主业处于关系国家安全、国民经济命脉的重要行业和关键领域企业的重组整合，对受让方有特殊要求，企业产权需要在国有及国有控股企业之间转让的，经国资监管机构批准，可以采取非公开协议转让方式；

（二）同一国家出资企业及其各级控股企业或实际控制企业之间因实施内部重组整合进行产权转让的，经该国家出资企业审议决策，可以采取非公开协议转让方式。

五、员工持股是否需要进场

实行员工持股是“国企混改”的重要方式。2015 年 8 月 24 日，中共中央、国务院印发《关于深化国有企业改革的指导意见》，要求探索实行混合所有制企业员工持股。2015 年 9 月 23 日，国务院印发《关于国有企业发展混合所有制经济的意见》（国发〔2015〕54 号），再次强调探索实行混合所有制企业员工持股。2016 年 8 月 2 日，国资委、财政部、证监会联合下发 133 号文，对试点企业条件、企业员工入股、企业员工股权管理等关键问题作了详细规定，是现行国有企业员工持股可操作性最强的政策性文件①。

关于国有企业开展员工持股的方式，党中央和国务院的上述两个文件均强调“主要采取增资扩股、出资新设等方式”。133 号文在“试点原则”中再次强调，“坚持增量引入，利益绑定”，“主要采取

① 2016 年 2 月 26 日，财政部、科技部、国资委在中关村国家自主创新示范区股权和分红激励试点办法的基础上，印发《国有科技型企业股权和分红激励暂行办法》（财资〔2016〕4 号，以下简称 4 号文），是员工持股的另一份重要文件。2018 年 9 月 18 日，财政部、科技部、国资委又印发《关于扩大国有科技型企业股权和分红激励暂行办法实施范围等有关事项的通知》（财资〔2018〕54 号），将 4 号文第 2 条调整为：“本办法所称国有科技型企业，是指中国境内具有公司法人资格的国有及国有控股未上市科技企业（含全国中小企业股份转让系统挂牌的国有企业、国有控股上市公司所出资的各级未上市科技子企业），具体包括：（一）国家认定的高新技术企业。（二）转制院所企业及所投资的科技企业。（三）高等院校和科研院所投资的科技企业。（四）纳入科技部‘全国科技型中小企业信息库’的企业。（五）国家和省级认定的科技服务机构。”通知还明确，对于国家认定的高新技术企业不再设定研发费用和研发人员指标条件。4 号文与 133 号文出台的初衷和背景不同，4 号文仅适用于国有科技型企业，在实施条件、员工持股范围、持股比例等方面与 133 号文不同，不具有普遍适用性，本书不涉及。但本书关于员工持股无须进场交易的分析，适用于 4 号文。

增资扩股、出资新设方式开展员工持股”。从逻辑上讲，32 号令规定国有企业增资应当进场交易，既然员工持股采取增资扩股方式，是否意味着国有企业开展员工持股需要进场交易？

32 号令和 133 号文对此都没有明确规定。一般认为，员工持股不需要进场交易，主要理由是：

1. 投资方事前确定。32 号令中的企业增资通过进场交易向社会公开征集投资方，投资方是不确定的。员工持股则相反，投资方是确定的，只能是增资企业内部特定的企业员工，而不能面向社会公众征集投资人，这是员工持股制度的根本特征，目的是通过利益共享、风险共担的方式激发企业员工的积极性。如果要求进场交易，允许社会主体参与投资，员工本身不具备公开选择、竞价的条件或可能，有违员工持股政策的初衷。如果要求进场交易，又不允许社会主体参与投资，则进场交易只是形式，完全没有必要。

2. 入股价格一般不通过市场机制形成。在 32 号令的企业增资程序中，拟投资方所报价格高低是最终能否成为投资主体的关键因素，一般情况下价高者得，这也是进场交易价格发现机制的功能。员工持股的持股价格，一般是按照有关规定在试点企业进行财务审计和资产评估基础上形成的，并且将入股价格作为员工持股方案的重要内容，与方案一起经审批或者备案确定。

3. 具有特殊程序。员工持股不是一般意义上的增资扩股，事关广大员工切身利益，政策性强。133 号文详细规定了员工持股流程，如试点企业的选取标准，员工入股的范围、出资形式、入股价格、持股比例、股权结构、持股方式，员工持股方案制定、审批及备案，员工持股管理等。可以说，员工持股从一开始就处在国资委的特殊监管之下，与一般国有企业增资有着较大的区别，不宜通过进场交易这种完全市场化的方式来实施。

此外，在地方实践中，已有员工持股“不进场交易”的明确政策。上海市国资委印发的《本市国有企业混合所有制改制操作指引（试行）》（沪国资委改革〔2016〕26 号）规定：“企业引入社会资本实施增资，应通过产权交易机构公开进行。企业增资扩股涉及引入管理层持股、股权激励或员工持股的，按照国家及本市有关规定操作。”上海市国资委、财政局、金融办、证监局联合印发的《关于本市地方国有控股混合所有制企业员工持股首批试点工作实施方案》（沪国资委改革〔2017〕18号）进一步明确“非上市公司以增资扩股方式实施员工持股可不进场交易”。

北京市国资委印发的《关于市属国有控股混合所有制企业开展员工持股试点的实施办法》（京国资发〔2016〕21号）规定：“国企改制同步引入非公有资本和员工持股，入股价格应由非公有资本股东进场通过产权交易机构公开确定，持股员工接受确定后的结果，持股价格与之相同。”从该办法关于员工持股价格表述看，员工持股价格无须像“非公有资本股东进场通过产权交易机构公开确定”，也就表明员工持股无须进场。

六、发起新设是否需要进场

根据32号令，企业增资纳入交易监管范围，应当进场交易，公开征集投资方。企业增资的前提是企业已经存在，增资只是增加现有企业的注册资本。企业增资进场交易具有可以公开征集投资方的功能，发起新设国有企业是否也可以或者必须进场征集投资方，在实践中产生疑问。

从国资委现行政策来看，对此并没有明确的规定。但近年来，部分地方国资委在出台的相关文件中，对此作出积极回应。主要有两种模式：

1. 鼓励进场。比如，2019年8月7日，北京市国资委印发《市属国有企业混合所有制改革操作指引》（京国资发〔2019〕15号），其中“规范交易行为”一节，在强调“市属国有企业通过产权转让、增资扩股方式实施混合所有制改革的，应当按照10号文[①]的规定在北京产权交易所进行”的同时，明确指出通过投资并购、出资新设方式实

---

① 北京市国资委、市财政局《关于贯彻落实〈企业国有资产交易监督管理办法〉意见》（京国资发〔2017〕10号）。

施混合所有制改革的，鼓励通过北京产权交易所等公开征询合作方。

2. 要求进场。比如，2016 年 1 月 22 日，上海市国资委印发《本市国有企业混合所有制改制操作指引（试行）》（沪国资委改革〔2016〕26 号），强调“企业以股权出资与社会资本共同设立新公司的，应参照增资扩股方式，通过产权交易机构公开进行”。

从实务操作角度来看，部分产权交易机构已做好出资新设进场有关制度安排。北京产权交易所 2015 年 10 月 16 日发布实施的《企业增资操作规则（试行）》第 37 条规定：“通过北交所征集合作方发起新设企业的，可参照本规则执行。”上海联合产权交易所与深圳联合产权交易所 2015 年 10 月 8 日联合发布的《企业增资业务规则（试行）》第 41 条规定：“增资人通过联交所采取拟发起新设企业开展增资活动的，可参照本规则实施。”

七、资产出租是否需要进场

根据 32 号令，国有企业只有进行产权转让、企业增资、企业资产转让这三种行为时才要求进场交易，对于其他行为，如资产出租，既未纳入国有资产交易行为，也没有强制进场交易要求。但这并不影响地方政府将国有企业其他行为列为国有资产交易行为，并要求进场交易。

2019 年 11 月 11 日，重庆市政府办公厅印发 114 号文，在“企业产权转让、企业增资、企业资产转让”三种交易行为之外，将“国有及国有控股企业、国有实际控制企业的重大资产出租行为（以下称企业资产出租）”列为第四种国有资产交易行为，并设专章“企业资产出租”细化进场交易措施。

根据渝发 114 号文的规定，企业资产出租，是指企业作为出租方，将自身拥有的土地使用权、房产、广告位、设施设备等重大资产出租给自然人、法人或其他组织使用，向承租方收取租金的行为。企业资产出租期限一次不宜过长，一般不超过 5 年，特殊情况可以适当延长，但不应超过 10 年。专业租赁公司对外从事租赁经营业务、租赁期不超过 3 个月的短期租赁、企业举办的专业市场或商场按市场规则组织对外招租、物业服务企业从事的经营业务、企业住房租赁给本企业职工居住、本级人民政府根据招商引资需要确定的资产出租行为等排除在外。

渝发114号文强调，单宗资产招租底价每年在100万元以上的重大资产出租，应当在产权交易机构公开进行。涉及国家出资企业内部或特定行业的资产出租，确需在国有及国有控股、国有实际控制企业之间非公开出租或出租给政府机构、部门、事业单位的，由出租方逐级报国家出资企业审核批准，可以采取非公开协议方式出租。

根据渝发114号文的规定，企业资产出租的具体工作流程参照企业产权转让的规定执行。应按照内部管理制度履行决策程序，并组织开展资产评估或委托专业机构、专业人员对租赁资产进行估价或询价，以资产评估或估价、询价结果为参考确定招租底价，对外公开招租。通过产权交易机构对外披露信息公开征集承租方，信息公告时间不得少于10个工作日。

除了重庆较为系统地将企业资产出租行为纳入国有资产交易外，北京、浙江①、湖南、广西、云南、四川、新疆、新疆生产建设兵团等地也出台文件，要求企业资产出租进场交易。比如，2018年10月29日，北京市国资委印发《关于进一步规范市属国有企业京内土地房屋资产处置和房屋出租对外合作经营管理的通知》（京国资发〔2018〕21号），明确企业将拥有或有控制力的面积超过1000平方米的房屋及面积不足1000平方米但招租底价每年在100万元以上的房屋资产出租或寻找合作经营方，出租项目应通过实施企业国有资产交易的产权交易机构以公开招租的方式广泛征集承租人。②

---

① 2013年9月4日，浙江省国资委印发《浙江省省属国有企业重大资产处置监督管理暂行办法》（浙国资发〔2013〕7号），要求省属国有企业重大资产出租行为应当将重大资产出租信息在浙江产权交易所网站和其他专业媒介上发布，广泛征集承租方。

② 据北京市国资委网站2019年1月29日公布的信息，市管企业房屋租赁进场交易运行3个月来，北京产权交易所共发布市管企业房屋出租披露信息48宗，已成交项目25项，出租总面积10.78万平方米，租金总金额4.93亿元。同时首个通过网络竞价方式开展遴选的企业仓储房屋出租项目，取得了123.75%的超高溢价，体现了房屋出租公开交易市场实现国有资产提质增值的优势。

综上所述，国资委尚未统一要求国有企业资产出租进场交易，中央企业是否进场可由中央企业自主选择，但是地方企业在进行资产出租时，应当关注当地的政策，如果地方政府和国资部门对国有企业资产出租有进场要求，就必须进场交易。目前，北京、天津、重庆等地的产权交易机构，都制定了资产出租进场交易规则，细化操作流程①。

第四节 国资交易监管体系

一、国资交易规则体系

国有企业和国有资产在我国具有特殊地位。正如中共中央、国务院《关于深化国有企业改革的指导意见》所强调的，“国有企业属于全民所有，是推进国家现代化、保障人民共同利益的重要力量，是我们党和国家事业发展的重要物质基础和政治基础”。为加强国有企业和国有资产监管，国家和有关部门制定出台了一系列的监管法规政策，国资交易规则就是其中一部分。

（一）国资交易规则体系的五个层次

从监管事项类别来看，国资监管规则除了综合类外，可以细分为产权登记、资产评估、财务管理与清产核资、产权转让、资产投资、改制与破产、股权激励与职工安置、责任追究等。国有资产交易处于整个监管链条的中间环节，也是产权变动最为活跃的领域，与上下游监管规则，如产权登记、资产评估、资产投资等紧密相关，由此形成了国资交易规则体系。

国资交易规则体系分为五个层次：法律、行政法规、部门规章及

① 2018年11月1日，北京产权交易所发布《企业房屋出租操作规则（试行）》，2020年12月21日修订为《企业房屋出租操作规则》。2019年5月24日，天津产权交易中心发布《资产出租交易规则》（2021年5月31日修订）。2018年12月28日，重庆联合产权交易所发布《资产交易业务规则》，统一适用于资产转让和资产出租行为；2020年12月31日，重庆联合产权交易所发布实施《资产出租业务规则》。

规范性文件、地方政府规章及规范性文件、产权交易机构交易规则。上述规则效力依次递减（部门规章与地方政府规章具有同等效力），但从实务操作角度来看，后三类规则数量多、操作性强，在指导国资交易过程中发挥着重要作用，应当予以充分地关注、准确地理解、熟练地应用。

1. 法律

我国没有专门规范企业国有资产交易的法律。与国有资产交易紧密相关的法律主要有四部，分别是《企业国有资产法》《公司法》《民法典》《资产评估法》。除此之外，与国资交易相关的法律还涉及《拍卖法》《招标投标法》《土地管理法》《城市房地产管理法》《劳动法》《劳动合同法》《审计法》《会计法》《律师法》等。本书仅将四部核心法律简要列述（见表1-1）：

表1-1 规范国有资产交易法律

名称	要点
企业国有资产法	国资监管的基本法，该法第五章第五节“国有资产转让”对国有资产转让的概念、审批机构、强制进场交易、最低转让价格确定等基本规则作出明确规定
公司法	企业产权转让、增资均与《公司法》密切相关，特别是第四章“有限责任公司的股权转让”和第十一章“公司合并、分立、增资、减资”
民法典	民事主体和民事法律行为基本法，企业产权转让、企业增资、企业资产转让主要涉及《民法典》总则编、物权编，尤其是合同事项，适用《民法典》合同编通则
资产评估法	资产评估的基本法，国有资产交易作为法定评估事项以及资产评估应当遵循程序的主要法律依据

2. 行政法规

规范国有资产交易的行政法规有三部，基本上制定于20世纪90年代至21世纪初，总体上内容比较粗线条，有的内容被此后颁布的法律修改完善，有的内容被部门规章等规范性文件所替代。简要列述（见表1-2）：

表 1-2　规范国有资产交易行政法规

名称	要点
企业国有资产监督管理暂行条例	制定于 2003 年，部分内容已被 2009 年《企业国有资产法》替代，但仍是国资监管机构主要职责、国有资产管理的依据
企业国有资产产权登记管理办法	制定于 1996 年，除了产权登记种类，该办法基本上被国资委《国家出资企业产权登记管理暂行办法》替代
国有资产评估管理办法	制定于 1991 年，明确国有资产评估事项、组织管理、评估程序、评估方法等，是国有企业进行资产评估的重要规范

3. 部门规章及规范性文件

部门规章及规范性文件是国有资产交易规则的主体，也是数量最多、使用频率最高的规则。尤其是 32 号令在行业内具有重要地位，是目前专门规范国资交易最高层级的规范，也是本书引用最多的规范。围绕企业国有资产交易，国资委等部门出台了许多规范性文件。本书仅将部分常用部门规章及规范性文件列示（见表 1-3）：

表 1-3　规范国有资产交易部门规章及规范性文件

名称	文号	施行日期
企业国有产权无偿划转管理暂行办法	国资发产权〔2005〕239 号	2005 年 8 月 29 日
企业国有资产评估管理暂行办法	国资委令第 12 号	2005 年 9 月 1 日
企业国有产权交易操作规则	国资发产权〔2009〕120 号	2009 年 7 月 1 日
中央企业境外国有产权管理暂行办法	国资委令第 27 号	2011 年 7 月 1 日
国家出资企业产权登记管理暂行办法	国资委令第 29 号	2012 年 6 月 1 日
国家出资企业产权登记管理工作指引	国资发产权〔2012〕104 号	2012 年 7 月 24 日
企业国有资产评估项目备案工作指引	国资发产权〔2013〕64 号	2013 年 5 月 10 日

续表

名称	文号	施行日期
企业国有资产交易监督管理办法	国资委、财政部令第 32 号	2016 年 6 月 24 日
关于企业国有资产交易流转有关事项的通知	国资发产权规〔2022〕39 号	2022 年 5 月 16 日

4. 地方政府规章及规范性文件

为落实国有资产交易法规，部分地方政府结合本地实际，制定出台了具有地方特色和创新性①、仅适于本地区国资交易监管的政府规章和规范性文件。本书仅将北京、上海、天津、重庆 4 个直辖市部分规章和规范性文件列示（见表 1－4）：

表 1－4 规范国有资产交易地方政府规章及规范性文件

名称	文号	施行日期
天津市产权交易管理暂行规定	津政发〔1995〕71 号	1995 年 12 月 27 日
上海市产权交易市场管理办法	上海市人民政府令第 36 号	2004 年 11 月 25 日
天津市企业国有资产监督管理暂行办法	天津市人民政府令第 88 号	2005 年 6 月 9 日
北京市企业国有资产产权登记业务办理规则	京国资产权字〔2005〕78 号	2005 年 9 月 10 日
北京市企业国有资产评估管理暂行办法	京国资发〔2008〕5 号	2008 年 3 月 1 日
上海市产权交易市场管理办法实施细则	沪国资委产〔2009〕270 号	2009 年 6 月 16 日
北京市产权交易管理规定（2010 年第二次修改）	北京市人民政府令第 226 号	2010 年 11 月 27 日

① 比如，渝发 114 号文在 32 号令明确的“企业产权转让、企业增资、企业资产转让”三类交易行为之外，将“企业资产出租”纳入监管范围，并要求重大资产出租应当在产权交易机构公开进行。

续表

名称	文号	施行日期
北京市国资委财政局关于贯彻落实《企业国有资产交易监督管理办法》的意见	京国资发〔2017〕10号	2017年5月31日
重庆市企业国有资产交易监督管理暂行办法	渝府办发〔2019〕114号	2019年12月11日

5. 产权交易机构交易规则

根据上述四类规范并结合工作需要，制定详细具体的交易规则，是产权交易机构的通常做法。虽然每个产权交易机构都有自己的交易规则，但基本规范都是一致的，只是对某些具体操作细节作出不同规定。本书仅将北京产权交易所制订的部分交易规则列示（见表1－5）：

表1－5　规范国有资产交易产权交易机构交易规则

名称	施行日期
国有企业增资操作规则	2023年10月20日
企业国有产权转让预披露转让信息操作细则	2016年12月1日
企业国有产权转让中止和终结操作细则	2018年5月22日
企业国有产权转让争议调解操作细则	2018年5月22日
实物资产转让操作规则	2022年5月9日
技术类无形资产交易规则	2021年7月1日
企业国有产权转让组织交易签约操作细则	2020年7月31日
企业国有产权转让操作规则	2020年7月31日
企业国有产权转让受理转让申请操作细则	2020年7月31日
企业国有产权转让登记受让意向操作细则	2020年7月31日
企业国有产权转让动态报价实施办法	2020年7月31日
企业国有产权转让出具交易凭证操作细则	2020年7月31日

（二）32号令与3号令的关系

3号令和32号令都是由国资委、财政部制定的企业国有资产交易监管方面的重要部门规章，前者制定于2003年（2004年2月1日施行）；后者制定于2016年，是在3号令及其配套文件基础之上的集大成者。关于二者的关系，可分为两个阶段（见图1－14）：

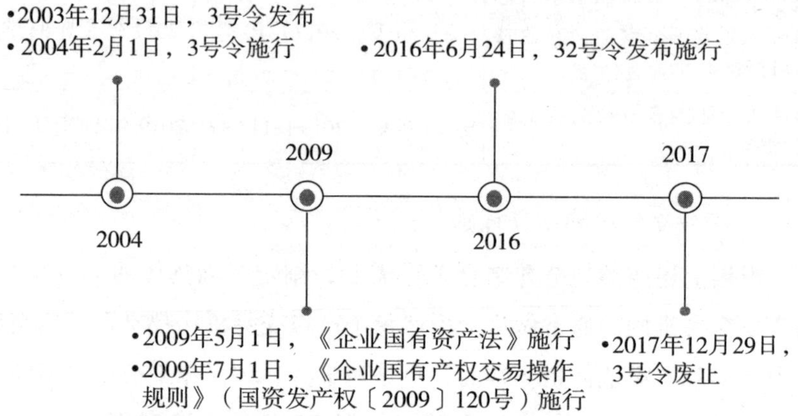

图1－14　32号令与3号令的适用时间

1. 第一阶段：32号令与3号令并存

从32号令发布至2017年年底，这一时期32号令与3号令并存。32号令第67条规定："本办法自发布之日起施行，现行企业国有资产交易监管相关规定与本办法不一致的，以本办法为准。"从这个意义上讲，32号令的出台并没有对在先的3号令予以废止，3号令依然是有效的部门规章①，只是其中部分条款因与32号令冲突而失效。

这种立法模式无疑增加了适用难度，特别是在3号令有规定而32号令没有规定的条款适用时，同时还面临难以判断二者是否一致以及如何适用问题。实践中需要往返审视，确认两者延续、修正及补充之处，才能避免理解上的错误，有时还需要进一步咨询国资监管部门的意见，增加了适用的不确定性。

2. 第二阶段：32号令正式替代3号令

随着近年来国务院加大对规章、规范性文件清理的工作力度，2017年12月29日国资委公告《废止失效的规章规范性文件目录》

---

① 国资委2017年第1号公告强调"对截至2017年11月底现行有效的规章规范性文件进行了全面清理"，3号令作为清理范围的事实，表明其在2017年11月底之前是有效的。

（该公告于2018年1月12日在国资委网站发布），宣告3号令等29部规章规范性文件废止失效。这表明，两部规章共存的时期结束，32号令将成为国有资产交易监管方面唯一一部综合性部门规章。

根据《废止失效的规章规范性文件目录》，与3号令紧密相关的5部规范性文件也同时废止失效，包括《关于做好产权交易机构选择确定工作的指导意见》（国资发产权〔2004〕252号）、《关于企业国有产权转让有关问题的通知》（国资发产权〔2004〕268号）、306号文、《关于建立中央企业国有产权转让信息联合发布制度有关事项的通知》（国资发产权〔2008〕32号）、《关于中央企业资产转让进场交易有关事项的通知》（国资厅发产权〔2013〕78号）。

需要说明的是，3号令及5部规范性文件自2017年12月29日废止失效，并不意味着原来规定的一些制度也予以废止。实际上，3号令及其相关规范性文件的重要制度已在32号令中予以延续或者完善，在研究分析32号令相关制度时，仍然可以从3号令及相关规范性文件中找到最初顶层设计意图和制度变迁轨迹，这对于我们全面准确理解和适用32号令仍然具有重要价值。① 正是基于这种考虑，本书在介绍相关内容时有时会涉及3号令。但在交易实务中，特别是提交相关文件材料中，应当直接以32号令为依据，不宜再提及已经废止的3号令及5部规范性文件。

与此同时，虽然32号令替代了3号令，但3号令的废止也给实务界带来了一些新的困惑。比如，32号令未对产权交易合同应当包括的内容进行规定，也未对批准产权转让审核文件、产权转让方案内容、产权转让方案重新报批、中止终止产权转让、确认转让行为无效等具体内容进行规定，对标的企业职工安置规定也较少，而这些内容在3号令中都是有明确规定的。实践中这些事项如何操作，有待相关主管部门进一步明确。

---

① 比如，本章第三节中非公开协议转让是否意味着场外交易，就结合3号令的规定进行对比分析。

二、国资交易监管主体及权限

无论是3号令还是32号令，原则上都遵循国有资产交易两层分级监管体制（见图1－15）。根据32号令第6条之规定，企业国有资产交易监管主体有两类，分别对应不同的管理对象：一是国资监管机构，负责国家出资企业（一级企业）的国有资产交易监督管理。二是国家出资企业（一级企业），负责其各级子企业国有资产交易的管理，定期向同级国资监管机构报告本企业的国有资产交易情况。

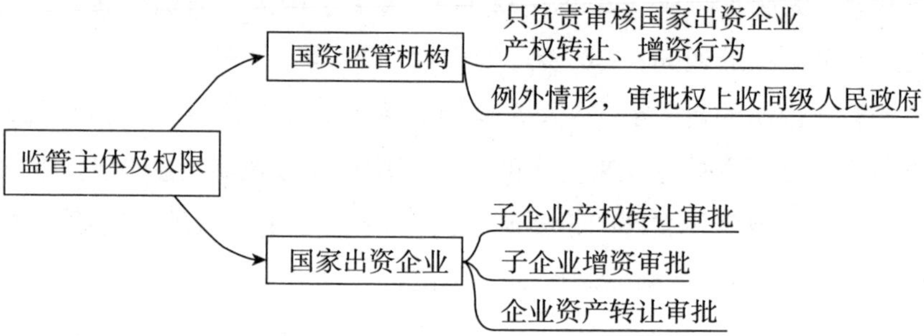

图1－15 监管主体及权限

（一）国资监管机构及其权限

实践中，国资监管机构主要指的就是各级国资委。根据《企业国有资产法》《企业国有资产监督管理暂行条例》，国务院和省级人民政府、市级人民政府分别设立国有资产监督管理机构，依法对企业国有资产进行监督管理。国务院和地方人民政府根据需要，可以授权其他部门、机构代表本级人民政府对国家出资企业履行出资人职责①。

根据32号令第7条和第34条，国资监管机构只负责审核国家出

① 授权财政部对中国邮政集团有限公司等履行出资人职责，各级财政部门根据政府授权集中统一履行国有金融资本、文化类企业的出资人职责。参见第一章第一节“二、纳入国资交易监管范围国有企业类型”中“关于政府部门、机构、事业单位”脚注。

资企业（一级企业）[①] 的产权转让事项、增资行为，不负责二级及以下级别企业产权、增资审核。同时，根据32号令第48条、第49条，国资监管机构也不负责一级企业以及以下级别企业的资产转让审核批准事项，全部下放给一级企业，由一级企业明确管理权限，其只要求一级企业将资产转让内部管理制度报同级国资监管机构备案。

国资监管机构审核权限也有例外。出现以下两种情形时，审批权上收同级人民政府，国资监管机构应当报本级人民政府批准：一是因产权转让致使国家不再拥有所出资企业控股权的，二是因增资致使国家不再拥有所出资企业控股权的。

此外，为贯彻企业产权转让原则上不得针对受让方设置资格条件的要求，32号令要求"确需设置的"，所设资格条件"应当在信息披露前报同级国资监管机构备案，国资监管机构在5个工作日内未反馈意见的视为同意"。这在某种程度上也是国资监管机构的一项重要权限。

（二）国家出资企业及其权限

国家出资企业，是指由各级国资监管机构直接履行出资人职责的国有企业，在层级上属于一级企业。比如，目前国务院国资委履行出资人职责的国家出资企业共有97家，也称为中央企业。

在实践中，绝大多数企业国有资产交易审批权都由国家出资企业承担。国家出资企业的审批管理权限主要有三类：

1. 子企业产权转让审批管理。根据32号令第8条，国家出资企业应当制定其子企业产权转让管理制度，确定审批管理权限。转让方为多家国有股东共同持股的企业，由其中持股比例最大的国有股东负责履行相关批准程序；各国有股东持股比例相同的，由相关股东协商后确定其中一家股东负责履行相关批准程序。

例外情形是，对主业处于关系国家安全、国民经济命脉的重要行业和关键领域，主要承担重大专项任务子企业的产权转让，须由国家

---

① 关于国家出资企业（一级企业）的概念分析，参见本章第一节。

出资企业报同级国资监管机构批准。

2. 子企业增资审批。根据32号令第35条，国家出资企业决定其子企业的增资行为。增资企业为多家国有股东共同持股的企业，由其中持股比例最大的国有股东负责履行相关批准程序；各国有股东持股比例相同的，由相关股东协商后确定其中一家股东负责履行相关批准程序。

3. 企业资产转让审批。根据32号令第49条，国家出资企业负责制定本企业不同类型资产转让行为的内部管理制度，明确责任部门、管理权限、决策程序、工作流程，对其中应当在产权交易机构公开转让的资产种类、金额标准等作出具体规定，并报同级国资监管机构备案。

（三）非公开协议方式审批

企业国有资产交易以进场公开交易为原则、非公开协议方式为例外，前述国资监管机构和国资出资企业审批权限主要针对的是进场公开交易行为，对于非公开协议方式的审批，32号令及39号文作了特殊规定。

1. 国资监管机构负责的非公开协议审批事项

（1）涉及主业处于关系国家安全、国民经济命脉的重要行业和关键领域企业的重组整合，对受让方有特殊要求，企业产权需要在国有及国有控股企业之间转让的。

（2）因国有资本布局结构调整需要，由特定的国有及国有控股企业或国有实际控制企业参与增资。

（3）因国家出资企业与特定投资方建立战略合作伙伴或利益共同体需要，由该投资方参与国家出资企业或其子企业增资。

（4）涉及政府或国有资产监督管理机构主导推动的国有资本布局优化和结构调整，以及专业化重组等重大事项，企业产权在不同的国家出资企业及其控股企业之间转让，且对受让方有特殊要求的。

（5）国家出资企业及其子企业通过发行基础设施REITs盘活存量资产，涉及国有产权非公开协议转让情形的。

2. 国家出资企业负责的非公开协议审批事项

（1）同一国家出资企业及其各级控股企业或实际控制企业之间因实施内部重组整合进行产权转让。

（2）国家出资企业直接或指定其控股、实际控制的其他子企业参与增资。

（3）企业债权转为股权。

（4）企业原股东增资。

（5）主业处于关系国家安全、国民经济命脉的重要行业和关键领域，主要承担重大专项任务的子企业，不得因产权转让、企业增资失去国有资本控股地位；国家出资企业内部重组整合中涉及该类企业时，以下情形可由国家出资企业审核批准：①企业产权在国家出资企业及其控股子企业之间转让的；②国家出资企业直接或指定其控股子企业参与增资的；③企业原股东同比例增资的。其他情形由国家出资企业报同级国有资产监督管理机构批准。

（6）涉及国家出资企业内部或特定行业的资产转让，确需在国有及国有控股、国有实际控制企业之间非公开转让。

【核心法规】

《企业国有资产交易监督管理办法》（国资委、财政部令第 32 号）

第 6 条　国有资产监督管理机构（以下简称国资监管机构）负责所监管企业的国有资产交易监督管理；国家出资企业负责其各级子企业国有资产交易的管理，定期向同级国资监管机构报告本企业的国有资产交易情况。

三、国资交易争端解决机制

目前，我国的争端解决机制主要有调解、仲裁、行政裁决、行政复议、诉讼，国有资产交易产生的争议主要通过调解、仲裁、诉讼来解决（见图 1－16）。32 号令第 58 条明确规定：“企业国有资产交易过程中交易双方发生争议时，当事方可以向产权交易机构申请调解；调解无效时可以按照约定向仲裁机构申请仲裁或向人民法院提起诉讼。”

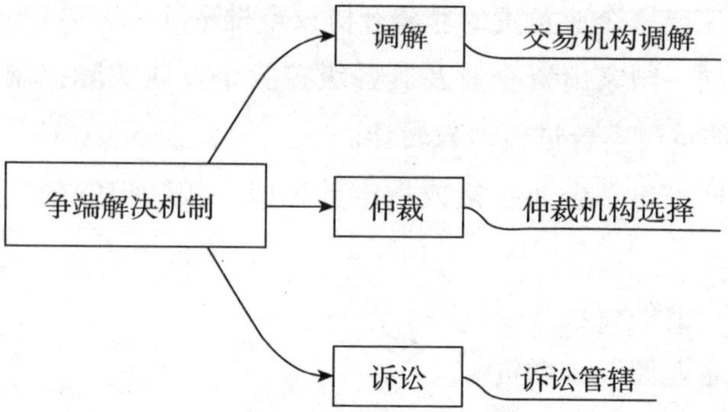

图1-16 国资交易争端解决机制

（一）调解

调解以当事人的自主合意和选择为基础，程序上简易灵活、快速高效。理论上，把调解分为诉内调解和诉外调解（具体分为行政调解、仲裁程序中的调解、人民调解、民间调解）。32号令第58条规定“企业国有资产交易过程中交易双方发生争议时，当事方可以向产权交易机构申请调解”，120号文第47条还规定“争议涉及产权交易机构时，当事人可以向产权交易机构的监管机构申请调解”，这里指的都是诉外调解。

产权交易机构作为交易平台，对交易双方情况比较了解，通过其调解有利于尽快解决纠纷。实践中，产权交易机构一般都制定了争议调解办法，如北京产权交易所《企业国有产权转让争议调解操作细则》（2018年5月22日施行）、上海联合产权交易所《产权交易争议调解操作细则》（2018年10月22日施行）、天津产权交易中心《企业国有产权转让争议调解操作细则》（2018年12月28日施行）、重庆联合产权交易所《产权交易争议调解操作细则》（2009年10月30日施行），对争议调解操作程序都作了规定。以《北京产权交易所企业国有产权转让争议调解操作细则》为例，在北京产权交易所进行的产权转让活动中，交易一方或其他相关主体认为交易相对方、其他交易相关方存有违规违约或损害其合法权益的行为的，可以向北京产权交易所提出调解申请。北京产权交易所在核实申请人提交的相关材料及有关事项的基础上，促成相关各方化解矛盾；如争议事项不涉及第三方利益，且争议双方均接受调解的，可由北京产权交易所约请争议双方协商达成一致意见，形成调解协议，经双方签字盖章确认，完成调解程序。争议调解的期限，一般为自受理调解申请之日起 30 日内。因当事各方未就调解达成一致意见的，调解终止。

（二）仲裁

根据《仲裁法》，仲裁实行一裁终局制度，当事人采用仲裁方式解决纠纷，双方自愿达成仲裁协议。以北京产权交易所制定的产权交易合同示范文本为例，设有“管辖及争议解决方式”条款，由交易双方约定提交仲裁委员会仲裁，或者依法向人民法院起诉。

如果选择仲裁，需要注意仲裁机构必须明确，防止发生争议。一般情况下，双方约定的仲裁机构是交易机构所在地的仲裁委员会，比如，北京产权交易所所在地的仲裁机构是“北京仲裁委员会”①，当然也可以约定其他地方甚至国外的仲裁机构。

（三）诉讼

诉讼是依靠国家公权力介入解决纠纷的方式，具有强制性、规范性、程序性和终局性的特点，是维护社会公平正义的最后一道防线。国有资产交易行为属于民事活动，如果交易双方发生争议，可依据《民事诉讼法》向有管辖权的人民法院提起诉讼。实践中，如果产权交易机构参与诉讼，一般被列为第三人或者被告。

---

① 仲裁机构的名称一定要准确，“北京仲裁委员会”不能写成“北京市仲裁委员会”，在实践中，曾因仲裁机构名称不准确（多了一个“市”字），引发对仲裁条款效力的争议。最高人民法院《关于如何确认仲裁机构名称约定不明确的仲裁协议的效力的请示的复函》（〔2005〕民立他字第55号）明确：仲裁协议约定由“××市仲裁委员会”仲裁的，如“××市”只有一家仲裁委员会，应当认定约定的仲裁机构系指“××仲裁委员会”；如“××市”有多家仲裁委员会，应当认为约定的仲裁机构不明确。北京市除了“北京仲裁委员会”（北仲）外，还有中国国际经济贸易仲裁委员会（贸仲）和中国海事仲裁委员会（海仲）。

关于调解、仲裁、诉讼三个程序之间的关系，需要把握以下两点：一是调解不是前置程序，当事人可以不经调解，直接进入仲裁或者诉讼程序；二是仲裁和诉讼只能二选一，选定仲裁的，不能再提起诉讼（除非仲裁协议无效）。

四、违反国资交易监管法律责任

（一）32 号令规定的法律责任

32 号令按照主体标准，规定了国资监管机构和交易主体的有关人员、社会中介机构、产权交易机构在国有资产交易中应当承担的责任（见图 1－17）。

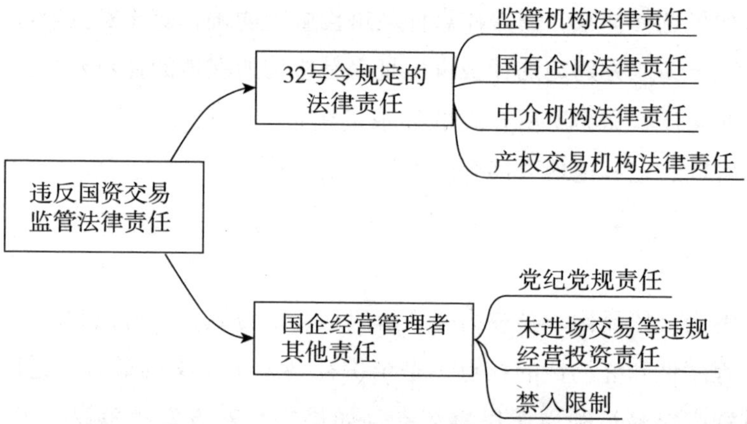

图 1－17　违反国资交易监管法律责任

1. 国资监管机构和国有企业有关人员的责任

根据 32 号令第 59 条，国资监管机构、国有及国有控股企业、国有实际控制企业的有关人员违反规定越权决策、批准相关交易事项，或者玩忽职守、以权谋私致使国有权益受到侵害的，由有关单位按照人事和干部管理权限给予相关责任人员相应处分；造成国有资产损失的，相关责任人员应当承担赔偿责任；构成犯罪的，依法追究其刑事责任。

（1）结合《刑法》规定，32 号令第 59 条所指的刑事责任主要是：国有公司、企业、事业单位人员失职罪，国有公司、企业、事业单位人员滥用职权罪，徇私舞弊低价出售国有资产罪，滥用职权罪，玩忽职守罪，私分国有资产罪。对国资监管机构公务人员的处分，按照《公务员法》执行。

（2）结合《资产评估法》，国有企业作为转让方，如果未依法委托评估机构对交易的产权资产进行评估的，应当承担以下法律责任：

第一，应当委托评估机构进行法定评估而未委托的，由有关部门责令改正；拒不改正的，处10万元以上50万元以下罚款；情节严重的，对直接负责的主管人员和其他直接责任人员依法给予处分；造成损失的，依法承担赔偿责任；构成犯罪的，依法追究刑事责任。

第二，在法定评估进行过程中，出现未依法选择评估机构，索要、收受或者变相索要、收受回扣，串通、唆使评估机构或者评估师出具虚假评估报告，不如实向评估机构提供权属证明、财务会计信息和其他资料等情形的，可以处10万元以上50万元以下罚款，有违法所得的没收违法所得；情节严重的，对直接负责的主管人员和其他直接责任人员依法给予处分；造成损失的，依法承担赔偿责任；构成犯罪的，依法追究刑事责任。

2. 社会中介机构的责任

根据32号令第60条，社会中介机构在为企业国有资产交易提供审计、资产评估和法律服务中存在违规执业行为的，有关国有企业应及时报告同级国资监管机构，国资监管机构可要求国有及国有控股企业、国有实际控制企业不得再委托其开展相关业务；情节严重的，由国资监管机构将有关情况通报其行业主管部门，建议给予其相应处罚。

《资产评估法》《律师法》等法律法规对社会中介机构及专业人员规定了详细的处罚措施。以《资产评估法》为例，评估专业人员签署虚假评估报告的，由有关评估行政管理部门责令停止从业2年以上5年以下；情节严重的，责令停止从业5年以上10年以下；构成犯罪的，依法追究刑事责任，终身不得从事评估业务。评估机构出具虚假评估报告的，由有关评估行政管理部门责令停业6个月以上1年以下；有违法所得的，没收违法所得，并处违法所得1倍以上5倍以下罚款；情节严重的，由工商行政管理部门吊销营业执照；构成犯罪的，依法追究刑事责任。评估专业人员违反法律规定，给委托人或者其他相关当事人造成损失的，由其所在的评估机构依法承担赔偿责任。

3. 产权交易机构的责任

根据32号令第61条，产权交易机构在企业国有资产交易中弄虚作假或者玩忽职守、给企业造成损失的，应当承担赔偿责任，并依法追究直接责任人员的责任。根据32号令第55条，国资监管机构还可以对产权交易机构的违规行为，视情节轻重对其作出提醒、警告、通报、暂停直至停止委托从事相关业务等处罚。

（二）国有企业经营管理者的其他责任

1. 违反党纪党规责任

国有企业经营管理者大多数为党员，除了遵守国家法律法规，还受党纪党内法规约束。2004年国资委《关于加强对国有企业改制及国有产权转让监督检查工作的意见》（国资纪发〔2004〕2号）强调，着重查处国有企业改制及国有产权转让中的违规违纪行为，督促追究责任，对违反党纪政纪的，要给予处分。

近年来，按照从严治党要求，以党章为根本，以准则、条例等中央党内法规为主干的党内法规制度体系不断完善。2018年新修订的《中国共产党纪律处分条例》强调，党组织和党员违反党章和其他党内法规，违反国家法律法规，违反党和国家政策，违反社会主义道德，危害党、国家和人民利益的行为，依照规定应当给予纪律处理或者处分的，都必须受到追究。《中国共产党纪律处分条例》第126条规定，党员领导干部违反有关规定干预和插手国有企业重组改制、兼并、破产、产权交易、清产核资、资产评估、资产转让、重大项目投资以及其他重大经营活动等事项，造成不良影响的，给予警告或者严重警告处分；情节较重的，给予撤销党内职务或者留党察看处分；情节严重的，给予开除党籍处分。

2. 未按规定进场交易等违规经营投资责任

2018年8月30日，国资委印发37号令，强调中央企业经营管理有关人员违反规定，未履行或未正确履行职责，造成国有资产损失或其他严重不良后果的，应当追究相应责任。该办法第12条规定："转让产权、上市公司股权、资产等方面的责任追究情形：（一）未按规定履行决策和审批程序或超越授权范围转让。（二）财务审计和资产评估违反相关规定。（三）隐匿应当纳入审计、评估范围的资产，组织提供和披露虚假信息，授意、指使中介机构出具虚假财务审计、资产评估鉴证结果及法律意见书等。（四）未按相关规定执行回避制度。（五）违反相关规定和公开公平交易原则，低价转让企业产权、上市公司股权和资产等。（六）未按规定进场交易。"

根据37号令，中央企业如果在国资交易中发生资产损失，按以下方式处理：

（1）发生一般资产损失（资产损失500万元以下为一般资产损失）的，对直接责任人和主管责任人给予批评教育、责令书面检查、通报批评、诫勉等处理，可以扣减和追索责任认定年度50%以下的绩效年薪。

（2）发生较大资产损失（500万元以上5000万元以下为较大资产损失）的，对直接责任人和主管责任人给予通报批评、诫勉、停职、调离工作岗位、降职等处理，同时按照以下标准扣减薪酬：扣减和追索责任认定年度50%～100%的绩效年薪、扣减和追索责任认定年度（含）前三年50%～100%的任期激励收入并延期支付绩效年薪，终止尚未行使的其他中长期激励权益、上缴责任认定年度及前一年度的全部中长期激励收益、五年内不得参加企业新的中长期激励。

对领导责任人给予通报批评、诫勉、停职、调离工作岗位等处理，同时按照以下标准扣减薪酬：扣减和追索责任认定年度30%～70%的绩效年薪、扣减和追索责任认定年度（含）前三年30%～70%的任期激励收入并延期支付绩效年薪，终止尚未行使的其他中长期激励权益、三年内不得参加企业新的中长期激励。

（3）发生重大资产损失（5000万元以上为重大资产损失）的，

对直接责任人和主管责任人给予降职、改任非领导职务、责令辞职、免职和禁入限制等处理，同时按照以下标准扣减薪酬：扣减和追索责任认定年度100%的绩效年薪、扣减和追索责任认定年度（含）前三年100%的任期激励收入并延期支付绩效年薪，终止尚未行使的其他中长期激励权益、上缴责任认定年度（含）前三年的全部中长期激励收益、不得参加企业新的中长期激励。

对领导责任人给予调离工作岗位、降职、改任非领导职务、责令辞职、免职和禁入限制等处理，同时按照以下标准扣减薪酬：扣减和追索责任认定年度70%～100%的绩效年薪、扣减和追索责任认定年度（含）前三年70%～100%的任期激励收入并延期支付绩效年薪，终止尚未行使的其他中长期激励权益、上缴责任认定年度（含）前三年的全部中长期激励收益、五年内不得参加企业新的中长期激励。

37号令还规定，各地区国有资产监督管理机构可以参照本办法，结合实际情况制定本地区责任追究相关制度规定。这意味着37号令的主要制度不仅适用于中央企业，也适用于地方企业。

3. 禁入限制

根据《企业国有资产法》第73条规定，国有独资企业、国有独资公司、国有资本控股公司的董事、监事、高级管理人员违反本法规定，造成国有资产重大损失，被免职的，自免职之日起5年内不得担任上述职位；造成国有资产特别重大损失，或者因贪污、贿赂、侵占财产、挪用财产或者破坏社会主义市场经济秩序被判处刑罚的，终身不得担任国有独资企业、国有独资公司、国有资本控股公司的董事、监事、高级管理人员。

2020年1月1日，《中央企业禁入限制人员信息管理办法（试行)》（国资发监责规〔2019〕131号，以下简称《禁入办法》）开始施行。《禁入办法》明确，追责部门应当于禁入限制处理生效之日起10个工作日内，在履行内部审批手续后，将禁入限制人员信息采集录入到中央企业禁入限制人员信息管理系统；国资委和中央企业任命董事、监事、高级管理人员时，应当查询拟任人员禁入限制情况。《禁入办法》的出台，在制度上进一步推动了禁入限制处理的有效落实，初步实现违规经营投资责任人在中央企业范围内“一企受限、企企受限”，有效发挥国有资产监督的震慑遏制作用。

【核心法规】

《企业国有资产交易监督管理办法》（国资委、财政部令第32号）

第59条　企业国有资产交易应当严格执行“三重一大”决策机制。国资监管机构、国有及国有控股企业、国有实际控制企业的有关人员违反规定越权决策、批准相关交易事项，或者玩忽职守、以权谋私致使国有权益受到侵害的，由有关单位按照人事和干部管理权限给予相关责任人员相应处分；造成国有资产损失的，相关责任人员应当承担赔偿责任；构成犯罪的，依法追究其刑事责任。

第60条　社会中介机构在为企业国有资产交易提供审计、资产评估和法律服务中存在违规执业行为的，有关国有企业应及时报告同级国资监管机构，国资监管机构可要求国有及国有控股企业、国有实际控制企业不得再委托其开展相关业务；情节严重的，由国资监管机构将有关情况通报其行业主管部门，建议给予其相应处罚。

第61条　产权交易机构在企业国有资产交易中弄虚作假或者玩忽职守、给企业造成损失的，应当承担赔偿责任，并依法追究直接责任人员的责任。

第二章

国有资产交易标的

企业国有资产交易标的，即交易对象，是企业国有资产。但企业国有资产到底是什么，与国有企业资产有何区别，不同的时期、不同的角度、不同的法规，有不同的规定。32号令分别从广义和狭义两种角度使用“企业国有资产”，既有权益层面上的“企业产权”，又有实物层面的“企业资产”。不同类型的企业国有资产，需要满足不同的交易条件，适应不同的交易程序。准确理解企业国有资产交易标的及相关交易要求，是顺利推进企业国有资产交易的重要基础。

第一节　国资交易标的种类

一、国资交易标的分类

根据32号令的规定，企业国有资产交易标的①可以分为产权和资产，其中，企业产权转让和企业增资对应的是产权，企业资产转让对应的是资产。对于产权和资产，32号令没有直接作出解释。分析产权和资产在32号令中特定的内涵和外延，便于准确适用交易程序（见图2－1）。

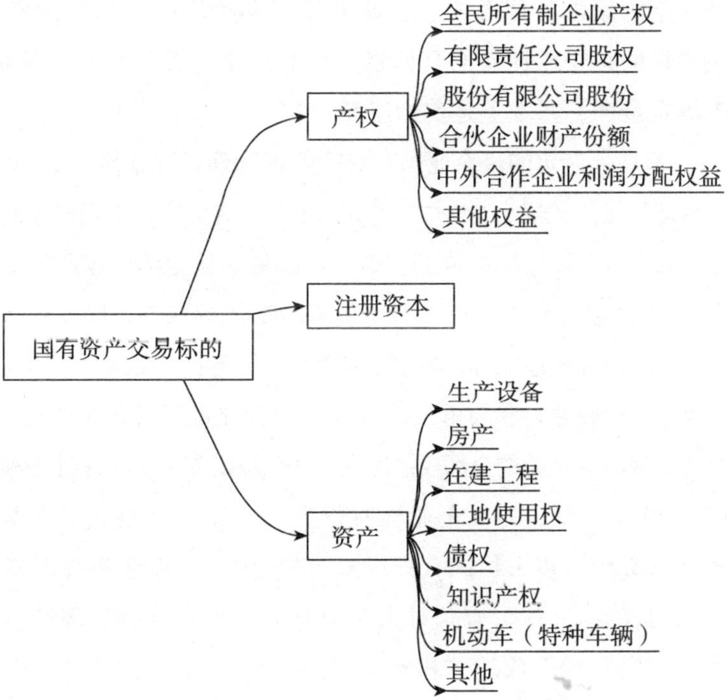

图2－1　国有资产交易标的

① “标的”与“标的企业”不同，关于二者的区别参见第三章第一节。

（一）企业国有资产与国有产权

1. 企业国有资产

对于企业国有资产，不同法规政策对其概念界定并不相同，内涵和外延有的大有的小。总的来看，企业国有资产的外延经历了从实物层面、到实物与权益并存、最终到权益层面的三个阶段，体现了企业国有资产监管从管资产到管资本的重大变化。

（1）1991 年制定的《企业国有资产所有权界定的暂行规定》（国资综发〔1991〕23 号）第 4 条第 1 款规定："本规定所称企业国有资产是指国家以各种形式对企业的投资和投资收益形成的资产。"这里主要指的是企业拥有的具体资产，如现金、银行存款以及房屋、设备等固定资产，基本上是实物层面。

（2）2003 年制定的《企业国有资产监督管理暂行条例》（2019 年 3 月 2 日修订）第 3 条规定："本条例所称企业国有资产，是指国家对企业各种形式的投资和投资所形成的权益，以及依法认定为国家所有的其他权益。"这里强调的是"投资"和"投资所形成的权益，以及依法认定为国家所有的其他权益"，既包括具体资产，也包括"权益"，即享有因出资形成的资产收益、参与重大决策和选择管理者等出资人权利，该等权利指的是被出资企业的全部权益份额，并非被出资企业的各项具体财产。

（3）2008 年制定的《企业国有资产法》第 2 条规定："本法所称企业国有资产（以下称国有资产），是指国家对企业各种形式的出资所形成的权益。"这个概念对企业国有资产界定具有突破性，强调的是因"出资"而形成的"权益"，即企业国有资产指的是产权（净资产），而不是实物性资产。①

---

① 根据《公司法》和相关理论，作为出资人完成出资后即享有因出资形成的资产收益、参与重大决策和选择管理者等股东或出资人权利，该等权利指的是被出资企业的全部权益份额，而并非被出资企业的各项具体财产。国家资本投入企业后，国家并不对所出资企业的具体财产享有所有权，而是通过持有股权份额享有相应出资人权益，并由此参与对企业的经营管理。《企业国有资产法》第 2 条改变了此前《企业国有资产监督管理暂行条例》等法规对企业国有资产界定的方法。

国资委企业改革局参与《企业国有资产法》起草的同志曾对此作出过解释，认为企业国有资产与国有企业资产有本质区别。“企业国有资产”指的是国家出资形成的权益，即企业的净资产，指的是企业价值形态的资产。在混合所有制企业中，企业净资产中既有国有净资产，也有非国有净资产。“国有企业资产”指的是一个国有企业的总资产，是这个企业的实物性资产，并不对应价值形态的资产。从资产总量上看，它是负债与净资产之和。出售企业与出售企业的资产是两回事，前者出售的是企业的产权，后者出售的是企业的实物资产。

2. 国有产权

产权是一个经济学概念。现代西方产权经济理论产生于20世纪30年代，是西方经济学的一个分支。① 经济学理论界对产权的概念和理论也是“仁者见仁、智者见智”，难趋一致。目前，无论在国家政策中，还是在社会公众、司法界中，“产权”一词已经成为热词和高频词。但在法学经典理论中，并不使用产权这一概念，产权大体上与财产权相对应。《牛津法律大辞典》解释说，产权“亦称财产所有权，是指存在于任何客体之中或之上的完全权利，它包括占有权、使用权、出借权、转让权、用尽权、消费权和其他与财产相关的权利”。

《国有资产产权界定和产权纠纷处理暂行办法》（国资法规发〔1993〕68号）第2条规定，产权“系指财产所有权以及与财产所有权有关的经营权、使用权等财产权”，同时明确“不包括债权”。

2016年11月4日，中共中央、国务院《关于完善产权保护制度依法保护产权的意见》明确：“保护产权不仅包括保护物权、债权、股权，也包括保护知识产权及其他各种无形财产权。”最高人民法院《关于充分发挥审判职能作用切实加强产权司法保护的意见》（法发

---

① 1937年11月，科斯在英国《经济学》杂志发表《企业的性质》一文，这成为产权理论产生的重要标志。1960年，科斯发表的《社会成本问题》一文是现代西方产权理论发展或逐步成熟的标志。后人总结出来科斯定理，已经成为产权经济学的基础理论。

〔2016〕27号）再次强调："既要保护物权、债权、股权，也要保护知识产权及其他各种无形财产权。"

从以上分析可以看出，国有资产和国有产权这两个概念相互交叉，有的情形下国有资产涵盖国有产权，有的情形下国有产权也可以包含国有资产，有的情形下国有资产与国有产权又是并列关系。仅从32号令的名称和内容来看，规章名称为"企业国有资产交易监督管理办法"，使用的是"国有资产"；但从规章内容来看，第二章为"企业产权转让"，第四章为"企业资产转让"，显然第四章使用的资产与规章名称中的资产是两个不同范畴。

（二）企业产权

32号令第二章"企业产权转让"中的"产权"，指的是"对企业各种形式出资所形成的权益"，主要指股权。第3条在界定国有资产交易行为时，间接对"企业产权"作了解释，即"对企业各种形式出资所形成权益"，这与《企业国有资产法》第2条"企业国有资产，是指国家对企业各种形式的出资所形成的权益"的规定是一致的。对企业"出资"所形成的"权益"，包括全民所有制企业的产权和公司制企业的股权，但考虑国有企业公司制改制任务基本完成①，因此，产权主要是指"股权"②。

此外，32号令多处条款表明产权指的就是股权。例如，第7条中"因产权转让致使国家不再拥有所出资企业控股权的"表述，第

① 2017年7月18日，国务院办公厅《关于印发中央企业公司制改制工作实施方案的通知》（国办发〔2017〕69号）明确要求："2017年底前，按照《中华人民共和国全民所有制工业企业法》登记、国务院国有资产监督管理委员会监管的中央企业（不含中央金融、文化企业），全部改制为按照《中华人民共和国公司法》登记的有限责任公司或股份有限公司。"根据《人民日报》消息，2017年年底，中央企业集团层面公司制改制方案已全部批复完毕，各省级国资委出资企业改制面达到95.8%。2019年9月，国资委宣布中央企业集团层面和2600多户全民所有制子企业全部完成公司制改制，实现了历史性突破。

② 现实中还有非公司制的全民所有制企业，从严格意义上讲，国家对这些企业出资形成的权益不同于"股权"。

13 条中"因产权转让导致转让标的企业的实际控制权发生转移的"表述，第 15 条中"企业管理层是否参与受让，有限责任公司原股东是否放弃优先受让权"表述，这些内容涉及的都是股权。

（三）注册资本

32 号令第 3 条将国有及国有控股企业、国有实际控制企业"增加资本的行为"列为企业国有资产交易行为之一，并在第三章"企业增资"一章对增资程序进行规定。企业增资标的，指向的是企业的注册资本。从工商登记来看，注册资本属于法定登记事项，在企业章程和营业执照中都有明确记载。

32 号令仅将增加注册资本的行为纳入调整范围，减少注册资本的行为不受 32 号令约束。增加注册资本的行为可分为两种：一是不引入新股东，由原股东增加出资（既包括股东新增出资，也包括资本公积转增资本），是否同比例增资在所不问。二是引入新股东，即增资扩股，增资后股权结构会发生变化。

对于注册资本不变，但股权结构发生变动情形，应当属于"企业产权转让"，不属于"企业增资"。

（四）企业资产

32 号令第四章"企业资产转让"中的资产，主要指的是"产权"之外的具体形态资产。对此，32 号令做了列举。根据 32 号令第 48 条的规定，包括"生产设备、房产、在建工程以及土地使用权、债权、知识产权等"，该表述与国资委《关于中央企业资产转让进场交易有关事项的通知》（国资厅发产权〔2013〕78 号）的列举范围完全一致。从法律角度来看，这些资产分为三类：物权、债权、知识产权。此外，这里加了"等"字，一般理解为不完全列举。32 号令第 49 条授权国家出资企业对"资产种类"作出具体规定，并报同级国资监管机构备案。北京市国资委京国资发〔2017〕10 号文还将企业资产细化为"企业房产、机动车、特种车辆、在建工程、土地使用权和一定金额以上的债权、知识产权、生产设备及其他资产”。

此外，企业资产种类繁多，除了第48条列举的资产种类外，还有矿业权、碳排放权等，实践中也存在名目众多的交易场所，包括政府部门主管的交易机构，如国土资源部门主管的土地使用权交易机构、矿业权交易机构①，国家发展改革委主管的碳排放权交易机构；有的对交易提出特殊要求并与登记挂钩，因此企业的上述资产特别是48条列举之外的资产是否都应到国资委选定的产权交易机构进行、是否被有关主管部门认可，还需要具体问题具体分析。

【核心法规】

《企业国有资产交易监督管理办法》（国资委、财政部令第32号）

第3条　本办法所称企业国有资产交易行为包括：

（一）履行出资人职责的机构、国有及国有控股企业、国有实际控制企业转让其对企业各种形式出资所形成权益的行为（以下称企业产权转让）；

（二）国有及国有控股企业、国有实际控制企业增加资本的行为（以下称企业增资），政府以增加资本金方式对国家出资企业的投入除外；

（三）国有及国有控股企业、国有实际控制企业的重大资产转让行为（以下称企业资产转让）。

第48条　企业一定金额以上的生产设备、房产、在建工程以及土地使用权、债权、知识产权等资产对外转让，应当按照企业内部管理制度履行相应决策程序后，在产权交易机构公开进行。涉及国家出资企业内部或特定行业的资产转让，确需在国有及国有控股、国有实际控制企业之间非公开转让的，由转让方逐级报国家出资企业审核批准。

---

① 国土资源部（2018年更名为自然资源部，后文不再另述）《矿业权交易规则（试行）》（国土资发〔2011〕242号，已失效）第5条第1款规定：“矿业权交易机构是指依法设立，并属国土资源主管部门管理或经国土资源主管部门委托的，为矿业权出让、转让提供交易服务的事业单位法人或企业法人。”第7条第1款规定：“矿业权出让转让应按照审批管理权限，在依法设立的同级矿业权交易机构或国土资源主管部门委托的矿业权交易机构中进行。”

二、企业资质能否作为交易标的

企业资质①是企业的一项重要资源。以建筑业企业为例，《建筑法》第 13 条规定："从事建筑活动的建筑施工企业、勘察单位、设计单位和工程监理单位，按照其拥有的注册资本、专业技术人员、技术装备和已完成的建筑工程业绩等资质条件，划分为不同的资质等级，经资质审查合格，取得相应等级的资质证书后，方可在其资质等级许可的范围内从事建筑活动。"因此，企业资质作为稀缺资源，蕴藏着巨大的"价值"。在实践中，也存在通过出借、挂靠等形式，使一些没有资质的企业变相享受企业资质带来的利益。

根据现行法律法规，企业资质不能直接作为交易标的。其一，企业资质属于行政许可，根据《行政许可法》，依法取得的行政许可，除法律、法规规定依照法定条件和程序可以转让的之外，其余的不得转让。企业资质是根据申请人的申请，按照法定的条件和标准颁发的，与申请人特定的情况和条件是紧密联系的，只有特定的主体才可以获得许可，不属于法律法规规定可以转让的例外情形，不能转让。如果被许可人转让已获得的行政许可，将会造成经济、社会秩序的混乱，损害国家利益、公共利益和公民、法人和其他组织的合法权益。其二，32 号令第 5 条明确规定企业国有资产交易标的"不存在法律法规禁止或限制交易的情形"，企业资质就属于法律法规禁止交易的情形。

企业资质虽然不能"直接"作为交易标的，但可以通过"间接"方式实现转让。这里的"间接"方式，就是通过"产权转让"，取得具有相关资质标的企业的控股权，从而"间接"拥有相关企业资质。例如，海际证券作为上海证券全资控股的券商，具有证券承销与保荐资质。2015 年 9 月，上海证券决定通过上海联合产权交易所公开挂牌转让其持有的海际证券 66.67% 股权，挂牌底价 4.06 亿元。此次挂牌转让受到市场积极关注，最终由贵州某金融公司以 30.11 亿元成

① 仅指准入类企业资质。

功竞得，海际证券（现已更名为中天国富证券）成为民营控股的混合所有制券商。

在一些特殊情形下，比如，国家对标的企业的股权结构有特殊要求，特别是对控股股东有特殊要求，还需要履行相关报批手续①。32号令第5条特别强调“涉及政府社会公共管理事项的，应当依法报政府有关部门审核”，第25条强调涉及“特许经营权”等“政府审批事项的，按照相关规定执行”，这增加了“间接”取得某项企业资质的难度和不确定性。

【核心法规】

《企业国有资产交易监督管理办法》（国资委、财政部令第32号）

第5条　企业国有资产交易标的应当权属清晰，不存在法律法规禁止或限制交易的情形。已设定担保物权的国有资产交易，应当符合《中华人民共和国物权法》、《中华人民共和国担保法》等有关法律法规规定。涉及政府社会公共管理事项的，应当依法报政府有关部门审核。

《行政许可法》

第9条　依法取得的行政许可，除法律、法规规定依照法定条件和程序可以转让的外，不得转让。

三、涉诉债权能否作为交易标的

32号令将债权作为企业资产的一种，要求在产权交易机构公开进行（例外情形可以非公开协议转让），但并未具体明确债权的种类。对于企业经营过程中形成的一般债权，自然可以通过交易机构对

---

① 比如，根据中国人民银行《非金融机构支付服务管理办法》（中国人民银行令〔2010〕第2号，2020年4月29日修改），支付机构变更“主要出资人”的，应当在向公司登记机关申请变更登记前报中国人民银行同意，并明确“主要出资人，包括拥有申请人实际控制权的出资人和持有申请人10%以上股权的出资人”。

外转让[①]，但对于一些特殊情形，比如，涉诉债权（包括审判阶段和执行阶段）能否自由转让，直接影响其能否作为进场交易标的。

能否将债权作为交易标的，主要取决于其在法理层面和实务层面是否可以转让。根据《民法典》第545条的规定，除根据债权性质、按照当事人约定、依照法律规定不得转让外，债权人可以将债权的全部或者部分转让给第三人。一种观点认为，我国法律并未明确诉讼程序中的债权禁止转让，就私法自治而言，法律没有禁止的便是合法的。但长期以来由于没有诉讼法层面的明确依据，债权转让因不发生受让人继受原债权人程序地位的法律效果，实践操作中遇到障碍。另一种观点认为，诉讼程序中的债权不同于《合同法》一般意义上的债权，不仅要体现私法自治的原则，还要兼顾诉讼程序法秩序的要求，如果允许转让诉讼程序中的债权特别是执行程序中的债权，就意味着买卖判决书，严重损害司法权威。

从最高人民法院的态度来看，对诉讼中债权转让的态度逐步放宽。2005年，最高人民法院《关于金融资产管理公司收购、处置银行不良资产有关问题的补充通知》（法〔2005〕62号）第3条规定："金融资产管理公司转让、处置已经涉及诉讼、执行或者破产等程序的不良债权时，人民法院应当根据债权转让协议和转让人或者受让人的申请，裁定变更诉讼或者执行主体。"这表明，金融不良债权转让作为例外，可以在诉讼各个阶段进行。

2016年，最高人民法院《关于民事执行中变更、追加当事人若干问题的规定》（法释〔2016〕21号）第9条规定："申请执行人将生效法律文书确定的债权依法转让给第三人，且书面认可第三人取得

① 《上海联合产权交易所债权交易操作规则》（沪联产交办〔2009〕015号）曾规定，在上海联合产权交易所进行交易的非信贷类债权适用本规则，非信贷类债权是指各类企事业单位（银行和四大资产管理公司除外）在经营活动中形成的债权债务，通过上海联合产权交易所发布债权转让信息，公开挂牌转让债权的活动。2020年6月28日，该规则进行修订，但仍强调"本规则所称债权，是指各类企事业单位、其他经济组织等在经营活动中形成的非信贷类债权"。

该债权，该第三人申请变更、追加其为申请执行人的，人民法院应予支持。”这表明，判决已生效的债权，无论是否属于金融不良债权，都可以转让。

交易实例1（判决已生效，未申请强制执行）

2019年12月，北京产权交易所发布公告，正式披露L影业有限公司对R文化传媒有限公司债权转让项目。转让债权账面价值1056.5135万元（利息暂计算至2019年11月22日），其中本金900万元。债权已取得朝阳区人民法院（2017）京0105民初66568号民事判决书支持，判决已生效，未申请强制执行。该债权转让价格为650万元。

交易实例2（判决已生效，已申请强制执行）

2020年4月，北京产权交易所发布公告，正式披露T股权投资合伙企业（有限合伙）对D某某、L某某债权转让项目。转让债权账面价值1461.72万元，已进入执行程序。转让方在信息披露中表示，本次转让产生受让方后，转让方将配合受让方办理执行人变更程序。

交易实例3（金融债权转让，不同诉讼阶段）

2020年3月，北京产权交易所发布公告，预披露C资产管理公司北京分公司对447户的不良债权资产转让。447项债权余额共计47亿元，债权所处诉讼环节也不同，分别处于未诉讼、已诉讼、执行中、已过诉讼时效等。

综上所述，对于经生效判决确认的债权，从诉讼法角度可以作为国有资产交易标的进行转让，符合32号令“企业国有资产交易标的应当权属清晰”的要求。2013年10月，北京市高级人民法院制定了

《关于部分法院涉民事执行资产统一进入北京产权交易所进行司法拍卖的规定（试行）》。对于审判阶段（法院尚未作出生效判决）的债权，目前只有金融不良债权转让有明确的司法依据，但因处于审判阶段，债权能否得到法院的支持还不确定（可能不满足“权属清晰”的交易要求①），能否作为国有资产交易标的需具体情况具体分析。

【核心法规】

《民法典》

第545条　债权人可以将债权的全部或者部分转让给第三人，但是有下列情形之一的除外：

（一）根据债权性质不得转让；

（二）按照当事人约定不得转让；

（三）依照法律规定不得转让。

当事人约定非金钱债权不得转让的，不得对抗善意第三人。当事人约定金钱债权不得转让的，不得对抗第三人。

《企业国有资产交易监督管理办法》（国资委、财政部令第32号）

第48条　企业一定金额以上的生产设备、房产、在建工程以及土地使用权、债权、知识产权等资产对外转让，应当按照企业内部管理制度履行相应决策程序后，在产权交易机构公开进行……

最高人民法院《关于民事执行中变更、追加当事人若干问题的规定》（法释〔2016〕21号）

第9条　申请执行人将生效法律文书确定的债权依法转让给第三人，且书面认可第三人取得该债权，该第三人申请变更、追加其为申请执行人的，人民法院应予支持。

四、“重大资产”界定标准

企业资产转让纳入32号令调整范围的一个特殊要求，就是对拟转让的资产金额设定了底线，只有超过这个底线，才需要履行32号

① 《北京产权交易所金融债权资产转让操作规则》第54条规定，禁止转让方以权属不清或者存在权属纠纷的金融债权资产进行交易。

令规定的转让程序。根据32号令第3条规定，资产转让行为必须是“重大”资产转让行为，第48条再次强调“一定金额以上”的资产转让。

界定“重大资产”金额标准，是企业资产转让的重要前提。考虑企业情况差异较大，32号令没有明确规定具体数额，而是授权国家出资企业“对其中应当在产权交易机构公开转让的资产种类、金额标准等作出规定”，并要求“报同级国资监管机构备案”。实践中，部分地方政府及国资监管部门对进场转让的资产种类作了细化，并根据不同情况设定了具体金额标准。

北京市国资委《关于加强企业实物资产转让管理工作的通知》（京国资发〔2012〕4号）① 规定：“本通知所称重要实物资产包括转让方列入固定资产的房地产、机动车、特种车辆及其他单宗原值50万元人民币以上或批次原值100万元人民币以上的机器设备、物品等。”北京市国资委、财政局《关于贯彻落实〈企业国有资产交易监督管理办法〉的意见》（京国资发〔2017〕10号）规定：“企业房产、机动车、特种车辆、在建工程、土地使用权和一定金额以上的债权、知识产权、生产设备及其他资产等对外转让，应当按照企业内部管理制度履行相应决策程序后，在北交所公开进行。”可以看出，北京市将所有的企业房产、机动车、特种车辆、在建工程、土地使用权都作为重大资产，没有金额底线；只有“债权、知识产权、生产设备及其他资产”在“一定金额以上”的，才作为重大资产。

渝发114号文规定，土地使用权、房产、知识产权和账面净值（或评估价值）100万元以上的生产设备、债权、在建工程等重大资产转让，应当在产权交易机构公开进行；一次性转让账面净值在100万元以上的报废固定资产，也应当在产权交易机构中公开进行。与北京市不同，重庆市要求全部“知识产权”转让都须进场，没有金额底线，但对于“在建工程”，设定了100万元以上的金额底线。这也

---

① 北京市国资委《关于加强企业实物资产转让管理工作的通知》（京国资发〔2012〕4号），2012年2月21日施行，2019年7月4日废止。

是各地根据当地情况作出的不同要求，企业资产转让实务中应当特别关注当地的具体规定。

【核心法规】

《企业国有资产交易监督管理办法》（国资委、财政部令第32号）

第48条 企业一定金额以上的生产设备、房产、在建工程以及土地使用权、债权、知识产权等资产对外转让，应当按照企业内部管理制度履行相应决策程序后，在产权交易机构公开进行……

第49条 国家出资企业负责制定本企业不同类型资产转让行为的内部管理制度，明确责任部门、管理权限、决策程序、工作流程，对其中应当在产权交易机构公开转让的资产种类、金额标准等作出具体规定，并报同级国资监管机构备案。

五、设定担保物权的国有资产交易

根据《民法典》物权编，可以在企业产权（股权）和资产上设定担保物权。从32号令关于“国有资产交易标的应当权属清晰”的基本要求来看，设定担保物权的企业产权和资产，不影响权利归属，符合权属清晰要求，可以作为交易标的。32号令第5条规定“已设定担保物权的国有资产交易，应当符合《中华人民共和国物权法》、《中华人民共和国担保法》等有关法律法规规定”①，虽然是限制性要求，但也表明设定担保物权的国有资产可以而且应当进场交易。

结合32号令企业产权转让和企业资产转让标的，在企业国有资产交易中，一般涉及的是担保物权中的抵押权和权利质权：

1. 抵押权。涉及的抵押物主要是：建筑物和其他土地附着物，建设用地使用权，生产设备，正在建造的建筑物，交通运输工具。根据《民法典》第406条，抵押期间，抵押人可以转让抵押财产。当

---

① 虽然《物权法》《担保法》自《民法典》施行之日起废止，但《物权法》《担保法》内容已经编入《民法典》，32号令第5条依然是允许设定担保物权国有资产进行交易的依据。同时《民法典》对物权法、担保法相关内容作了修改，设定担保物权国有资产进行交易应当符合《民法典》的最新规定。

事人另有约定的，按照其约定。抵押财产转让的，抵押权不受影响。

与《担保法》《物权法》关于“抵押期间，抵押人未经抵押权人同意，不得转让抵押财产”“抵押人未通知抵押权人或者未告知受让人的，转让行为无效”的规定不同，《民法典》作出新的规定。对于前者，《民法典》第406条强调“当事人另有约定的，按照约定”，这意味着只要当事人没有排除性特别约定，抵押期间不仅可以转让抵押物，也无须经抵押权人同意。对于后者，《民法典》只是强调“抵押人转让抵押财产的，应当及时通知抵押权人”，如果未通知，也不影响转让效力。

就企业国有资产交易而言，《民法典》的新规定极大便利了转让方，在一般情况下转让设定抵押权的资产不再需要征得抵押权人的同意，这有利于促成交易，提高交易效率。

2. 权利质权。在企业国有资产交易中，主要涉及企业产权转让中的“产权”（股权），企业资产转让中的“知识产权”。根据《民法典》第440条、第443条、第444条的规定，股权、知识产权中的财产权可以出质，自办理出质登记时设立（股权和知识产权出质在市场监管部门及其管理的知识产权局登记）。股权和知识产权中的财产权出质后，不得转让，但是经出质人与质权人协商同意的除外。出质人转让股权、知识产权中的财产权所得的价款，应当向质权人提前清偿债务或者提存。

据此，在企业国有资产交易中，设定质权的企业产权、知识产权在满足其他交易条件前提下，转让方必须征得质权人的同意，这是与设定抵押权资产交易的不同之处。

此外，虽然设定担保物权的国有资产可以作为交易标的，但基于担保物权的从属性，担保物权本身不能单独作为交易标的。《民法典》第407条明确规定，“抵押权不得与债权分离而单独转让或者作为其他债权的担保”。

【核心法规】

《企业国有资产交易监督管理办法》（国资委、财政部令第32号）

第5条　企业国有资产交易标的应当权属清晰，不存在法律法规禁止或限制交易的情形。已设定担保物权的国有资产交易，应当符合《中华人民共和国物权法》、《中华人民共和国担保法》等有关法律法规规定。涉及政府社会公共管理事项的，应当依法报政府有关部门审核。

《民法典》

第406条　抵押期间，抵押人可以转让抵押财产。当事人另有约定的，按照其约定。抵押财产转让的，抵押权不受影响。

抵押人转让抵押财产的，应当及时通知抵押权人。抵押权人能够证明抵押财产转让可能损害抵押权的，可以请求抵押人将转让所得的价款向抵押权人提前清偿债务或者提存。转让的价款超过债权数额的部分归抵押人所有，不足部分由债务人清偿。

第443条　以基金份额、股权出质的，质权自办理出质登记时设立。

基金份额、股权出质后，不得转让，但是经出质人与质权人协商同意的除外。出质人转让基金份额、股权所得的价款，应当向质权人提前清偿债务或者提存。

第444条　以注册商标专用权、专利权、著作权等知识产权中的财产权出质的，质权自办理出质登记时设立。

知识产权中的财产权出质后，出质人不得转让或者许可他人使用，但是出质人与质权人协商同意的除外。出质人转让或者许可他人使用出质的知识产权中的财产权所得的价款，应当向质权人提前清偿债务或者提存。

第二节　国资交易标的基本要求

一、国资交易标的权属要求

产权明晰是交易的前提，也是市场经济高效健康运行的基本要求。无论是3号令还是32号令，对国有资产交易标的都提出相同的要求：权属清晰。3号令第6条还曾进一步从反面明示“权属关系不明确或者存在权属纠纷的企业国有产权不得转让”，32号令虽然没有这句话，但其意思包含在“企业国有资产交易标的应当权属清晰”的要求之内。

我国的国有资产是在复杂的历史条件下不断形成的。改革开放以来，随着经济体制从计划经济向市场经济转轨，国有企业的资产成分逐步多元化。基于历史和现实的原因，实践中一些资产权属长期不明晰，要做到权属清晰看似简单、操作起来却很困难。

为做到明晰产权，需要对国有资产进行产权界定，并通过登记予以确认，作为产权归属的法律凭证。为了做好这项基础性工作，20多年来，国务院和国资委、财政部等有关部门制定了一系列的法规和政策（见表2－1）。

表2－1 法规和政策

名称	文号	施行日期
企业国有资产产权登记管理办法	国务院令第192号	1996年1月25日
企业国有资产所有权界定的暂行规定	国资综〔1991〕23号	1991年3月26日
国有资产产权界定和产权纠纷处理暂行办法	国资法规发〔1993〕68号	1993年11月21日
国有企业清产核资办法	国资委令第1号	2003年9月9日
金融类企业国有资产产权登记管理暂行办法①	财金〔2006〕82号	2007年1月1日
国家出资企业产权登记管理暂行办法	国资委令第29号	2012年6月1日
国家出资企业产权登记管理工作指引	国资发产权〔2012〕104号	2012年7月24日
事业单位及事业单位所办企业国有资产产权登记管理办法	财教〔2012〕242号	2012年9月5日
中央文化企业国有资产产权登记管理暂行办法	财文资〔2012〕16号	2013年1月1日

① 2019年9月20日，财政部印发《国有金融资本产权登记管理办法（试行）》（财金〔2019〕93号），自2019年10月20日起施行，《金融类企业国有资产产权登记管理暂行办法》（财金〔2006〕82号）同时废止。

根据上述法规及政策性文件，国有资产产权登记分为占有产权登记、变动产权登记和注销产权登记。办理产权登记的国家出资企业（一级企业），由国资监管机构核发产权登记证；其他企业（各级子企业）由国资监管机构授权国家出资企业（一级企业）核发产权登记表。产权登记证、登记表是企业办结产权登记的证明，是客观记载企业产权状况基本信息的文件。企业产权归属关系不清晰或者发生纠纷的，可以申请暂缓办理产权登记，并应在产权界定清楚、产权纠纷处理完毕后及时办理产权登记。

在实践操作中，产权登记证（表）是判断“权属清晰”的主要证据，取得产权登记证（表）是开展国有资产交易的重要前提，没有产权登记证（表）或者不符合要求的，不能进行国有资产交易。北京市国资委、财政局《关于加强企业国有产权转让监督管理工作的通知》（京国资发〔2006〕3号）明确规定：“企业国有产权转让必须按要求提供国有资产产权登记证。未办理企业国有资产产权登记或登记内容与实际情况不符的，应当按《北京市企业国有资产产权登记业务办理规则》规定到国资监管机构办理企业国有资产占有登记或变动登记后，再进行产权交易。”北京市国资委、财政局《关于贯彻落实〈企业国有资产交易监督管理办法〉的意见》（京国资发〔2017〕10号）再次强调：“企业国有资产交易必须按要求提供《国家出资企业产权登记表（证）》（《企业国有资产产权登记表》）。”

【核心法规】

《企业国有资产交易监督管理办法》（国资委、财政部令第32号）

第5条　企业国有资产交易标的应当权属清晰，不存在法律法规禁止或限制交易的情形。已设定担保物权的国有资产交易，应当符合《中华人民共和国物权法》、《中华人民共和国担保法》等有关法律法规规定。涉及政府社会公共管理事项的，应当依法报政府有关部门审核。

二、国有产权登记

按照权属清晰的基本要求，国有资产交易进场交易时，相关方应当提交产权登记证（表）。在交易结束后，还应当根据29号令的要求，办理占有产权登记、变动产权登记、注销产权登记（见图2－2）。

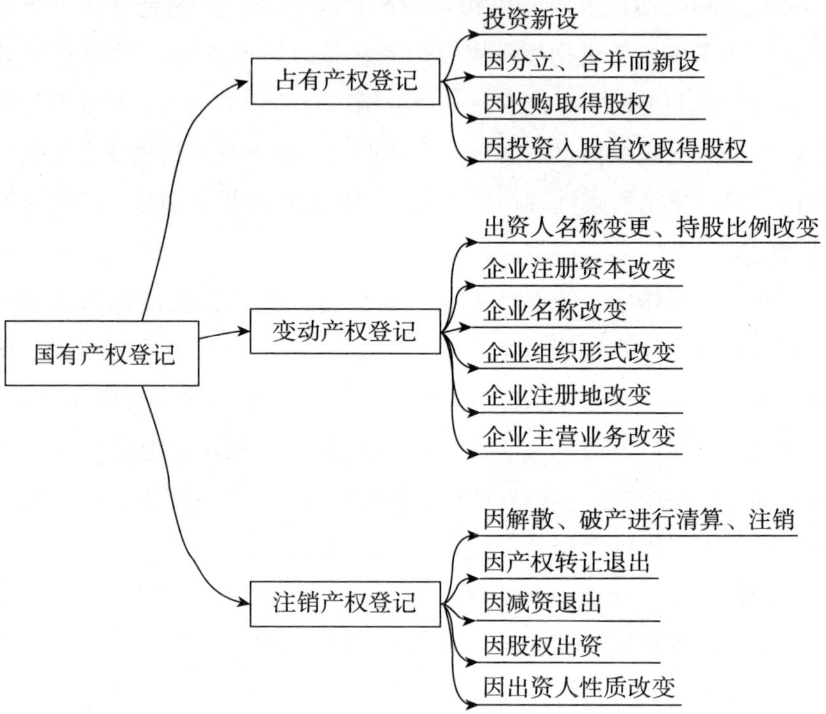

图2－2 国有产权登记

（一）产权登记类型

1. 占有产权登记。根据29号令第11条的规定，企业因投资、分立、合并而新设企业的，或者因收购、投资入股而首次取得企业股权的，应当办理占有产权登记。在实践中，由于各种原因，有的企业并没有办理占有登记，没有产权登记证（表），因此，此种情形下是无法进行交易的。必须按照产权交易要求，补办产权登记证（表）。

2. 变动产权登记。按照29号令第13条的规定，下列情形应当办理变动产权登记：履行出资人职责的机构和履行出资人职责的企业名称、持股比例改变的；企业注册资本改变的；企业名称改变的；企业组织形式改变的；企业注册地改变的；企业主营业务改变的。

从办理变动登记时间来看，具体又可分为两种情形：一是交易前补办变动登记。有的企业办理了占有产权登记，取得了产权登记证（表），但由于产权登记事项发生了变化而没有及时申请变动登记，致使产权登记证（表）信息与实际不一致，特别是与工商登记信息不一致，会影响交易的顺利进行，需要先办理变动产权登记，才能进场交易。二是交易后办理变动登记。按照 32 号令完成产权转让（部分产权转让）、企业增资程序后，也应当凭交易机构出具的凭证，及时办理变动产权登记手续。

3. 注销产权登记。按照 29 号令第 14 条的规定，因解散、破产进行清算，并注销企业法人资格的；因产权转让、减资、股权出资、出资人性质改变等导致企业出资人中不再存续履行出资人职责的机构和履行出资人职责的企业的，应当办理注销产权登记。对国有资产交易而言，注销产权登记主要适用于转让方将其产权全部对外转让的情形，它不是交易的前提条件，而是交易结束后的后置程序。

（二）产权登记程序

29 号令和《国家出资企业产权登记管理工作指引》（国资发产权〔2012〕104 号）对产权登记程序作了明确规定。简要介绍如下：

1. 企业发生产权登记相关经济行为时，应当自相关经济行为完成后 20 个工作日内，在办理工商登记前，申请办理产权登记。①

2. 应当由履行出资人职责的企业按照填报要求，填写有关登记内容和相关经济行为合规性资料目录，逐级报送国家出资企业（一级企业），国家出资企业负责对登记内容及相关经济行为的合规性进

---

① 在实践中，工商部门登记不需要产权登记资料，变更登记也不需要产权变更确认，有的企业在发生产权登记相关经济行为后直接办理工商登记，造成产权登记信息与实际不符、与工商登记信息不符，这不仅违反了 29 号令的规定，也会影响再次交易。2023 年 12 月 29 日，上海市国有资产监督管理委员会、上海市市场监督管理局发布了《关于对本市国有企业开展产权登记、企业登记联动监管的通知》（沪国资委规〔2023〕1 号），明确国有产权登记证明是办理联动监管企业工商变更的必要文件，有效解决了产权登记证（表）与工商登记信息不一致问题。

行审核，并向国资监管机构申请登记。

3. 已办理产权登记的国家出资企业（一级企业），由国资监管机构核发产权登记证；已办理产权登记的其他企业，由国资监管机构或者由国资监管机构授权的国家出资企业（一级企业）核发产权登记表。

需要补充说明的是，涉及办理上述产权登记手续的主要是32号令中的产权转让和增资，企业资产转让不需要国资部门出具的产权登记证（表），也不涉及产权登记证（表）事项变更、注销。对于企业资产转让，主要是通过相关政府主管部门颁发的权属证书，如不动产权证书、机动车登记证书、商标注册证、发明专利证书、外观设计专利证书、实用新型专利证书以及有关债权合同、文书等来确定权利归属，满足“权属清晰”交易要求，并在资产转让后，申请办理相关变更手续。

此外，29号令主要针对的是全民所有制企业和公司制企业，不适用于有限合伙企业。2020年2月7日，国资委印发《有限合伙企业国有权益登记暂行规定》（国资发产权规〔2020〕2号），要求国家出资企业（不含国有资本参股公司）及其拥有实际控制权的各级子企业对有限合伙企业出资所形成的权益及其分布状况进行登记。如果国有出资有限合伙企业通过产权交易所转让财产份额的①，在交易结束后，应当按照国资发产权规〔2020〕2号办理相应的产权登记手续。

三、交易标的能否拆细

产权拆细，是指将待转让的产权划分成多个（一般均分为多个份额），进而转让给众多受让人（进行连续交易）。由于产权不具备股票等证券所具有的标准性，如果把企业产权进行拆细连续交易，就突破了产权交易市场以非标准化、非连续交易为标志的边界，进入证券形态范畴，属于违规行为。

从操作层面来看，企业产权具有“非标准性”本质特征，交易谈判周期长，涉及内容繁杂，不确定因素过多，不适宜拆细。此外，

---

① 国有出资的有限合伙企业是否适用32号令相关问题，参见第五章第一节。

国有产权转让的目的是优化资产，建立现代企业制度，如果允许产权拆细后连续转让，就会出现“炒产权”的现象，与国企改制的初衷背离，也不利于国家对国有资产的监管。

从制度层面来看，3 号令曾将“连续 3 年没有企业国有产权拆细后连续交易行为”作为产权交易机构产权交易操作规范的要求，从事上述行为的产权交易机构不能被选入开展国有产权转让业务的机构范围。虽然 32 号令没有明确上述内容，但也将“严格遵守国家法律法规，未从事政府明令禁止开展的业务，未发生重大违法违规行为”和“交易规则符合国有资产交易制度”作为省级以上国资监管机构选择产权交易机构应当满足的重要条件，如果交易机构从事拆细交易将失去从事国资交易的资格。在实践中，企业国有产权“不得拆细、不得连续、不得标准化”的“三不”原则已经成为行业规则。

需要特别说明的是，虽然企业国有产权不得拆细交易，但并不影响多个受让方组成联合体共同受让企业国有产权①，两个制度并不冲突。以北京、上海两个产权交易所规则为例：

北京产权交易所《企业国有产权转让登记受让意向操作细则》（2020 年 7 月 31 日施行）明确规定，“信息披露公告未明确表示不接受联合受让的，多个意向受让方可组成联合受让体，向北交所提交受让申请，参与受让”；“联合受让体各成员应提交《联合受让协议》”，《联合受让协议》主要内容包括“联合体内部各成员关于受让标的的分配比例及价格”，并且各成员应当在《联合受让协议》中约定“各方对受让方所有义务承担连带责任”。从北京产权交易所的规定可以看出，转让方只要不明确禁止，受让方就可以组成联合体共同受让。

上海联合产权交易所《交易业务总规程》（沪联产交〔2017〕23 号）第 30 条规定：“转让公告明确接受联合受让的，两个或两个以上的自然人、法人或者其他组织可以组成联合受让体参与受让。采取联合受让的，应当提供联合受让协议，承担共同责任或者连带责任。”从上海联合产权交易所的这个总规程可以看出，转让方未明确

---

① 关于联合受让相关问题，参见第五章第一节。

不接受联合受让的，是否允许受让方组成联合受让体参与受让，这一点并不明确。上海联合产权交易所《企业国有产权转让登记受让意向操作细则》（沪联产交〔2020〕45号）对此作出进一步细化，第9条规定："信息披露公告未明确表示不接受联合受让的，多个意向受让方可组成联合受让体，向联交所提交受让申请，参与受让。联合受让体的《产权受让申请书》中应载明各成员的受让比例。"

目前，产权交易机构对联合受让的规则基本上一致，转让方只要事先不明确排除，受让方就可以组成联合受让体，参与产权受让。由于不是单一受让方，联合受让体内部必然会对交易标的进行拆分，最终由不同的受让主体受让约定比例的产权。但这种拆分是有限度的，份额不必然是均等，也不存在连续交易问题，因此不属于"拆细"。

第三节 国有资产评估

一、法定评估事项

资产评估，是指由专业机构及人员对资产价值进行测算的市场服务行为。国有资产评估在国有企业改革发展中发挥着重要的价值门槛作用，直接关系国有资产交易底价的设定，是判断国有资产交易价格是否合理的重要标准，是防止国有资产流失的关键环节。作为国有资产交易中的必经程序①，法定评估也是国有资产交易区别于非国有资产交易的一个显著特征。

我国的资产评估行业随着市场经济的建立应运而生。20世纪80年代资产评估主要服务于国有企业转制过程中国有资产的产权交易。随着土地有偿转让、房屋买卖、矿产资源开发等产权交易种类的扩大，在不同行业和领域里针对特定资产的评估制度也逐步建立和发展起来，形成了包括资产评估、房地产估价、土地估价、矿业权评估、旧机动车鉴定估价和保险公估在内的六大类评估内容，分别由财政部、住房和城乡建设部、国土资源部、商务部和银保监会五个部门管

① 存在少数例外情形，参见后文。

理。针对评估行业政出多门、执法标准不统一的问题，2016 年 12 月 1 日实施的《资产评估法》理顺了资产评估行业管理体制，实行统一市场准入、统一基本准则、统一法律责任。《资产评估法》第 2 条明确规定："本法所称资产评估（以下称评估），是指评估机构及其评估专业人员根据委托对不动产、动产、无形资产、企业价值、资产损失或者其他经济权益进行评定、估算，并出具评估报告的专业服务行为。"

一般来说，某项资产是否需要评估，取决于资产交易双方的意愿。对于特定资产评估，如国有资产、涉及公共利益的资产等相关法律规定必须委托评估的，称为法定评估。《资产评估法》第 3 条第 2 款规定："涉及国有资产或者公共利益等事项，法律、行政法规规定需要评估的（以下称法定评估），应当依法委托评估机构评估。"《资产评估法》只是原则性作了规定，没有逐项列举法定评估事项，主要是考虑此前相关法律法规，如《公司法》《企业国有资产法》《国有资产评估管理办法》等已有这方面的规定①，这样处理便于与其他法律、行政法规衔接。

对于企业国有资产交易法定评估事项而言，这里的"法律、行政法规"规定，分别指《企业国有资产法》和《国有资产评估管理办法》。

作为国有资产管理的基本法，《企业国有资产法》设专节规定了"资产评估"，第 47 条规定："国有独资企业、国有独资公司和国有资本控股公司合并、分立、改制，转让重大财产，以非货币财产对外投资，清算或者有法律、行政法规以及企业章程规定应当进行资产评估的其他情形的，应当按照规定对有关资产进行评估。"其中，改制、转让重大财产、以非货币财产对外投资都涉及国有资产交易，并且该法以"法律、行政法规以及企业章程规定应当进行资产评估的其他情形"作为兜底条款，为确认法定评估事项留下了充分的空间。

《国有资产评估管理办法》制定于 1991 年，作为国务院行政法规

---

① 《公司法》第 48 条第 2 款规定："对作为出资的非货币财产应当评估作价，核实财产，不得高估或者低估作价。法律、行政法规对评估作价有规定的，从其规定。"

早就明确了法定评估事项，第3条规定："国有资产占有单位（以下简称占有单位）有下列情形之一的，应当进行资产评估：（一）资产拍卖、转让；（二）企业兼并、出售、联营、股份经营；（三）与外国公司、企业和其他经济组织或者个人开办中外合资经营企业或者中外合作经营企业；（四）企业清算；（五）依照国家有关规定需要进行资产评估的其他情形。"《企业国有资产监督管理暂行条例》制定于2003年并于2019年修改，其仅在第29条规定国有资产监督管理机构依照国家有关规定，负责企业国有资产的资产评估监管等基础管理工作。

总的来看，《企业国有资产法》《国有资产评估管理办法》《企业国有资产监督管理暂行条例》对国有资产法定评估事项规定得并不具体。从实践来看，目前最为清晰明确的规定是国资委2005年8月25日发布的部门规章——《企业国有资产评估管理暂行办法》（国资委令第12号）。该办法对国有资产评估制度进一步细化，可操作性较强，是实践中开展国有资产评估的重要依据。

根据《企业国有资产评估管理暂行办法》第6条的规定，国有企业法定评估事项主要是：

（1）整体或者部分改建为有限责任公司或者股份有限公司；

（2）以非货币资产对外投资；

（3）合并、分立、破产、解散；

（4）非上市公司国有股东股权比例变动；

（5）产权转让；

（6）资产转让、置换；

（7）整体资产或者部分资产租赁给非国有单位；

（8）以非货币资产偿还债务；

（9）资产涉讼；

（10）收购非国有单位的资产；

（11）接受非国有单位以非货币资产出资；

（12）接受非国有单位以非货币资产抵债；

（13）法律、行政法规规定的其他需要进行资产评估的事项。

二、评估机构选取

从事法定评估业务的评估机构应当依法选取。《企业国有资产法》强调，国有独资企业、国有独资公司和国有资本控股公司应当委托依法设立的符合条件的资产评估机构进行资产评估。《资产评估法》强调，委托开展法定评估业务，应当依法选择评估机构。

从20世纪90年代开始，我国对国有资产评估机构实行审批制。1991年国务院制定的《国有资产评估管理办法》规定，持有国务院或者省、自治区、直辖市人民政府国有资产管理行政主管部门颁发的“国有资产评估资格证书”的资产评估公司、会计师事务所、审计事务所、财务咨询公司；经国务院或者省、自治区、直辖市人民政府国有资产管理行政主管部门认可的临时评估机构，可以接受占有单位的委托，从事国有资产评估业务。但2016年12月1日实施的《资产评估法》将资产评估机构的设立从审批制改为备案制，规定评估机构应当自领取营业执照之日起30日内向有关评估行政管理部门备案。2017年4月21日，财政部制定印发《资产评估行业财政监督管理办法》（财政部令第86号，2019年1月2日财政部令第97号修改），废除2011年发布的《资产评估机构审批和监督管理办法》，就财政部负责的资产评估监管作出具体规定。2017年7月14日，财政部印发《关于做好资产评估机构备案管理工作的通知》（财资〔2017〕26号），要求原取得资产评估证书的资产评估机构应当在6个月内向所在地省级财政部门交回原资产评估证书，符合《资产评估法》第15条①规定的，由所有地省级财政部门进行备案公告。

---

① 《资产评估法》第15条规定：“评估机构应当依法采用合伙或者公司形式，聘用评估专业人员开展评估业务。合伙形式的评估机构，应当有两名以上评估师；其合伙人三分之二以上应当是具有三年以上从业经历且最近三年内未受停止从业处罚的评估师。公司形式的评估机构，应当有八名以上评估师和两名以上股东，其中三分之二以上股东应当是具有三年以上从业经历且最近三年内未受停止从业处罚的评估师。评估机构的合伙人或者股东为两名的，两名合伙人或者股东都应当是具有三年以上从业经历且最近三年内未受停止从业处罚的评估师。”

因此，经财政部门备案的评估机构，均有条件从事国有资产评估业务。但这只是必要条件，经财政部门备案的评估机构并不一定都可以作为国有企业评估机构。在实践中，许多国有企业（特别是一级企业）建立评估机构备选库，一级企业和各级子企业只能从备选库里选择评估机构。2011 年 5 月 28 日，国资委《关于规范中央企业选聘评估机构工作的指导意见》（国资发产权〔2011〕68 号）第 4 条意见明确了中央企业选聘的评估机构应当符合的条件，要求中央企业制订评估机构选聘管理制度，完善评估机构选聘工作程序，建立评估机构执业质量评价标准及考核体系，特别强调“中央企业及其各级子企业在聘请评估机构执行业务时，应当在本企业评估机构备选库内实行差额竞争选聘。个别临时业务中确有原因不能在本企业备选库内选聘的，应当在国资委公布的中央企业备选评估机构名单中竞争选聘，并向国资委报告相关情况”。据国资委公布的信息，中央企业 2014 年报备的评估机构备选库汇总名单共计 556 家。

2016 年 3 月 22 日，国资委印发《关于加强中央企业评估机构备选库管理有关事项的通知》（国资发产权〔2016〕42 号），强调“不得继续选聘连续四年未承担本企业评估业务的在库评估机构”，并规定“地方国有资产监督管理机构可以参照本通知，根据当地企业国有产权管理实际情况，进一步加强评估机构备选库管理”。以北京为例，2019 年 3 月 18 日，北京市国资委印发《关于深化企业国有资产评估管理改革工作有关事项的通知》（京国资发〔2019〕2 号），要求市管企业建立资产评估机构选聘管理制度，明确资产评估机构选聘条件，完善资产评估机构选聘工作程序，按照“公开、公平、公正”的原则建立资产评估机构备选库，并根据执业质量评价结果、资产评估业务需要和实际工作情况，对资产评估机构备选库实行动态管理，原则上每 2 年调整一次，同时要求市管企业将备选库名单及调整情况报市国资委备案。

三、评估方法选择

选择合适的评估方法，对于评估结果至关重要。根据 2017 年 8

月23日财政部印发的《资产评估基本准则》（财资〔2017〕43号），确定资产价值的评估方法包括市场法、收益法和成本法三种基本方法及其衍生方法，资产评估专业人员应当根据评估目的、评估对象、价值类型、资料收集等情况，分析上述三种基本方法的适用性，依法选择评估方法。

1. 三种评估方法

2020年3月1日，中国资产评估协会《资产评估执业准则——评估方法》实施，详细介绍了市场法、收益法和成本法三种基本方法：

（1）市场法也称比较法、市场比较法，是指通过将评估对象与可比参照物进行比较，以可比参照物的市场价格为基础确定评估对象价值的评估方法的总称。市场法包括多种具体方法，如企业价值评估中的交易案例比较法和上市公司比较法、单项资产评估中的直接比较法和间接比较法等。该方法适用前提条件是，评估对象的可比参照物具有公开的市场以及活跃的交易，有关交易的必要信息可以获得。

（2）收益法，是指通过将评估对象的预期收益资本化或者折现，来确定其价值的各种评估方法的总称。如企业价值评估中的现金流量折现法、股利折现法等。该方法适用前提条件是，评估对象的未来收益可以合理预期并用货币计量，预期收益所对应的风险能够度量，收益期限能够确定或者合理预期。

（3）成本法，是指按照重建或者重置被评估对象的思路，将重建或者重置成本作为确定评估对象价值的基础，扣除相关贬值，以此确定评估对象价值的评估方法的总称。成本法包括多种具体方法，如复原重置成本法、更新重置成本法、成本加和法（也称资产基础法）等。该种方法适用前提条件是，评估对象能正常使用或者在用，能够通过重置途径获得，重置成本以及相关贬值能够合理估算。

2. 原则上需要采用两种以上评估方法

评估方法本身没有优劣之分，只是不同方法反映评估对象价值的角度存在差别。为了减少因客观条件或者信息局限可能对评估结论可靠程度产生的不利影响，有必要通过不同角度的分析对比来完整客观地把握和确定评估结论。

采用两种以上评估方法是法律和国资监管政策的要求。《资产评估法》第 26 条规定，评估专业人员应当恰当选择评估方法，除依据评估执业准则只能选择一种评估方法的外，应当选择两种以上评估方法，经综合分析，形成评估结论，编制评估报告。国资委《关于加强企业国有资产评估管理工作有关问题的通知》（国资委产权〔2006〕274 号）强调，涉及企业价值的资产评估项目，以持续经营为前提进行评估时，原则上要求采用两种以上方法进行评估，并在评估报告中列示，依据实际状况充分、全面分析后，确定其中一个评估结果作为评估报告使用结果。

当然，《资产评估法》并未“一刀切”，也允许采用一种评估方法的特殊情形存在。中国资产评估协会制定的《资产评估执业准则——资产评估方法》对此作了细化，包括：（1）基于相关法律、行政法规和财政部部门规章的规定可以采用一种评估方法；（2）由于评估对象仅满足一种评估方法的适用条件而采用一种评估方法；（3）因操作条件限制而采用一种评估方法。但是对采用一种评估方法的，应当在资产评估报告中披露其他基本评估方法不适用的原因；因操作条件受限而选择一种评估方法的，应当对所受的操作条件限制进行分析、说明和披露。

四、核准与备案

2001 年 12 月 31 日，国务院办公厅发布 102 号文，取消政府部门对国有资产评估项目的立项确认审批制度，实行核准制和备案制。102 号文规定，各级财政（或国有资产管理）部门对国有资产评估项目不再进行立项批复和对评估报告的确认批复（合规性审核）；有关经济行为的资产评估活动由国有资产占有单位按照现行法律、法规的规定，聘请具有相应资质的中介机构独立进行，评估报告的法律责任由签字的注册资产评估师及所在评估机构共同承担。

1. 核准备案事项及权限

102 号文首次明确了核准及备案事项范围：

（1）核准事项。经各级政府批准的涉及国有资产产权变动、对外投资等经济行为的重大经济项目，其国有资产评估实行核准制。凡由国务院批准实施的重大经济项目，其评估报告由财政部进行核准；凡由省级人民政府批准实施的重大经济项目，其评估报告由省级财政部门进行核准。

（2）备案事项。对其他国有资产评估项目实行备案制。除核准项目以外，中央管理的国有资产，其资产评估项目报财政部或中央管理的企业集团公司、国务院有关部门备案。地方管理的国有资产评估项目的备案工作，比照上述原则执行。

2006 年 12 月 12 日，国资委印发《关于加强企业国有资产评估管理工作有关问题的通知》（国资委产权〔2006〕274 号），对核准备案事项又进行了细化：

（1）中央企业国有资产评估项目备案管理有关问题。经国务院国有资产监督管理机构批准经济行为的事项涉及的资产评估项目，其中包括采用协议方式转让企业国有产权事项涉及的资产评估项目和股份有限公司国有股权设置事项涉及的资产评估项目，由国务院国有资产监督管理机构负责备案。

在国务院国有资产监督管理机构批准进行主辅分离辅业改制的项目中，按限额专项委托中央企业办理相关资产评估项目备案。其中，属于国家授权投资机构的中央企业负责办理资产总额账面值 5000 万元（不含）以下资产评估项目的备案，5000 万元以上的资产评估项目由国务院国有资产监督管理机构办理备案；其他中央企业负责办理资产总额账面值 2000 万元（不含）以下资产评估项目的备案，2000 万元以上的资产评估项目由国务院国有资产监督管理机构办理备案。

（2）涉及多个国有产权主体的资产评估项目的管理方式。有多个国有股东的企业发生资产评估事项，经协商一致可由国有股最大股东依照其产权关系办理核准或备案手续；国有股股东持股比例相等的，经协商一致可由其中一方依照其产权关系办理核准或备案手续。

国务院批准的重大经济事项同时涉及中央和地方的资产评估项目，可由国有股最大股东依照其产权关系，逐级报送国务院国有资产监督管理机构进行核准。

（3）涉及非国有资产评估项目的核准或备案。企业发生《企业国有资产评估管理暂行办法》第 6 条所列经济行为，需要对接受的非国有资产进行评估的，接受企业应依照其产权关系将评估项目报国有资产监督管理机构或其所出资企业备案；如果该经济行为属于各级人民政府批准实施的，接受企业应依照其产权关系，按规定程序将评估项目报同级国有资产监督管理机构核准。

需要指出的是，近年来国有资产核准备案权限逐步开始下放。2019 年 3 月 18 日，北京市国资委印发《关于深化企业国有资产评估管理改革工作有关事项的通知》（京国资发〔2019〕2 号），规定除了经市政府、市国资委批准的经济行为涉及的资产评估项目由市国资委负责核准（共计 10 项）外，其他资产评估项目由市管企业负责备案。首钢集团、京投公司、京能集团、首创集团、国资公司、北京电控、北汽集团、城建集团、金隅集团、首开集团 10 家企业作为第一批资产评估管理改革授权单位，部分资产评估管理权限下放至一级集团。2020 年 7 月 24 日，北京市国资委印发《关于进一步深化企业国有资产评估管理改革工作有关事项的通知》（京国资发〔2020〕9 号），在总结第一批授权企业资产评估管理改革经验的基础上，将评估备案权限的授权范围扩大至全部所出资企业。

2. 核准备案具体程序

国资委 2005 年制定的《企业国有资产评估管理暂行办法》在第三章对此专门作了规定。2010 年 5 月 25 日和 2013 年 5 月 10 日，国资委先后又制定了《中央企业资产评估项目核准工作指引》（国资发产权〔2010〕71 号）、《企业国有资产评估项目备案工作指引》（国资发产权〔2013〕64 号），对核准和备案的工作程序、审核要点作了详细规定。本书仅就时限和评估结果使用问题作简要说明：

（1）关于时限。根据《企业国有资产评估管理暂行办法》的规定，企业收到资产评估机构出具的评估报告后，将备案材料逐级报送国有资产监督管理机构或其所出资企业，自评估基准日起 9 个月内提出备案申请；国有资产监督管理机构或者所出资企业收到备案材料后，对材料齐全的，在 20 个工作日内办理备案手续，必要时可组织有关专家参与备案评审。

（2）关于评估报告的使用。根据《企业国有资产评估管理暂行办法》的规定，经核准或备案的资产评估结果使用有效期为自评估基准日起1年。企业进行与资产评估相应的经济行为时，应当以经核准或备案的资产评估结果为作价参考依据；当交易价格低于评估结果的90%时，应当暂停交易，在获得原经济行为批准机构同意后方可继续交易。

五、评估豁免情形

有原则就有例外。考虑国有资产交易中的一些特殊情形，不进行评估也不会发生国有资产流失，并且可以提高交易效率，32号令明确了以审计报告替代资产评估的特殊情形。

1. 企业产权转让中的豁免情形

根据32号令第32条规定，以下2种情形的企业产权转让，转让价格可以最近一期审计报告确认的净资产值为基础：

（1）同一国家出资企业内部实施重组整合，转让方和受让方为该国家出资企业及其直接或间接全资拥有的子企业。

（2）同一国有控股企业或国有实际控制企业内部实施重组整合，转让方和受让方为该国有控股企业或国有实际控制企业及其直接、间接全资拥有的子企业。

需要说明的是，从上下文关系和文义的角度来看，32号令第32条是针对“采取非公开协议转让方式转让企业产权”制定的规则（其他包括第31条、第33条），这就意味在企业产权转让中，评估豁免的例外情形只适用于“非公开协议转让方式”，不适用于“公开进场交易方式”。

2. 企业增资扩股中的豁免情形

根据32号令第38条第2款规定，企业增资在以下4种情形可以依据最近一期审计报告确定企业资本及股权比例：

（1）增资企业原股东同比例增资的；

（2）履行出资人职责的机构对国家出资企业增资的；

（3）国有控股或国有实际控制企业对其独资子企业增资的；

（4）增资企业和投资方均为国有独资或国有全资企业的。

与企业产权转让豁免情形仅适用于非公开协议转让方式不同，企业增资扩股中的豁免情形对公开和协议两种方式都适用。第38条第2款作为第1款的例外情形，是对公开增资评估要求的豁免。同时，针对“非公开协议增资”，第 47 条也强调存在第 38 条第 2 款所列 4 种情形的，可以仅提供企业审计报告，不要求提供资产评估报告。

3. 中央企业及其子企业豁免情形

2024 年 1 月 30 日，国务院国资委发布《关于优化中央企业资产评估管理有关事项的通知》（国资发产权规〔2024〕8 号），对散落在现行制度文件中可以不进行资产评估的情形做了统一归拢，明确中央企业及其子企业发生以下经济行为时，依照相关法律和企业章程履行决策程序后，可以不对相关标的进行评估：

（1）符合国资监管有关规定无偿划转股权、资产；

（2）履行出资人职责的机构对国家独资、全资出资企业增资、减资；

（3）国有独资、国有全资企业之间进行交易；

（4）企业原股东同比例增资、减资；

（5）有限责任公司整体变更为股份有限公司或者股份有限公司变更为有限责任公司，股东及其持股比例不变；

（6）中央企业内部同一控制下的母公司与其独资、全资子企业之间，或独资、全资子企业之间以及股东及其持股比例完全相同的子企业之间进行交易；

（7）解散注销未发生债务或已将债务清偿且不涉及非货币资产在不同股东之间分配的企业，或资产、负债由原股东承继的一人有限责任公司；

（8）拟通过公开挂牌方式转让无法获取标的企业资料的参股股权以及账面原值低于 500 万元（含 500 万元）的存货、固定资产等，或出售、租赁能够获取公开市场价格的房产。

此外，该通知还明确，中央企业及其子企业发生知识产权、科技成果、数据资产等资产转让、作价出资、收购等经济行为时，应当依据评估或估值结果作为定价参考依据。经咨询 3 家及以上专业机构，确难通过评估或估值方式对标的价值进行评定估算的，依照相关法律和企业章程履行决策程序后，可以通过挂牌交易、拍卖、询价、协议等方式确定交易价格，其中挂牌或拍卖底价可以参照其账面价值、历史投入成本等因素合理确定。

第三章

国有资产交易流程

程序是制度的基石。可以说，国有资产交易制度的实质就是国有资产交易程序，确保国有资产交易顺利推进凭借的就是交易流程。32号令以程序性规范为主体，对企业产权转让、企业增资、企业资产转让的流程作了规定，是指导国有资产交易的基本依据。了解并掌握三类交易流程，特别是具体操作步骤和技术要求，是开展国有资产交易的重要保障。

第一节　企业产权转让流程

一、企业产权转让基本流程

根据32号令和120号文的规定，企业产权转让流程可分为三个阶段（见图3－1）：

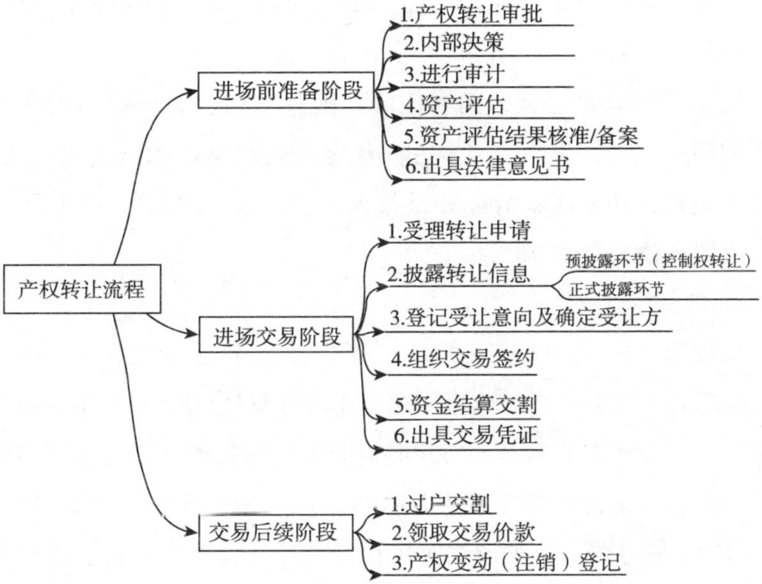

图3－1　产权转让流程

（一）进场前准备阶段

主要是转让方履行相关决策批准、审计评估等前置程序。

1. 产权转让审批

转让方拟转让其拥有的企业产权时，由转让方根据32号令第7条、第8条之规定，履行产权转让审批。具体而言，国资监管机构作为转让方的，由国资监管机构自己负责审核，只有产权转让致使国家不再拥有一级企业控股权的，才由国资监管机构报本级政府批准；一级企业及其各级子企业作为转让方的，按照一级企业确定的审批管理权限，由相应级别的企业来审批。但对主业处于关系国家安全、国民经济命脉的重要行业和关键领域，主要承担重大专项任务子企业的产权转让，则由一级企业报同级国资监管机构批准。

2. 内部决策

转让方取得立项审批后，应当按照32号令第9条之规定，“由转让方按照企业章程和企业内部管理制度进行决策，形成书面决议”。这里的“企业章程和企业内部管理制度”中的“企业”，指的是转让方，不是“标的企业”。简言之，“书面决议”应当由拥有产权的转让方出具。

32号令还特别强调，国有控股和国有实际控制企业中国有股东委派的股东代表，应当按照本办法规定和委派单位的指示发表意见、行使表决权，并将履职情况和结果及时报告委派单位。这也是《企业国有资产法》的要求。

3. 进行审计

根据32号令第11条之规定，产权转让事项经批准后，由转让方①委托会计师事务所对转让标的企业进行审计。32号令还明确了例外情形，涉及参股权转让不宜单独进行专项审计的，转让方应当取得转让标的企业最近一期年度审计报告。这一例外情形，是32号令与3号令的不同之处，有效解决了转让方在转让标的企业持股极少、不适宜开展整体审计的问题。

4. 资产评估

根据32号令第12条之规定，对按照有关法律法规要求必须进行资产评估的产权转让事项，转让方应当委托具有相应资质的评估机构对转让标的进行资产评估。《企业国有资产法》第47条规定，国有独资企业、国有独资公司、国有资本控股公司改制、转让重大财产等，应当进行资产评估。《资产评估法》第3条第2款规定，“涉及

① 3号令曾规定“转让所出资企业国有产权导致转让方不再拥有控股地位的，由同级国有资产监督管理机构组织进行清产核资，并委托社会中介机构开展相关业务。”对此，32号令没有作特殊要求，统一交由转让方来委托。此外，无论是3号令还是32号令，都不允许由标的企业来委托中介机构开展审计评估业务。

国有资产或者公共利益等事项，法律、行政法规规定需要评估的（以下称法定评估），应当依法委托评估机构评估”。

因此，企业国有产权转让属于法定评估事项。同时，32 号令第 32 条也规定了即使以非公开协议方式转让企业产权，满足下列情况可以最近一期审计报告确定的净资产值为基础确定转让价格：（1）同一国家出资企业内部实施重组整合，转让方和受让方为该国家出资企业及其直接或间接全资拥有的子企业；（2）同一国有控股企业或国有实际控制企业内部实施重组整合，转让方和受让方为该国有控股企业或国有实际控制企业及其直接、间接全资拥有的子企业。

5. 资产评估结果核准/备案

资产评估结束后，转让方应当将资产评估结果逐级上报至国有资产监督管理机构，履行核准或备案手续。按照 32 号令第 12 条的规定，“产权转让价格应以经核准或备案的评估结果为基础确定”，进而明确“转让底价”，这是进场交易的重要条件。

6. 法律意见书

根据 3 号令第四章企业国有产权转让的批准程序第 28 条之规定，决定或者批准企业国有产权转让行为，应当审查律师事务所出具的法律意见书①。律师对产权转让行为的合法性进行论证并出具法律意见书，32 号令虽然并未明确规定，但在实践中仍沿用了之前的做法，以确保转让行为的合法合规性。

（二）进场阶段

主要是通过产权交易机构发布信息、登记意向受让方、组织交易签约、交割、出具交易凭证等程序。基于进场阶段主要在产权交易机

---

① 《企业国有产权转让管理暂行办法》（国资委、财政部令第 3 号）第 28 条规定：“决定或者批准企业国有产权转让行为，应当审查下列书面文件：（一）转让企业国有产权的有关决议文件；（二）企业国有产权转让方案；（三）转让方和转让标的企业国有资产产权登记证；（四）律师事务所出具的法律意见书；（五）受让方应当具备的基本条件；（六）批准机构要求的其他文件。”

构主导下进行，部分产权交易机构还对产权转让操作规则予以进一步细化，如北京产权交易所《企业国有产权转让操作规则》。

1. 受理转让申请

产权转让申请的受理工作由产权交易机构负责承担。转让方应当向产权交易机构提交产权转让公告所需相关材料，并对所提交材料的真实性、完整性、有效性负责。材料符合齐全性要求的，产权交易机构应当予以接收登记。

以北京产权交易所为例，北京产权交易所《企业国有产权转让操作规则》第4条规定，企业国有产权转让业务可以委托交易服务会员代理。北京产权交易所在网站上公布交易服务会员名单，供交易各方自主选择。转让方委托交易会员的，由交易服务会员向北京产权交易所提起转让申请，提交产权转让公告所需相关材料。北京产权交易所审核后，认为符合信息披露要求的，予以受理，并依据转让方提交的信息披露申请的主要内容对外发布“信息披露公告”；不符合信息披露要求的，北京产权交易所将审核意见通过交易服务会员及时告知转让方，要求转让方进行调整。

2. 披露产权转让信息

关于发布渠道。根据120号文第16条的规定，企业国有产权转让信息应当在产权交易机构网站和省级以上公开发行的经济或者金融类报刊上进行公告。随着互联网日益普及，实践中主要是在产权交易机构网站发布。32号令第13条规定“通过产权交易机构网站分阶段对外披露产权转让信息”，不再提及“报刊公告”。北京产权交易所《企业国有产权转让操作规则》也明确“信息披露公告应当在北交所网站上发布”。因此，目前转让信息的主要发布渠道是产权交易机构网站。

关于公告期。32号令明确“正式披露信息时间不得少于20个工作日”。关于起算时点，32号令没有规定。根据120号文第17条的规定，以省级以上报刊的首次信息公告之日为起始日；北京产权交易所《企业国有产权转让操作规则》第24条则规定“以北交所网站发布次日为起始日”。考虑32号令未提及“报刊公告”这种发布渠道，北交所的操作规则以“网站发布次日”为标准具有参考意义，但具体“起始日”的判断，应以产权交易机构的操作规则为准。

3. 登记及确定受让方

意向受让方在信息披露公告期限内，向产权交易机构提出产权受让申请，并提交相关材料。产权交易机构应当对意向受让方逐一进行登记，并对意向受让方提交的申请及材料进行齐全性和合规性审核，在信息公告期满后5个工作日内将意向受让方的登记情况及其资格确认意见书面告知转让方。

转让方在收到产权交易机构的资格确认意见后，应当在5个工作日内予以书面回复。如对受让方资格条件存有异议，应当在书面意见中说明理由，并提交相关证明材料。转让方逾期未予回复的，视为同意产权交易机构作出的资格确认意见。

在征询转让方意见后，产权交易机构应当以书面形式将资格确认结果告知意向受让方。通过资格确认的意向受让方在事先确定的时限内向产权交易机构交纳交易保证金（以到达产权交易机构指定账户的时间为准）后，获得参与竞价交易资格。逾期未交纳保证金的，视为放弃受让意向。

产权转让信息披露期满、产生符合条件的意向受让方的，按照披露的竞价方式组织竞价。竞价可以采取拍卖、招投标、网络竞价以及其他竞价方式，且不得违反国家法律法规的规定。

4. 组织交易签约

产权交易机构应当在确定受让方后的次日起3个工作日内，组织交易双方签订产权交易合同。产权转让涉及主体资格、反垄断审查、特许经营权、国有划拨土地使用权、探矿权和采矿权等情形，需经政府相关部门批准的，交易双方应当将产权交易合同及相关材料报政府相关部门批准。产权交易机构应根据双方申请，协助出具政府相关部门审批所需的交易证明文件。

产权交易合同生效后，产权交易机构应当将交易结果通过产权交易机构网站对外公告，公告内容包括交易标的名称、转让标的评估结果、转让底价、交易价格，并且公告期不少于5个工作日。

5. 结算交易资金

产权交易资金包括交易保证金和产权交易价款，应当以人民币为计价单位，通过产权交易机构以货币进行结算。进场结算流程是，先由受让方在合同约定期限内将交易价款支付到产权交易机构指定结算账户，待符合产权交易价款划转条件后，产权交易机构根据转让方申请，再办理交易价款划转手续。因特殊情况不能通过产权交易机构结算的，转让方应当向产权交易机构提供转让行为批准单位的书面意见以及受让方付款凭证。

交易价款原则上应当自合同生效之日起5个工作日内一次付清。金额较大、一次付清确有困难的，可以采取分期付款方式。采用分期付款方式的，首期付款不得低于总价款的30%，并在合同生效之日起5个工作日内支付；其余款项应当提供转让方认可的合法有效担保，并按同期银行贷款利率支付延期付款期间的利息，付款期限不得超过1年。

此外，对于能否代收代付问题，北京产权交易所《企业国有产权转让结算交易资金操作细则》第10条作了回应，即“产权交易资金原则上不得由他方代为收付”。对于外币结算问题，该细则第8条要求“交易双方应当提前向北交所提出申请，并以外汇管理部门限定的外币币种结算。交易价款以外币结算的，交易双方应当按照外汇管理部门的相关规定办理结算手续”。对于利息归属问题，该细则第11条规定，交易双方签订《产权交易合同》之日起至合同生效当日，交易价款产生的利息归受让方所有；《产权交易合同》生效之日起至交易价款从北京产权交易所划出当日，交易价款产生的利息归转让方所有。

6. 出具交易凭证

32号令第30条规定，产权交易合同生效，并且受让方按照合同约定支付交易价款后，产权交易机构应当及时为交易双方出具交易凭证。北京产权交易所《企业国有产权转让出具交易凭证操作细则》进一步对交易凭证相关事项作了细化。

（1）明确了时效要求。在满足32号令第30条规定的条件后，产权交易机构应当“在3个工作日内”出具产权交易凭证。

（2）明确了与政府批准程序之间的关系。产权转让涉及主体资格审查、反垄断审查、特许经营权、国有划拨土地使用权、探矿权和采矿权等审批的情形时，在交易行为获得政府相关部门批准后出具产权交易凭证。

（3）明确了凭证的主要内容及有关要求。产权交易凭证应当载明：转让标的名称、项目编号、转让方名称、受让方名称、转让底价、转让标的评估结果、成交价格、成交方式、支付方式、北京产权交易所审核结论等内容。产权交易凭证应当使用统一格式打印，不得手写、涂改，应当加盖北京产权交易所专用印章。

（4）明确了凭证撤销程序。产权交易凭证出具后，相关主体提出交易双方在产权交易过程中存在主体不合法、程序不合规、提交虚假材料等严重违规情形，致使出具产权交易凭证的前提条件不能成立，且经确认属实的，北京产权交易所应当撤销该项目的产权交易凭证并予以公告。

（三）后续阶段

主要是进场程序结束后，办理相关手续。

1. 过户交割

及时进行工商变更登记，是确认企业产权转让成果的重要一步。工商变更登记应当由标的企业向工商登记主管部门申请，因产权转让涉及股东变更、变更股东名册、章程修改等手续所以由标的企业进行申请。需要特别说明的是，根据新修订的《公司法》第87条的规定，因股权转让需要修改公司章程中有关股东及其出资额的记载，“对公司章程的该项修改不需再由股东会表决”，因此也无须按照章程修改程序需要2/3以上表决权的股东同意。

2. 领取交易价款

在进场交易阶段，受让方将交易价款支付给产权交易机构，就完成了交易结算。但32号令、120号文并没有明确转让方何时领取交易价款。120号文第40条仅明确“对符合产权交易价款划出条件的，产权交易机构应当及时向转让方划出交易价款”。实践中，转让方领取交易价款，一般都在后续阶段，即在产权变更过户手续完成之后。

3. 产权登记

根据29号令第15条之规定，“企业发生产权登记相关经济行为时，应当自相关经济行为完成后20个工作日内，在办理工商登记前，申请办理产权登记”。企业产权转让进场阶段结束后，应当凭产权交易凭证，向产权登记机构申请办理变动登记或者注销登记。

二、企业产权转让批准机构的确定

企业产权转让程序第一阶段，即进场前准备阶段的一个核心工作，是将产权转让行为和有关事项报有权批准的机构批准，这是企业国有产权转让取得合法性的关键环节。未经有权批准机构批准，产权转让不仅难以操作，还将承担相应责任。

找对批准机构，是取得合法有效批准的前提。根据32号令的规定，批准机构主要是人民政府、国资监管机构、国家出资企业及其确定的批准机构。鉴于批准机构的确定与“转让标的”“转让标的企业”“转让方”相关，有必要先对这三个概念予以明确。通俗地讲，企业产权转让程序中的“转让标的”，就是被转让的对象，即股权；“转让标的企业”，就是被转让股权所依附的企业；“转让方”，就是“转让标的企业”的股东。比如，A拥有B公司60%股权，拟全部转让。这里的“转让标的”是“60%股权”，“转让标的企业”是B公司，转让方是A。

批准机构的确定，主要以“转让方”作为判断依据，同时考虑“转让标的企业”“转让标的”情况。

1. 国资监管机构作为转让方情形

在此种情形下，国资监管机构以“出资人”身份出现，标的企业是国资监管机构履行出资人职责的国家出资企业（一级企业），转让标的就是国资监管机构在一级企业中拥有的股权。根据32号令第7条的规定，批准机构原则上是该国资监管机构（此时又以国资监管者身份出现），国资监管机构既是“转让方”，又是“批准机构”。只有因产权转让致使国家不再拥有所出资企业控股权时，才须由国资监管机构报本级人民政府批准。

在企业国有产权转让实践中，国资监管机构作为转让方的情形比较少见。主要原因有两点：一是一级企业绝大多数仍然维持独资，很少将其股权对外转让。二是即便对外转让，一般也采取无偿划转方式①。

2. 一级企业及其子企业作为转让方情形

这是实践中企业国有产权转让最为常见的情形。根据32号令第8条的规定，由一级企业“制定其子企业产权转让管理制度，确定审批管理权限”。以二级企业转让其在三级企业的股权为例，转让方是二级企业，转让标的企业是三级企业，转让标的是二级企业所持三级企业的股权，批准机构则根据一级企业确定的审批管理权限确定，一般是转让方的上一级企业，二级企业作为转让方的，批准机构就是一级企业。例外情形是，“对主业处于关系国家安全、国民经济命脉的重要行业和关键领域②，主要承担重大专项任务子企业的产权转让，须由国家出资企业报同级国资监管机构批准”。

32号令还针对实践中转让方由多家国有股东共同持股但都不是控股股东，难以确定由谁来履行批准程序问题作了进一步明确。

（1）原则上“由其中持股比例最大的国有股东负责履行相关批准程序”。比如，转让方甲公司由A（40%）、B（30%）、C（20%）、D（10%）四家国有股东共同持股，如果甲公司拟转让其在子公司中的股权，甲公司作为转让方，应当由持股比例最大的股东A，按照A所隶属的一级企业的产权转让管理制度，履行相关批准程序。

（2）“各国有股东持股比例相同的，由相关股东协商后确定其中一家股东负责履行相关批准程序”。仍以甲公司为例，如果A、B、

① 有关无偿划转内容，可参见本书第一章第二节。

② 关于“主业处于关系国家安全、国民经济命脉的重要行业和关键领域”的具体范围，详见本节“十、非公开协议方式产权转让特殊流程”相关分析。

C、D四个国有股东持股比例均为25%，则由A、B、C、D四个股东协商确定其中一家股东负责履行批准程序。

(3) 对于部分股东持股比例相同、部分持股比例不同情形，32号令没有规定。仍以甲公司为例，如果股权结构是A（30%）、B（30%）、C（25%）、D（15%），本书认为应当按照前两条规则来认定，首先选择持股比例最大的股东，即A和B；在此基础上，由A和B协商，最终确定A或者B一家来履行相关批准程序。

【核心法规】

《企业国有资产交易监督管理办法》（国资委、财政部令第32号）

第7条 国资监管机构负责审核国家出资企业的产权转让事项。其中，因产权转让致使国家不再拥有所出资企业控股权的，须由国资监管机构报本级人民政府批准。

第8条 国家出资企业应当制定其子企业产权转让管理制度，确定审批管理权限。其中，对主业处于关系国家安全、国民经济命脉的重要行业和关键领域，主要承担重大专项任务子企业的产权转让，须由国家出资企业报同级国资监管机构批准。

转让方为多家国有股东共同持股的企业，由其中持股比例最大的国有股东负责履行相关批准程序；各国有股东持股比例相同的，由相关股东协商后确定其中一家股东负责履行相关批准程序。

三、信息预披露适用情形及披露程序

信息预披露是32号令新增程序。32号令第13条第1款规定，“转让方可以根据企业实际情况和工作进度安排，采取信息预披露和正式披露相结合的方式，通过产权交易机构网站分阶段对外披露产权转让信息，公开征集受让方。其中正式披露信息时间不得少于20个工作日。”第2款规定：“因产权转让导致转让标的企业的实际控制权发生转移的，转让方应当在转让行为获批后10个工作日内，通过产权交易机构进行信息预披露，时间不得少于20个工作日。”32号令第15条原则上明确了预披露信息内容范围。除此之外，32号令其他内容未涉及该程序，国资委也未对预披露的具体程序进一步作出规定。

按照32号令要求，结合北京产权交易所《企业国有产权转让操作规则》的规定，信息预披露程序主要包括以下内容和要求：

1. 适用情形

32号令明确“因产权转让导致转让标的企业的实际控制权发生转移的”，应当进行信息预披露。北京产权交易所《企业国有产权转让操作规则》第16条进一步强调：“因产权转让导致转让标的企业的实际控制权发生转移的，转让方应当履行完毕信息预披露相关程序后，方可进行产权转让信息正式披露。”

对于产权转让未导致转让标的企业的实际控制权发生转移的，是否也要进行信息预披露，32号令并未作出强制要求。从32号令第13条设置信息预披露制度的初衷来看，未导致转让标的企业的实际控制权发生转移的，无须强制进行信息预披露，但也不排除当事人自愿要求履行该程序。北京产权交易所《企业国有产权转让操作规则》第6条第2款就规定：“产权转让未导致转让标的企业的实际控制权发生转移的，可参照本章进行信息预披露。”

2. 基本流程

结合产权转让基本流程和北京产权交易所规定，预披露原则上以立项审批获准之日为起点，10个工作日内按照要求向产权交易机构提出申请；产权交易机构对信息预披露的内容及相关材料进行审核后，符合信息预披露要求的，予以受理，并依据转让方提交的信息预披露申请对外发布信息预披露公告；不符合信息预披露要求的，产权交易机构将审核意见及时告知转让方，要求转让方进行调整。预披露公告时间不少于20个工作日，以产权交易机构网站发布次日为起始日。

此外，39号文规定：“产权转让可在产权直接持有单位、企业增资可在标的企业履行内部决策程序后进行信息预披露，涉及需要履行最终批准程序的，应当进行相应提示。”这意味着，可以将预披露环节提前，不将产权转让批准单位的批准文件作为预披露的强制要求。

3. 材料要求

北京产权交易所《企业国有产权转让操作规则》对此予以细化，包括转让方应当按照要求向产权交易机构提交预披露信息内容，并对预披露的内容和所提交材料的真实性、完整性、准确性负责。原则上不得针对受让方设置资格条件，确需设置的，不得有明确指向性或违反公平竞争原则。所设受让方资格条件相关内容，应当在信息预披露前报同级国资监管机构备案。信息预披露公告期间，转让方变更受让方资格条件的，应当在完成同级国资监管机构备案手续后，由产权交易机构重新发布信息预披露公告，并重新计算公告时间。

4. 预披露内容

32 号令第 15 条列举了正式披露内容，共计 9 项，并强调“信息预披露应当包括但不限于以上（一）、（二）、（三）、（四）、（五）款内容”。据此，信息预披露内容主要是：

（1）转让标的基本情况；

（2）转让标的企业的股东结构；

（3）产权转让行为的决策及批准情况；

（4）转让标的企业最近一个年度审计报告和最近一期财务报表中的主要财务指标数据，包括但不限于资产总额、负债总额、所有者权益、营业收入、净利润等（转让参股权的，披露最近一个年度审计报告中的相应数据）；

（5）受让方资格条件（适用于对受让方有特殊要求的情形）。

北京产权交易所《企业国有产权转让操作规则》第二章“预披露转让信息”第 10 条重述了上述内容，并强调“其他需要预披露的事项”，具体可根据转让方和产权交易机构的要求确定。

此外，北京产权交易所《企业国有产权转让操作规则》还就预披露程序明确以下事项，可供借鉴参考：

（1）信息预披露公告期间，转让方应当接受意向受让方的咨询。意向受让方可以通过北京产权交易所查阅信息预披露公告所涉内容的相应材料。

（2）意向受让方在信息预披露公告期内，可以向北京产权交易所提出初步受让意向，北京产权交易所对意向受让方逐一进行登记。

（3）北京产权交易所应当在信息预披露公告期满后5个工作日内，将意向受让方的初步登记情况告知转让方。

【核心法规】

《企业国有资产交易监督管理办法》（国资委、财政部令第32号）

第13条　产权转让原则上通过产权市场公开进行。转让方可以根据企业实际情况和工作进度安排，采取信息预披露和正式披露相结合的方式，通过产权交易机构网站分阶段对外披露产权转让信息，公开征集受让方。其中正式披露信息时间不得少于20个工作日。

因产权转让导致转让标的企业的实际控制权发生转移的，转让方应当在转让行为获批后10个工作日内，通过产权交易机构进行信息预披露，时间不得少于20个工作日。

《关于企业国有资产交易流转有关事项的通知》（国资发产权规〔2022〕39号）

七、产权转让可在产权直接持有单位、企业增资可在标的企业履行内部决策程序后进行信息预披露，涉及需要履行最终批准程序的，应当进行相应提示。

四、正式披露产权转让信息主要内容

按照32号令的要求，产权转让方应当通过产权交易机构对外披露产权转让信息，公开征集受让方。

（一）正式披露产权转让信息内容

根据32号令第15条的规定，转让方披露信息包括但不限于以下内容：

（1）转让标的基本情况；

（2）转让标的企业的股东结构；

（3）产权转让行为的决策及批准情况；

（4）转让标的企业最近一个年度审计报告和最近一期财务报表

中的主要财务指标数据，包括但不限于资产总额、负债总额、所有者权益、营业收入、净利润等（转让参股权的，披露最近一个年度审计报告中的相应数据）；

（5）受让方资格条件（适用于对受让方有特殊要求的情形）；

（6）交易条件、转让底价；

（7）企业管理层是否参与受让，有限责任公司原股东是否放弃优先受让权；

（8）竞价方式，受让方选择的相关评判标准；

（9）其他需要披露的事项。

结合120号文第11条的内容，上述第（6）项中的“交易条件”主要是指：

（1）转让标的挂牌价格价款支付方式和期限要求；

（2）对转让标的企业职工有无继续聘用要求；

（3）产权转让涉及的债权债务处置要求；

（4）对转让标的企业存续发展方面的要求。

第（9）项“其他需要披露的事项”作为兜底条款，主要包括：

（1）审计报告、评估报告有无保留意见或者重要提示；

（2）管理层及其关联方拟参与受让的，应当披露其目前持有转让标的企业的股权比例、拟参与受让国有产权的人员或者公司名单、拟受让比例等；

（3）提出交纳交易保证金的要求；

（4）转让标的上设置的其他权利，以及可能对转让标的价值产生重大影响的合同或其他事项。

（二）产权转让信息变更

根据32号令第20条的规定，在正式披露信息期间，转让方不得变更产权转让公告中公布的内容，由于非转让方原因或其他不可抗力因素导致可能对转让标的的价值判断造成影响的，转让方应当及时调整补充披露信息内容，并相应延长信息披露时间。以下是北京、上海、天津产权交易机构关于产权转让公告变更的具体规定：

1. 北京产权交易所。因转让方原因确需变更公告内容的，转让方应当取得转让行为批准单位书面同意；变更受让方资格条件的，还应完成同级国资监管机构备案手续。公告内容变更后，由北京产权交易所在网站上重新发布信息披露公告，并重新计算公告时间。

2. 上海联合产权交易所。信息公告期间转让方不得变更《产权转让公告》中公布的内容。因特殊原因确需变更信息公告内容的，应当由产权转让批准机构出具文件，由产权交易机构在原信息发布渠道进行公告，并重新计算公告期。

3. 天津产权交易中心。在正式披露信息期间，转让方不得变更产权转让信息披露公告中披露的内容，由于非转让方原因或其他不可抗力因素导致可能对转让标的价值判断造成影响的，转让方应当及时调整补充披露信息内容，并相应延长信息披露时间。转让方变更转让底价、变更受让条件后，重新进行公告的，公告时间不得少于20个工作日。

【核心法规】

《企业国有资产交易监督管理办法》（国资委、财政部令第32号）

第15条　转让方披露信息包括但不限于以下内容：

（一）转让标的基本情况；

（二）转让标的企业的股东结构；

（三）产权转让行为的决策及批准情况；

（四）转让标的企业最近一个年度审计报告和最近一期财务报表中的主要财务指标数据，包括但不限于资产总额、负债总额、所有者权益、营业收入、净利润等（转让参股权的，披露最近一个年度审计报告中的相应数据）；

（五）受让方资格条件（适用于对受让方有特殊要求的情形）；

（六）交易条件、转让底价；

（七）企业管理层是否参与受让，有限责任公司原股东是否放弃优先受让权；

（八）竞价方式，受让方选择的相关评判标准；

（九）其他需要披露的事项。

其中信息预披露应当包括但不限于以上（一）、（二）、（三）、（四）、（五）款内容。

第 20 条　在正式披露信息期间，转让方不得变更产权转让公告中公布的内容，由于非转让方原因或其他不可抗力因素导致可能对转让标的价值判断造成影响的，转让方应当及时调整补充披露信息内容，并相应延长信息披露时间。

五、能否设定受让方资格条件

产权转让中能否设定受让方资格，在政策层面有一个变化的过程，从最初的允许逐步发展为目前的原则上禁止。

2004 年实施的 3 号令曾规定，在征集受让方时，转让方可以对受让方的资质、商业信誉、经营情况、财务状况、管理能力、资产规模等提出必要的受让条件。306 号文曾强调，转让方在制订转让方案时，应当根据转让标的企业的实际情况，明确提出对受让方的受让条件要求。

在实践中，这项制度产生了不好的效果。有的转让方通过“量身打造”资格条件，将其他意向受让方排除在外，进而以协议方式转让，未能发挥出通过产权交易机构广泛征集意向受让方、通过竞价转让国有资产保值增值的功能。2009 年国资委发布 120 号文，在允许转让方根据标的企业实际情况合理设置受让方资格条件的同时，进一步强调“不得出现具有明确指向性或者违反公平竞争的内容”，“产权交易机构认为必要时，可以要求转让方对受让方资格条件的判断标准提供书面解释或者具体说明，并在产权转让公告中一同公布”。但这一要求过于原则，由产权交易机构来审查，存在较大的弹性空间。

32 号令第 14 条明确规定：“产权转让原则上不得针对受让方设置资格条件，确需设置的，不得有明确指向性或违反公平竞争原则，所设资格条件相关内容应当在信息披露前报同级国资监管机构备案，国资监管机构在 5 个工作日内未反馈意见的视为同意。”在目前企业国有产权转让实践中，原则上禁止对受让方设置资格条件，例外情形确需设置的，不仅“不得有明确指向性或违反公平竞争原则”，而且进一步要求“所设资格条件相关内容应当在信息披露前报同级国资监管机构备案”，以此严格控制受让方资格条件设置。

从受让方资格条件设置内容来看，必须遵循“不得有明确指向性或违反公平竞争原则”，一般包括三个方面的条件：一是受让方主体资格要求，比如，是否限定于企业法人，是否限定于中国境内主体。二是受让方商业信用、财务支付能力方面原则性要求，但不能设置具体的数值，比如，不能设置受让方资产或者净资产总额。三是国家法律、行政法规规定的其他条件，作为兜底。

受让方资格设置实例1

2020年4月，北京产权交易所网站发布的北京某某置业有限公司49%股权转让项目中，转让方设置的受让方资格条件是（见表3－1）：

表3－1　受让方资格条件

受让方资格条件	1. 意向受让方应为在中国境内（不含香港澳门台湾地区）依法注册并有效存续的企业法人。 2. 意向受让方应具有良好的商业信用、良好的财务状况和支付能力。 3. 国家法律、行政法规规定的其他条件

受让方资格设置实例2

2020年4月，北京产权交易所网站发布的某某有限公司10%股权转让项目中，转让方设置的受让方资格条件是（见表3－2）：

表3－2　受让方资格条件

受让方资格条件	1. 意向受让方应为依法设立并有效存续的企业法人、其他经济组织或具有完全民事行为能力的自然人。 2. 意向受让方应具有良好的财务状况和支付能力。 3. 意向受让方应符合国家法律、法规规定的其他条件

六、交易条件的设置

虽然原则上禁止设置受让方资格条件，但设置交易条件却是产权转让必备事项。32 号令第 15 条明确将“交易条件”列为转让方应当披露的一项重要信息，恰当合理设置交易条件也是确保交易顺利进行、防止发生纠纷的重要基础。

关于交易条件具体内容，32 号令没有明确规定。120 号文作了细化，第 11 条规定：“转让方在产权转让公告中应当明确为达成交易需要受让方接受的主要交易条件，包括但不限于：（一）转让标的挂牌价格、价款支付方式和期限要求；（二）对转让标的企业职工有无继续聘用要求；（三）产权转让涉及的债权债务处置要求；（四）对转让标的企业存续发展方面的要求。”北京产权交易所《企业国有产权转让受理转让申请操作细则》第 10 条也作了同样规定。

从实践来看，产权交易机构信息披露中的“交易条件”一般分为 4 项：转让标的名称、转让底价、价款支付方式（一次性支付或者分期支付）、与转让相关的其他条件。其中“与转让相关的其他条件”主要包括：交易保证金数额及支付时间、保证金扣除情形、转让合同签订时间、价款支付时间、职工安置、债权债务处置、企业资质、责任免除等。

关于交易保证金。120 号文规定，转让方可以在产权转让公告中提出交纳交易保证金的要求；产权交易机构应当明示交易保证金的处置方式；通过资格确认的意向受让方在事先确定的时限内向产权交易机构交纳交易保证金（以到达产权交易机构指定账户的时间为准）后获得参与竞价交易资格，逾期未交纳保证金的，视为放弃受让意向。北京产权交易所《企业国有产权转让受理转让申请操作细则》规定，转让方可以按照相关规定在信息披露公告中，提出交纳交易保证金的具体要求、处置方式等相关事项；保证金的交纳数额一般不超过转让标的转让底价的 30%。①

关于无形资产的保护。39 号文明确规定，产权转让、企业增资导致国家出资企业及其子企业失去标的企业实际控制权的，交易完成

---

① 关于交易保证金设置实例及相关司法案例，参见第五章第二节“五、交易双方未在约定期限签约情形的处理”。

后标的企业不得继续使用国家出资企业及其子企业的字号、经营资质和特许经营权等无形资产，不得继续以国家出资企业子企业名义开展经营活动。上述要求应当在信息披露中作为交易条件予以明确，并在交易合同中对工商变更、字号变更等安排作出相应约定。

交易条件设置实例

2020年4月，北京产权交易所网站发布的“北京首开保利仁泰置业有限公司49%股权”转让项目中，转让方保利（北京）房地产开发有限公司设置的交易条件如下（见表3－3）：

表3－3　交易条件

标的名称	北京首开保利仁泰置业有限公司49%股权
转让底价	26，865.034万元
价款支付方式	一次性支付
与转让相关的其他条件	1. 意向受让方须在受让资格确认后3个工作日内支付人民币8059万元的交易保证金至北交所指定账户（以到账时间为准）。(1) 若挂牌期间只产生一家未放弃优先购买权的原股东为意向受让方，则本项目采取协议转让方式成交。(2) 若挂牌期间只产生一家非原股东且符合受让条件的意向受让方，则该意向受让方经一次报价后进入征询原股东环节。原股东行权的，该意向受让方交纳的交易保证金自原股东行权之日起3个工作日内无息返还；原股东放弃行权的，该意向受让方交纳的交易保证金转为交易价款的一部分。(3) 除未放弃优先购买权的原股东之外，若挂牌期间产生两家及以上符合受让条件的意向受让方，各意向受让方交纳的交易保证金转为竞价保证金，项目采取网络竞价方式确定最高报价方后进入征询原股东环节。其余意向受让方所交纳的竞价保证金在最高报价方被确定之日起3个工作日内无息返还。原股东行权的，最高报价方交纳的竞价保证金自原股东行权之日起3个工作日内无息返还；原股东放弃行权的，最高报价方交纳的竞价保证金直接转为交易价款的一部分。 2. 若非转让方原因，出现以下任何一种情况时，意向受让方所交纳保证金将被扣除：(1) 意向受让方交纳交易保证金后单方撤回受让申请的；(2) 征集到两家及以上符合条件的意向受让方后，未参与后续竞价程序的；(3) 在竞价过程中以挂牌价格为起始价格，各意向受让方均不应价的；(4) 在被确定为受让方后未按约定时限与转让方签署《产权交易合

续表

	同》及未按约定时限支付除保证金外剩余交易价款的；(5) 意向受让方未履行书面承诺事项的。 3. 意向受让方须对以下事项进行书面承诺：(1) 在被确定为受让方后5个工作日内与转让方签订《产权交易合同》，并于《产权交易合同》生效后5个工作日内将剩余价款一次性支付至北交所指定账户。(2) 同意北交所在出具产权交易凭证后3个工作日内将全部交易价款划转至转让方指定银行账户。(3) 同意在受让本标的后及时办理工商变更，新的企业名称中不得含有“保利”字样，并且标的企业不得以“保利”名义从事任何经营活动。 4. 本项目公告期即可进入尽职调查期，意向受让方通过资格确认并且缴纳保证金后，即视为已详细阅读并完全认可本股权转让项目所涉审计报告、资产评估报告及该等报告所披露内容以及已完成对本项目的全部尽职调查；并依据该等内容以其独立判断决定自愿全部接受产权转让公告之内容

七、企业产权转让底价的确定

转让底价是企业产权转让中最关键的要素。设定过低，不利于国有资产保值增值，甚至造成国有资产流失。设定过高，可能征集不到合格受让方，达不到产权转让目的，还需要重新履行相关程序，降低工作效率。

（一）关于转让底价的设定

32 号令第 17 条规定，产权转让项目首次正式信息披露的转让底价，不得低于经核准或备案的转让标的评估结果。据此，经核准备案的评估结果是确定转让底价的重要参考依据。这也是批准机构行使对产权转让监管职责的重要体现。

第 17 条要求转让底价“不得低于”经核准备案的评估值，意味转让底价可以等于，也可以大于评估值。但在实践中，转让底价一般“等于”评估值，这样可以使转让底价更具说服力、更容易成交，也避免因自行调高底价而引起麻烦，如无法如期征集到意向受让方。

（二）关于转让底价的变更

原则上，转让底价一经设定，转让方不得变更。根据 32 号令第

18条、第19条以及120号文的规定，下列情形可以降低转让底价：

1. 信息披露期满未征集到意向受让方的，可以降低转让底价。当挂牌价不低于评估结果90%时，由转让方自行设定新的挂牌价，重新进行信息披露，征求意向受让方。当新的挂牌价低于评估结果的90%时，转让方应当重新获得产权转让批准机构批准后，再发布产权转让公告。

在实践中，一般情况下，转让方首先按转让底价挂牌，到期未征集到合格受让方的，再自行降到90%（可以一次降到90%，也可以逐步降到90%，前者居多）；若降到90%仍然没能征集到合格受让方的，再向批准机构申请降到90%以下。转让方未按90%挂牌，直接申请降到90%以下的，批准机构一般不予批准。

此外，根据39号文的最新规定，产权转让项目信息披露期满未征集到意向受让方，仅调整转让底价后重新披露信息的，产权转让披露时间不少于10个工作日。这与32号令第18条规定的重新“披露时间不得少于20个工作日”相比，缩减了10个工作日，提高了工作效率。

2. 转让项目自首次正式披露信息之日起超过12个月未征集到合格受让方的，由于重新履行审计、资产评估程序①，造成转让底价变化。由于超过12个月，资产评估结果会发生变化，转让底价相应也会发生变化。一般情况下，考虑此前的转让底价未能成交，所以重新评估后新确定的转让底价，一般低于首次正式披露信息时确定的转让底价。

3. 信息披露期间，由于非转让方原因或其他不可抗力因素导致可能对转让标的价值判断造成影响，需要变更转让底价。根据32号令第20条的规定，此时转让方应当及时调整补充披露信息内容，并相应延长信息披露时间。这里的“调整补充披露信息内容”包括转让底价，既可以调高，也可以调低。

---

① 一般情况下，审计、资产评估报告的有效期为12个月，在12个月以内仍未征集到合格受让方的，需要重新履行审计、评估程序。

（三）评估备案价格、挂牌价格、成交价格的关系

评估备案价格、挂牌价格、成交价格三者存在密切关系，特别是评估备案价格是挂牌价格、成交价格的基础，挂牌价格、成交价格是在评估备案价格基础上形成的。

1. 评估备案价格与挂牌价格的关系

一般情况下，转让方直接以评估备案价格作为挂牌价格，这样既可以使挂牌价格有批准依据，也有价值依据，有利于快速征集意向受让方。

对于挂牌价格高于评估备案价格的情形，理论上和制度上都是允许的，但在实践中比较少。主要原因是转让方提高挂牌价格缺乏评估结果支持，除非有特殊的理由，提高挂牌价格得不到意向受让方的认同，不利于快速征集到合格意向受让方。

对于挂牌价格低于评估备案价格的情形，一般不允许，例外情形是在规定的公告期限内未征集到意向受让方，转让方可以在不低于评估结果 90% 的范围内设定新的挂牌价再次进行公告；如新的挂牌价低于评估结果的 90%，转让方应当重新获得产权转让批准机构批准后，再发布产权转让公告。

2. 挂牌价格与成交价格的关系

对于只征集到 1 个合格意向受让方的，双方直接成交签约，成交价格以挂牌价格与买方报价孰高的原则确定。

对于征集到 2 个及 2 个以上合格意向受让方的，通过挂牌信息中设定的竞价方式确定受让方。由于竞价一般遵循价高者得原则，成交价格等于或者高于挂牌价格，高出价格与挂牌价格的比率称为溢价率，也是评价公开进场交易效果的主要指标。

【核心法规】

《企业国有资产交易监督管理办法》（国资委、财政部令第 32 号）

第 17 条　产权转让项目首次正式信息披露的转让底价，不得低于经核准或备案的转让标的评估结果。

第 18 条　信息披露期满未征集到意向受让方的，可以延期或在

降低转让底价、变更受让条件后重新进行信息披露。

降低转让底价或变更受让条件后重新披露信息的，披露时间不得少于20个工作日。新的转让底价低于评估结果的90%时，应当经转让行为批准单位书面同意。

第19条　转让项目自首次正式披露信息之日起超过12个月未征集到合格受让方的，应当重新履行审计、资产评估以及信息披露等产权转让工作程序。

第20条　在正式披露信息期间，转让方不得变更产权转让公告中公布的内容，由于非转让方原因或其他不可抗力因素导致可能对转让标的价值判断造成影响的，转让方应当及时调整补充披露信息内容，并相应延长信息披露时间。

《关于企业国有资产交易流转有关事项的通知》（国资发产权规〔2022〕39号）

八、产权转让、资产转让项目信息披露期满未征集到意向受让方，仅调整转让底价后重新披露信息的，产权转让披露时间不少于10个工作日，资产转让披露时间不少于5个工作日。

八、标的企业职工安置、债权债务处置

32号令第10条规定，产权转让涉及职工安置事项的，安置方案应当经职工代表大会或职工大会审议通过；涉及债权债务处置事项的，应当符合国家相关法律法规的规定。但对于何种情形涉及职工安置，何种情形涉及债权债务处置，并未作出明确规定。

一般情形下，企业产权转让，尤其是公司制企业产权转让，只是改变了标的企业的出资人，并不影响标的企业的法律地位和偿债能力，标的企业与其职工的劳动关系、与债权债务人的债权债务关系不受影响，不涉及职工安置、债权债务处理①。32号令特意将产权转让与职工安置、债务处置联结起来，主要针对的是因产权转让引发国有

① 在实践中，部分国有股东退出公司制企业时（特别是从控股变为参股或者完全退出），也会引发职工安置、企业债权债务处置问题。

企业改制的特殊情形。

国有企业改制是一项政策性很强的工作，涉及出资人、债权人、企业和职工等多方面的利益。国务院办公厅96号文和60号文，以及2008年全国人大制定的《企业国有资产法》，构成了国有企业改制的制度框架。96号文明确转让国有产权是国有企业改制的一种方式，《企业国有资产法》第39条将国有独资企业、国有独资公司改为国有资本控股公司或者非国有资本控股公司、国有资本控股公司改为非国有资本控股公司界定为改制，这些改制都与国有产权转让相关，进而涉及企业职工安置、债权债务处置。

1. 企业职工安置。根据现行法律和政策，国有企业改制应当制订改制方案，其中职工安置方案是一项重要内容，职工安置方案需经企业职工代表大会或职工大会审议通过后方可实施改制。改制为国有控股企业的，改制后企业继续履行改制前企业与留用职工签订的劳动合同；改制为非国有的企业，要按照有关政策处理好改制企业与职工的劳动关系，对企业改制时解除劳动合同且不再继续留用的职工，要支付经济补偿金。

2. 债权债务处置。债权债务处理方案是企业改制方案的另外一项重要内容。从政策层面来看，尤其重视金融债权保护。针对借企业改制之机悬空、逃废金融债务的现象，国务院早在1998年就下发《关于在国有中小企业和集体企业改制过程中加强金融债权管理的通知》（国发明电〔1998〕4号）这一规定，强调无论采取何种方式进行改制，都必须充分尊重金融机构保全金融债权的意见，依法落实金融债务。96号文适用于全部国有企业，强调国有企业改制要征得债权金融机构同意，保全金融债权，依法落实金融债务，维护其他债权人的利益。严格防止利用改制逃废金融债务，金融债务未落实的企业不得进行改制。60号文再次强调，改制方案必须明确保全金融债权，并征得金融机构债权人的同意，否则改制方案不予批准。

与国有企业改制政策相衔接，2003年国资委、财政部制定的3号令，对企业国有产权转让涉及职工安置、债权债务处置也作出规定。第11条第2款强调产权转让涉及职工合法权益的，应当听取转让标的企业职工代表大会的意见，对职工安置等事项应当经职工代表大会讨论通过。第19条和第29条将“转让标的企业涉及的职工安置方案”“转让标的企业涉及的债权、债务处理方案”作为企业国有产权转让方案和合同的一项内容，强调转让企业国有产权导致转让方不再拥有控股地位的，在报送审批时，应当附送经债权金融机构书面同意的相关债权债务协议、职工代表大会审议职工安置方案的决议等；在签订产权转让合同时，转让方应当与受让方协商提出企业重组方案，包括在同等条件下对转让标的企业职工的优先安置方案。

32号令虽然没有强调3号令第19条、第29条内容，但实质要求并没有改变。国资委《企业国有产权交易规则》第11条依然将“对转让标的企业职工有无继续聘用要求”“产权转让涉及的债权债务处置要求”作为主要交易条件。

【核心法规】

《企业国有资产交易监督管理办法》（国资委、财政部令第32号）

第10条　转让方应当按照企业发展战略做好产权转让的可行性研究和方案论证。产权转让涉及职工安置事项的，安置方案应当经职工代表大会或职工大会审议通过；涉及债权债务处置事项的，应当符合国家相关法律法规的规定。

九、竞价方式及选择

经公开征集产生两个及两个以上合格的意向受让方，是进行竞价的前提。[①] 根据32号令第22条的规定，竞价可以采取拍卖、招投标、网络竞价以及其他竞价方式，且不得违反国家法律法规的规定。具体采取哪种竞价方式，以及选择受让方的相关评判标准，由转让方在正式信息披露前确定（见图3－2）。

---

① 若只产生一个受让方，则采取协议转让的方式，详见第一章第三节“四、非公开协议转让与‘场外交易’”。

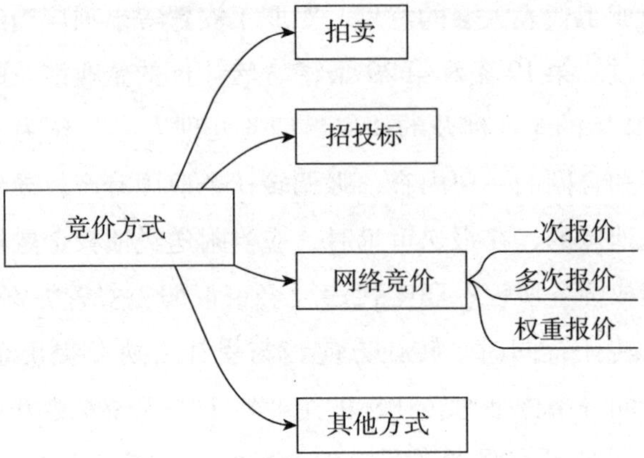

图 3 – 2　竞价方式

1. 拍卖

拍卖，是指以公开竞价的形式，将特定物品或者财产权利转让给最高应价者的买卖方式。具体到产权转让拍卖活动，一般由产权交易机构负责组织、协调、监督和指导，由拍卖机构具体实施。拍卖的典型特征，是“价高者得”，竞买人的最高出价或应价经拍卖师落槌或者以其他公开表示买定的方式确认后，拍卖成交。拍卖成交后，买受人和拍卖人应当签署成交确认书。

关于国有产权转让拍卖的具体程序，产权交易机构一般都制定详细的实施办法，如北京产权交易所《企业国有产权转让拍卖实施办法》。该办法强调，拍卖机构应当是经北京产权交易所认可且具有拍卖资格的企业法人；转让方应当在北京产权交易所受理信息披露申请前，与拍卖机构、交易服务会员共同签订委托合同，并将委托合同提交北京产权交易所备案。拍卖公告应当与信息披露公告同时发布，意向受让方向北京产权交易所提交受让申请，获得资格确认，并交纳交易保证金，即视为在拍卖机构办理了竞买登记。信息披露公告期满征集到两个及以上符合条件的竞买人的，由拍卖机构主持拍卖。信息披露公告期满只征集到一个符合条件的竞买人的，不举行拍卖，由北京产权交易所按照信息披露公告公示内容组织实施交易。

2. 招投标

招投标最初主要应用于建设工程项目，后来逐步扩大领域，其实质是以较低的价格获得最优的货物、工程和服务。国有产权转让采取招投标的方式，主要是为了选择合适的受让人，与拍卖相比，选择的标准不仅仅是价格，还要综合考虑各种因素。

《招标投标法》对招标、投标，以及开标、评标和中标等程序作了详细规定，在此基础上，产权交易机构制订了产权转让招投标实施办法，这些构成了产权转让招投标的制度基础。以北京产权交易所《企业国有产权转让招投标实施办法》为例，对于招标代理机构，要求须经北京产权交易所认可。对招标方（转让方），要求招标文件应当明确转让标的受让条件，重要的商务及受让条件应加注提示标记，要求明确评标原则、标准和方法，废标条件。对投标方（意向受让方），要求投标文件应当包括受让方案，如职工安置方案、债权债务处理方案、企业资产重组计划和企业长远发展规划等。对于评标，要求评标委员会成员应当依据招标文件规定的评标内容和标准，遵循公平、公正、诚信、择优的评标原则，对投标人提交的投标文件进行独立评判并打分，提出书面评审意见。中标候选人由评标委员会推荐。招标人根据招标代理机构提出的书面评标报告和推荐的中标候选人，确定排序第一的中标候选人为中标人，并书面通知北京产权交易所和招标代理机构。

3. 网络竞价

以北京产权交易所为例，网络竞价，是指产权转让信息正式披露公告期满，产生两个及以上符合条件的竞买人，由北京产权交易所依据公告的竞价方式，通过北京产权交易所指定的网络竞价系统，组织竞买人竞争受让转让标的的行为。

网络竞价的方式主要包括多次报价、一次报价、权重报价。

（1）多次报价，是指在北京产权交易所的组织下，竞买人接受信息披露公告确定的交易条件，通过北京产权交易所指定的网络竞价系统进行动态递增报价，确定最高报价方的竞价方式。

（2）一次报价，是指在北京产权交易所的组织下，竞买人接受信息披露公告确定的交易条件，通过北京产权交易所指定的网络竞价系统，在规定时间内一次性提交报价，确定最高报价方的竞价方式。

（3）权重报价，是指在北京产权交易所的组织下，按照转让方在信息披露公告中公布的评分体系，由北京产权交易所指定的网络竞价系统按照相应权重对竞买人响应的受让条件形成分值，将综合分值最高者确定为受让方的竞价方式。

4. 其他竞价方式

动态报价也是常用的一种竞价方式。北京产权交易所《企业国有产权转让动态报价实施办法》规定，动态报价，是指产权转让信息正式披露公告发布次工作日零时起，由北京产权交易所依据公告中的相关约定，组织竞买人通过北京产权交易所指定的动态报价系统竞争受让转让标的的行为。

动态报价的起始价不得低于转让标的的转让底价。动态报价采用加价的方式进行，各竞买人每次的有效报价为当前报价加上该次动态报价活动设定的加价幅度的整数倍。自由报价期内（自由报价期一般自信息披露公告发布次工作日零时起至信息发布期满次日起第3个工作日的10时止），各竞买人的每次有效报价随即成为当前报价。在每个限时报价周期内（自由报价期结束即进入限时报价期，限时报价期由限时报价周期组成，每个限时报价周期不少于2分钟），如出现新的有效报价，则进入新的限时报价周期；在一个限时报价周期内如未出现新的有效报价，则当前报价方成为该次动态报价活动的最高报价方。除另有规定外，该最高报价方即为受让方。

总的来讲，上述4种竞价方式，除招投标外，拍卖、网络竞价、动态报价都遵从“价高者得”原则。作为转让方，理论上可任意确定竞价方式，但从实践角度来看，一般要结合自身情况，按照以下原则作出合理选择：

（1）当转让标的简单清晰、产权形态相对单一（单一股权、房地产、机器设备等）、对受让方条件的要求较为简单、交易条件以转让价格为主要考量因素时，适宜选择拍卖方式、动态报价或网络竞价方式中的多次报价、一次报价确定受让方。

（2）当转让标的相对复杂、对受让方的资格和资信要综合各方面因素考量，交易能否成功，除考虑转让价格高低外，还要考虑职工安置、债权债务处置等相关安排时，适宜选择招投标方式或网络竞价方式中的权重报价确定受让方。

【核心法规】

《企业国有资产交易监督管理办法》（国资委、财政部令第32号）

第22条　产权转让信息披露期满、产生符合条件的意向受让方的，按照披露的竞价方式组织竞价。竞价可以采取拍卖、招投标、网络竞价以及其他竞价方式，且不得违反国家法律法规的规定。

十、非公开协议方式产权转让特殊流程

非公开协议转让，即场外交易，是进场交易的例外情形。306号文曾规定，企业国有产权转让应不断提高进场交易比例，严格控制场外协议转让。在限定协议转让范围的同时，进一步强调中央企业由国务院国资委批准，地方企业由省级国资监管机构批准。相关批准机构不得自行扩大协议转让范围，不得下放或分解批准权限。32号令和39号文进一步明确了非公开协议转让的范围，并按照简政放权的要求，简化审批程序。

（一）非公开协议转让适用情形

1. 涉及主业处于关系国家安全、国民经济命脉的重要行业和关键领域企业的重组整合，对受让方有特殊要求，企业产权需要在国有及国有控股企业之间转让的。

在理解上，应把握以下几点：

第一，必须是“主业处于关系国家安全、国民经济命脉的重要行业和关键领域”。至于“重要行业和关键领域”的具体范围，国务院办公厅转发国资委《关于推进国有资本调整和国有企业重组的指导意见》（国办发〔2006〕97号）曾作了解释，即“重要行业和关键领域主要包括：涉及国家安全的行业，重大基础设施和重要矿产资源，提供重要公共产品和服务的行业，以及支柱产业和高新技术产业中的重要骨干企业”。

2018年9月25日，国资委网站在“问答选登”里对“命脉行

业”和“关键领域”作了解答：命脉行业，包括军工国防科技、电网电力、石油石化、电信、煤炭、民航、航运、金融、文化9个行业。关键领域，包括重大装备制造、汽车、电子信息、建筑、钢铁、有色金属、化工、勘察设计、科技9个领域。

第二，必须“对受让方有特殊要求”，这是企业处于重要行业和关键领域的地位所决定的，也是与公开进场交易原则上不得对受让方设置资格条件的重大区别。

第三，确实“需要在国有及国有控股企业之间转让”，这个条件有一定的弹性，需要做充分的论证说明。

需要强调的是，上述三个条件不是选择关系，必须同时满足。2018年9月25日，国资委网站在“问答选登”里对此予以进一步明确。

2. 同一国家出资企业及其各级控股企业或实际控制企业之间因实施内部重组整合进行产权转让的。

3. 涉及政府或国有资产监督管理机构主导推动的国有资本布局优化和结构调整，以及专业化重组等重大事项，企业产权在不同的国家出资企业及其控股企业之间转让，且对受让方有特殊要求的。

4. 国家出资企业及其子企业通过发行基础设施REITs盘活存量资产，涉及国有产权非公开协议转让情形的。

（二）非公开协议转让流程

非公开协议转让属于场外交易，无须履行公开挂牌交易程序。仅就其中三个方面作简要分析：

1. 关于批准机构。32号令和39号文对非公开协议转让的批准机构，作出了不同规定。

在第1种情形下，规定须“经国资监管机构批准”，但并未明确是哪一级国资监管机构批准，这与306号文“中央企业由国务院国资委批准，地方企业由省级国资监管机构批准”的规定有不同之处。从新法优于旧法和简政放权的角度来看，中央企业仍然由国务院国资委批准，但对于地方企业，应当由同级国资监管机构批准，而不是省级国资监管机构。根据39号文的要求，国家出资企业内部重组整合中涉及该类企业时，以下情形可由国家出资企业审核批准：一是企业产权在国家出资企业及其控股子企业之间转让的；二是国家出资企业直接或指定其控股子企业参与增资的；三是企业原股东同比例增资的。其他情形由国家出资企业报同级国有资产监督管理机构批准。

此外，“经国资监管机构批准”的表述虽未明确是转让方还是受让方的国资监管机构批准，但从产权转让制度设计上看，产权转让由转让方履行相关报批手续，应当由转让方国资监管机构批准。2019年9月19日，有网友在北京市国资委网站上提问：非公开协议转让发生在跨省国企之间（如山东省国有企业向北京市某国有企业转让子公司股权），是否出让方和受让方均需报各自所属的国资监管机构批准？2019年9月24日，北京市国资委在答复中明确表示：由转让方报经其国资监管机构批准。

在第2种情形下，规定“经该国家出资企业审议决策”。按照306号文的规定，此种情形需要报国资监管机构批准。但根据32号令的规定，一级企业获得了审批内部协议转让事项的权限，无须再报国资监管部门批准，这是简政放权的一个重要体现。此外，由于此种情形发生在“同一国家出资企业及其各级控股企业或实际控制企业之间”，转让方和受让方都属于“同一国家出资企业”，不存在转让方的国家出资企业还是受让方国家出资企业审议决策问题。但从程序上讲，应当由转让方履行报批程序。

在第3种、第4种情形下，根据39号文的要求，应当按规定报同级国资监管机构批准。

2. 审计评估程序。评估结果是确定转让价格的重要依据。32号令第32条规定，采取非公开协议转让方式转让企业产权，转让价格不得低于经核准或备案的评估结果。但为了简化程序，以下三种情形可以最近一期审计报告确认的净资产值为基础确定转让价格，不再进行评估：一是同一国家出资企业内部实施重组整合，转让方和受让方为该国家出资企业及其直接或间接全资拥有的子企业；二是同一国有控股企业或国有实际控制企业内部实施重组整合，转让方和受让方为该国有控股企业或国有实际控制企业及其直接、间接全资拥有的子企业；三是非公开协议转让符合39号文规定的情形，且转让方、受让方均为国有独资或全资企业的，按照《公司法》、企业章程履行决策程序后，转让价格可以资产评估报告或最近一期审计报告确认的净资产值为基础进行确定。

3. 法律意见书。32 号令第 33 条规定，审批机构批准决策时，应当审核“产权转让行为的法律意见书”。

【核心法规】

《企业国有资产交易监督管理办法》（国资委、财政部令第 32 号）

第 31 条 以下情形的产权转让可以采取非公开协议转让方式：

（一）涉及主业处于关系国家安全、国民经济命脉的重要行业和关键领域企业的重组整合，对受让方有特殊要求，企业产权需要在国有及国有控股企业之间转让的，经国资监管机构批准，可以采取非公开协议转让方式；

（二）同一国家出资企业及其各级控股企业或实际控制企业之间因实施内部重组整合进行产权转让的，经该国家出资企业审议决策，可以采取非公开协议转让方式。

第 32 条 采取非公开协议转让方式转让企业产权，转让价格不得低于经核准或备案的评估结果。

以下情形按照《中华人民共和国公司法》、企业章程履行决策程序后，转让价格可以资产评估报告或最近一期审计报告确认的净资产值为基础确定，且不得低于经评估或审计的净资产值：

（一）同一国家出资企业内部实施重组整合，转让方和受让方为该国家出资企业及其直接或间接全资拥有的子企业；

（二）同一国有控股企业或国有实际控制企业内部实施重组整合，转让方和受让方为该国有控股企业或国有实际控制企业及其直接、间接全资拥有的子企业。

第 33 条 国资监管机构批准、国家出资企业审议决策采取非公开协议方式的企业产权转让行为时，应当审核下列文件：

（一）产权转让的有关决议文件；

（二）产权转让方案；

（三）采取非公开协议方式转让产权的必要性以及受让方情况；

（四）转让标的企业审计报告、资产评估报告及其核准或备案文件。其中属于第三十二条（一）、（二）款情形的，可以仅提供企业审计报告；

（五）产权转让协议；

（六）转让方、受让方和转让标的企业的国家出资企业产权登记表（证）；

（七）产权转让行为的法律意见书；

（八）其他必要的文件。

第二节　企业增资流程

一、企业增资基本流程

根据32号令，企业增资流程可分为三个阶段（见图3－3）：

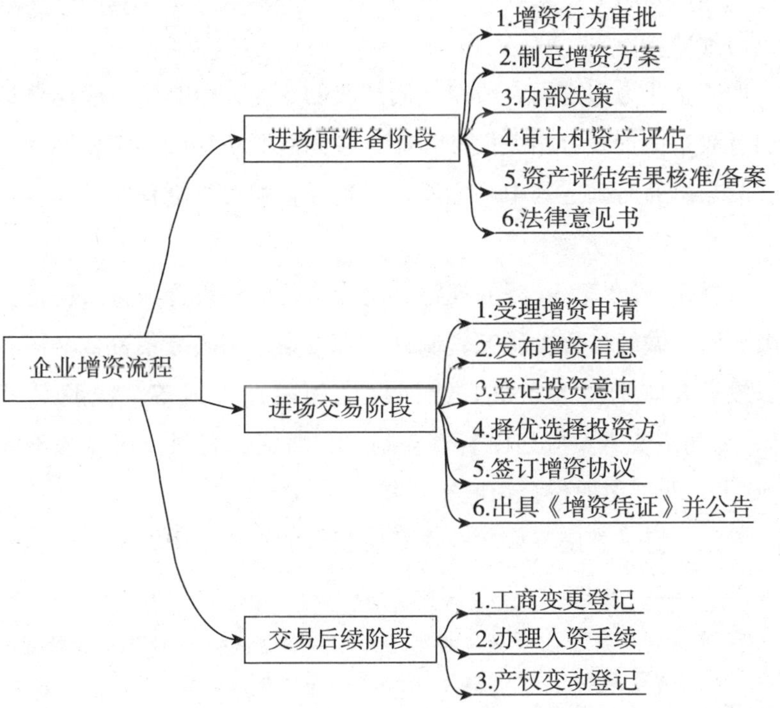

图3－3　企业增资流程

（一）进场前准备阶段

1. 增资行为审批

增资企业（融资方）应当履行国资审批手续，取得增资行为批复文件，这是确保企业增资行为合法性的重要基础，也是国有企业增资程序的第一步。与所有国有资产交易一样，未经有权批准机构批准，企业增资不仅难以操作，还将承担相应责任。

企业增资行为审批机构的确定，主要分为以下两种情况：

（1）国资监管机构（国资委）只负责审核国家出资企业（一级企业）的增资行为。其中，因增资致使国家不再拥有所出资企业控股权的，国资监管机构应当报本级人民政府批准。

（2）国家出资企业决定其子企业的增资行为。其中，对主业处于关系国家安全、国民经济命脉的重要行业和关键领域①，主要承担重大专项任务的子企业的增资行为，须由国家出资企业报同级国资监管机构批准。

增资企业为多家国有股东共同持股的企业，由其中持股比例最大的国有股东负责履行相关批准程序；各国有股东持股比例相同的，由相关股东协商后确定其中一家股东负责履行相关批准程序。

2. 制定增资方案

根据32号令第36条的规定，企业增资应当符合国家出资企业的发展战略，做好可行性研究，制订增资方案，明确募集资金金额、用途、投资方应具备的条件、选择标准和遴选方式等。按照《公司法》，公司增资方案应当由董事会制订，增资后有限公司股东不得超过50人，非上市股份公司股东不得超过200人。

根据上海、重庆等地产权交易所制定的企业增资业务规则，增资

---

① 2018年9月25日，国资委网站在“问答选登”里对“命脉行业”和“关键领域”作了解答：命脉行业，包括军工国防科技、电网电力、石油石化、电信、煤炭、民航、航运、金融、文化9个行业。关键领域，包括重大装备制造、汽车、电子信息、建筑、钢铁、有色金属、化工、勘察设计、科技9个领域。参见本章第一节“十、非公开协议方式产权转让特殊流程”中的分析。

方案一般包括以下内容：

（1）企业基本情况（股本结构、业务及财务状况）；

（2）增资目的、拟增资额、增资后股权结构以及企业法人治理结构安排等；

（3）企业增加资本金的主要用途以及预期收益；

（4）投资人的资格条件、增资条件和择优确定投资人的方法；

（5）接受特殊约定或附回购条款的情况（如有）；

（6）其他相关情况。

3. 内部决策

增资企业取得立项审批、制定好增资方案后，应当按照32号令第37条之规定，由增资企业按照企业章程和内部管理制度进行决策，形成书面决议。其中，国有控股、国有实际控制企业中国有股东委派的股东代表，应当按照规定和委派单位的指示发表意见、行使表决权，并将履职情况和结果及时报告委派单位。

此外，企业增资属于特别决策事项，根据《公司法》规定，股东会“对公司增加或者减少注册资本作出决议”，且“应当经代表三分之二以上表决权的股东通过”。

4. 审计和资产评估

根据32号令第38条之规定，在完成决策批准程序后，应当由增资企业委托具有相应资质的中介机构开展审计和资产评估，依法取得《专项审计报告》和《资产评估报告》。

此外，对于下列情形，可以豁免资产评估：（1）增资企业原股东同比例增资的；（2）履行出资人职责的机构对国家出资企业增资的；（3）国有控股或国有实际控制企业对其独资子企业增资的；（4）增资企业和投资方均为国有独资或国有全资企业的。

5. 资产评估结果核准/备案

公开进场交易模式下，32号令并未明确企业增资过程中，评估报告应当核准备案①，但在实践中，资产评估结束后，增资企业应当逐级上报至有权备案机构履行资产评估结果核准/备案手续，并取得资产评估结果核准文件或备案表，这也是第42条“企业董事会或股东会以资产评估结果为基础，结合意向投资方的条件和报价等因素审议选定投资方”的重要依据。增资项目信息披露“增资条件”中一般也标明“本次增资价格不得低于经履行核准/备案程序的资产评估值”。

6. 法律意见书

32号令第47条规定，国资监管机构批准、国家出资企业审议决策采取非公开协议方式的企业增资行为时，应当审核“增资行为的法律意见书”。虽然32号令对公开交易的增资行为是否应当审核法律意见书并未明确规定，但因增资行为会引发增资企业股权架构及法人治理结构的变化且多涉及企业混改。因此，国资审批部门通常会要求增资企业聘请律师事务所全程参与并对方案及操作程序的合法合规性出具法律意见书。

（二）进场交易阶段

1. 受理增资申请

企业增资进场交易受理工作由产权交易机构负责。增资企业可以委托交易经纪会员，向产权交易机构提出进场交易申请，并提交企业增资公告所需相关材料。

以北京产权交易所《国有企业增资操作规则》为例，融资方实施增资，一般应向北京产权交易所提交如下申请材料：

（1）《增资信息披露申请书》；

（2）营业执照或者其他主体资格证明文件；

（3）企业国有资产产权登记表（证）；

（4）公司章程或者其他章程性文件；

（5）企业增资行为的决策及批准文件；

① 根据32号令第47条的规定，以非公开协议方式进行增资的，审批机构需要审核“增资企业审计报告、资产评估报告及其核准或备案文件”。

（6）近三年年度审计报告及最近一期财务报表；

（7）资产评估备案或者核准文件；

（8）其他需要提交的材料。

融资方应在《增资公告》中充分披露企业基本情况、投资方资格条件、增资条件、对增资有重大影响的其他相关信息、择优选定投资方的方式，以及保证金的设置等内容。“对增资有重大影响的其他相关信息”一般包括：

（1）审计报告、估值文件中的保留意见或重要提示；

（2）增资目的；

（3）募集资金用途；

（4）增资后企业治理结构；

（5）尽职调查的要求；

（6）募集资金总金额和投资方家数超出或不足时的相关安排；

（7）融资方认为有必要披露的其他相关事项。

北京产权交易所在收到增资申请材料次日起3个工作日内，对融资方提交的增资申请材料、信息公告内容等进行形式审核，符合要求的，予以受理并发布增资信息。

2. 发布增资信息

根据32号令第39条的规定，企业增资通过产权交易机构网站对外披露信息公开征集投资方，时间不得少于40个工作日。企业增资信息披露内容包括但不限于：

（1）企业的基本情况；

（2）企业目前的股权结构；

（3）企业增资行为的决策及批准情况；

（4）近三年企业审计报告中的主要财务指标；

（5）企业拟募集资金金额和增资后的企业股权结构；

（6）募集资金用途；

（7）投资方的资格条件，以及投资金额和持股比例要求等；

（8）投资方的遴选方式；

（9）增资终止的条件；

（10）其他需要披露的事项。

为了进一步广泛征集投资方，39 号文明确规定，企业增资可采取信息预披露和正式披露相结合的方式，通过产权交易机构网站分阶段对外披露增资信息，合计披露时间不少于 40 个工作日，其中正式披露时间不少于 20 个工作日。信息预披露应当包括但不限于企业基本情况、产权结构、近 3 年审计报告中的主要财务指标、拟募集资金金额等内容。同时规定，企业增资可在标的企业履行内部决策程序后进行信息预披露，涉及需要履行最终批准程序的，应当进行相应提示。

3. 登记投资意向

意向投资方在信息公告期限内，可向产权交易机构提出产权投资申请，并按要求提交相关材料。产权交易机构应当对意向投资方逐一进行登记，并对意向投资方提交的申请及材料进行齐全性和合规性审核，并将审核意见通知融资方。

以北京产权交易所《国有企业增资操作规则》为例，增资信息发布期间，意向投资方可到北京产权交易所查阅增资项目相关材料。如果有投资意向，应在信息发布期间向北京产权交易所提交如下申请材料：

（1）《投资申请书》；

（2）营业执照或者其他主体资格证明文件；

（3）公司章程或者其他章程性文件；

（4）投资方相关决策文件；

（5）符合投资方资格条件的相关证明文件；

（6）其他需要提交的材料。

北京产权交易所对意向投资方提交的申请材料进行形式审核，并将审核意见通知融资方。融资方应在收到审核意见次日起 10 个工作日内，以书面形式向北京产权交易所出具对意向投资方的资格确认意见，对意向投资方资格不予确认的，应提供合理理由。北京产权交易所以书面形式将资格确认结果通知各意向投资方。意向投资方应按《增资公告》要求，将保证金缴纳至北京产权交易所指定账户，成为合格意向投资方；意向投资方未按规定缴纳保证金的，视为放弃投资资格。

4. 择优选择投资方

32号令第42条规定，通过资格审查的意向投资方数量较多时，可以采用竞价、竞争性谈判、综合评议等方式进行多轮次遴选。产权交易机构负责统一接收意向投资方的投标和报价文件，协助企业开展投资方遴选有关工作。企业董事会或股东会以资产评估结果为基础，结合意向投资方的条件和报价等因素审议选定投资方。

以北京产权交易所《国有企业增资操作规则》为例，融资方需要在北京产权交易所的合格意向投资方中择优选定投资方，提交择优实施方案的时间应在产生合格意向投资方后10个工作日内。北京产权交易所协助融资方按照择优实施方案选定投资方：

（1）采用竞价方式的，各合格意向投资方参与竞价，以竞价结果确定投资方。

（2）采用竞争性谈判方式的，融资方根据项目具体情况组成谈判小组，分别与各合格意向投资方进行谈判，根据谈判结果和报价，择优选定投资方。

（3）采用综合评议方式的，融资方根据项目具体情况组成评议小组，对各合格意向投资方的响应文件进行综合评议，择优选定投资方。

融资方在择优选定投资方后3个工作日内，对择优结果进行确认。在确定投资方次日起3个工作日内，北京产权交易所向投融资各方出具《增资结果通知书》。

5. 签订增资协议

投资方确定后，应当在规定或约定的期限内，签订增资协议。

关于签约期限，32号令和国资委规范性文件都没有明确。从交易机构交易规则来看，融资方一般在收到《增资结果通知书》后10个工作日内，按照《增资公告》约定的增资条件及择优结果签订《增资协议》。

关于签约主体，目前并没有明确的法律规范，32号令也没有明确规定。是投资方与融资方双方，还是投资方与融资方及融资方原股东三方，还是投资方与融资方原股东，存在不同的观点。从交易规则来看，各地规定也不相同。北京产权交易所《国有企业增资操作规则》和上海联合产权交易所《企业增资业务规则（试行）》规定，“安排新老股东”共同签订《增资协议》。重庆联合产权交易所《企业增资业务规则》规定，组织“增资有关各方”签订增资协议。天津产权交易中心《企业增资业务操作规则（试行）》规定，组织“增资企业及投资方”签订《增资协议》。鉴于企业增资涉及新老股东股权结构和权利义务，也涉及增资企业治理结构和工商变更，由新老股东和融资方三方共同签署增资协议比较好，这也是私募股权投资协议常用的做法。

6. 出具《增资凭证》并公告

32 号令规定，增资协议签订并生效后，产权交易机构应当出具交易凭证，通过交易机构网站对外公告结果，公告内容包括投资方名称、投资金额、持股比例等，公告期不少于 5 个工作日。

以北京产权交易所《国有企业增资操作规则》为例，增资协议生效后 5 个工作日内出具《增资凭证》。出具《增资凭证》后，北京产权交易所在网站对增资结果进行公告，公告内容包括：项目名称、投资方名称、投资金额、持股比例等，公告期不少于 5 日。

（三）交易后续阶段

1. 工商变更登记

增资企业持《增资凭证》及市场监管部门要求的其他文件办理股东变更登记。工商登记应当由融资方向工商登记主管部门申请，变更内容应包括注册资本、股东、出资额与股权比例等。

2. 办理入资手续

投资方应按照《增资协议》的约定按时足额将认缴的增资款项汇入增资企业指定账户（如设置保证金，则增资企业可直接划转至增资企业指定账户）。

3. 产权变动登记

增资企业应凭《增资凭证》、变更后的营业执照等文件及时办理国有资产产权登记的变动登记手续。

二、投资方资格条件设置

企业增资可以设置投资方资格条件，这是与企业产权转让的一个重大区别。根据32号令第36条的规定，企业增资应当制定增资方案，增资方案中需要明确“投资方应具备的条件、选择标准和遴选方式”。其法理基础在于，现有股东与新的投资方将共同作为增资企业的股东，需要充分考虑人合性，允许设置投资方资格条件，有利于维护增资企业人合性，促进增资企业未来更好发展。

投资方资格条件一般从主体资格、经营情况、财务状况、管理能力、资产规模、业务资源、竞争优势、商业信誉等方面进行合理设置。北京产权交易所《国有企业增资操作规则》第16条规定：“融资方可合理设置投资方资格条件，但不得有明确指向性或者违反公平竞争原则。”上海联合产权交易所《企业增资业务规则（试行）》第18条规定：“增资人在增资信息预公告或正式公告中，可根据自身需求，从市场、技术、管理、资源等方面对投资人的资格条件提出合理要求。”

投资方资格条件设置实例

北京产权交易所网站发布的某某房地产有限公司增资项目披露信息中，增资方对“投资方资格条件”设置（见表3－4）：

表3－4　投资方资格条件

投资方资格条件	（1）意向投资方应为在中国境内依法注册并有效存续的境内企业法人。意向投资方或其控股股东需为世界500强企业前300强（以《财富》杂志公布的2019年榜单为准）。 （2）意向投资方或其控股股东2018年经审计的合并报表口径的净资产不低于20亿元。 （3）意向投资方或其控股股东具有良好的商业信誉和支付能力，商业信用评级为AAA级（以中国人民银行认可的信用评级机构出具的有效期内评信证书为准）。 （4）意向投资方应符合国家法律、行政法规规定的其他条件

与企业产权转让程序确需设置受让方资格条件情形下的限制不同，32 号令并未对企业增资的投资方资格条件设置提出“不得有明确指向性或违反公平竞争原则”的要求，也没有要求“报同级国资监管机构备案”。对于企业产权转让，虽然没有“不得有明确指向性或违反公平竞争原则”的要求，也应当“合理设置”，北京、上海两个产权交易所交易规则都强调“合理”，这也是“公开公平公正”交易原则的要求。对于企业增资，无须单独报同级国资监管机构备案，但投资方资格条件属于增资方案的内容，与增资行为一起，需事前履行审批决策程序。

此外，投资方资格条件一经设置并正式公告，融资方不能增加新的条件。比如，上海联合产权交易所《企业增资业务规则（试行）》第 27 条就强调，未经信息公告的投资人资格条件不得作为确认或否定意向投资人资格的依据；增资人对意向投资人资格不予确认的，应当提供合理理由。当然，如果增资信息正式公告发布期满，没有征集到合格意向投资人的，融资方可以变更增资条件，并再次发布信息，进行新一轮信息披露。

三、增资条件设置

1. 增资条件主要内容

增资条件是增资方案的重要内容，也是信息披露重要内容之一。32 号令并未使用“增资条件”一词，但其关于信息披露内容的相关要求，可视为具体增资条件。北京产权交易所《国有企业增资操作规则》第 17 条规定，融资方应当根据增资目的，合理设置增资条件。增资条件一般包括：

（1）投资方投资金额、持股比例的要求；

（2）投资方占增资后企业的股权比例；

（3）出资方式及期限；

（4）投资方为融资方未来发展提供的资源或者支持；

（5）字号、经营资质和特许经营权等无形资产的后续安排；

（6）融资方职工安置方案、债权债务处置要求等其他增资条件。

在增资交易实践中，上述“（1）投资方投资金额、持股比例的要求”和“（2）投资方占增资后企业的股权比例”一般在信息披露公告“项目基本情况”中列示，“增资条件”一般涉及交易保证金设置、出资形式、尽职调查、意向投资方承诺、增资协议签署、付款方式及期限、是否接受联合体、是否接受“委托持股、信托计划、资产管理计划、契约型私募基金投资”、是否接受“业绩对赌、股权回购、反稀释条款、一票否决权”等条件。

增资条件设置实例

北京产权交易所网站发布的某电力交易中心有限公司增资项目披露信息中，“增资条件”设置（见表3－5）：

表3－5　增资条件

增资条件	1. 本次股权融资不接受联合体投资，不接受委托（含隐名委托）、资产管理计划、信托计划和契约型私募基金等投资。投资方须以自有资金出资，资金来源真实合法，货币为人民币，且增资价格不低于经备案的评估结果。 2. 意向投资方应在公告信息发布截止日17时前，将拟投资金额的30%交易保证金交纳至北交所指定账户（以到账时间为准），逾期未交纳保证金的，视为其放弃投资资格。 3. 本项目公告期即为尽职调查期，意向投资方提交投资申请并缴纳保证金后，即视为已完成对本项目的全部尽职调查，并已详细阅读且完全认可本项目所涉及审计报告等全部披露内容；并依据该等内容以其独立判断决定自愿全部接受公告之内容。 4. 意向投资方被融资方有权机构确定为投资方的，其交纳的保证金转为投资款的一部分，其余意向投资方所交纳的保证金在投资方确定后3个工作日内无息返还。 5. 本项目须经融资方股东对遴选结果确认后，方可进行签署《增资协议》等后续程序。 6. 意向投资方须对以下事项进行书面承诺：（1）本方同意在被有权批准机构确定为投资方后5个工作日内与融资方签署《增资协议》，并于《增资协议》签订之日起5个工作日内将除交易保证金外的剩余投资款一次性汇入北交所指定银行账户。（2）本方股权结构清晰，股东出资不存在瑕疵，近三年内信用记录良好，有良好的商业信誉、社会声誉和诚信记录，无违法违规记录，在经营期间内（最近36个月内）未因违法违规行为受到重大行政处罚，本方法定代表人/负责人无犯罪记录，且本方控股股东或实际控制人在最近36个月内未因违法违规行为受到刑事处罚和重大行政处罚，未因涉嫌犯罪被司法机关立案侦查或者涉嫌违法违规被相关部门立案调查。（3）本方同意北交所在出具交易凭证后3个工作日内，将增资

续表

	款划转至融资方指定账户。（4）本方接受增资方案的全部内容（《增资方案》置北交所备查）。(5) 本方成为融资方新股东后，接受新的法人治理结构安排及新的公司章程的各项规定（新的公司章程置北交所备查）。(6) 本方已充分了解融资方“不以营利为目的，无固定收入来源”的情况，为保障融资方未来的正常运营发展需要，本方同意按照出资比例承担保障融资方正常运营的资金投入义务。(7) 本方同意成为融资方新股东后，不以所持有的融资方股权对外质押或提供担保或设立股权信托，自工商变更完成之日起五年内不转让所持有的融资方股权。 7. 本次增资不接受关于业绩对赌、股权回购、反稀释条款、一票否决权。 8. 融资方有权对投资方的持股比例进行调整

2. 保证金设置

关于企业增资保证金，32 号令以及 32 号令出台前的 120 号文均无规定。考虑企业增资纳入进场交易是 32 号令新要求，120 号文关于企业产权转让可以设定交易保证金的规定，也可以适用于企业增资。即企业增资过程中，融资方可以设置保证金要求，保证金比例一般不超过拟投资额的 30%。

就产权交易机构交易规则而言，北京产权交易所《国有企业增资操作规则》规定“融资方可以在增资公告中提出交纳交易保证金的要求，并披露交易保证金的处置方式”，“意向投资方应按照《增资公告》要求，将保证金交纳至北交所指定账户，成为合格意向投资方；意向投资方未按规定交纳保证金的，视为放弃投资资格”。上海联合产权交易所《企业增资业务规则（试行)》规定，“意向投资人在获得资格确认后，应当按照《增资信息正式公告》要求，在规定的时间内，将保证金支付到联交所指定账户，成为合格意向投资人。意向投资人未按规定支付保证金的，视为退出本次增资活动”。天津、重庆两地的交易规则也作了同样规定。

对于企业增资保证金的比例，北京、上海、天津的交易规则均未明确，实践中一般参照产权转让关于保证金比例不超过 30% 的规定来设置。重庆联合产权交易所发布的《 企业增资业务规则》明确规定：“交易保证金交纳金额由增资企业自行设定，一般不超过拟募集资金总额的30%。”此外，有的企业增资项目在设置30%保证金基础上，还设置尽职调查保证金。

尽职调查保证金实例

上海联合产权交易所网站发布的某某有限公司增资项目披露信息中，在“增资条件”设置“尽职调查保证金”：

本项目公告期即为尽职调查期，意向投资方需到产权交易机构登记投资意向，提交加盖公章的营业执照、投资主体简介和签章的《尽职调查保密承诺函》，即可向产权交易机构查阅本项目备查文件；意向投资方有其他尽职调查需求的，应向增资人提出书面申请，并向增资人交纳尽职调查保证金人民币100万元后，可在增资人指定地点查阅相关文件，在本项目公告期间内对增资交易标的进行全面了解。意向投资方缴纳的尽职调查保证金在增资协议签订且无违约情况下3个工作日内无息原路返还。增资人在本项目资格确认前可以对意向投资人进行尽职调查，并确定其参与增资的意向投资方资格。

四、意向投资方遴选方式

根据32号令第42条的规定，通过资格审查的意向投资方数量较多时，可以采用竞价、竞争性谈判、综合评议等方式进行多轮次遴选。但对于如何通过竞价、竞争性谈判、综合评议方式进行遴选，32号令未作统一规定。

在实践中，部分产权交易机构结合相关规定，对上述遴选方式予以细化。本书结合上海联合产权交易所《企业增资业务规则（试行）》和《企业增资业务择优确定投资人操作流程（试行）》，就企业增资过程中遴选意向投资方采取竞价、竞争性谈判、综合评议3种方式的具体程序，作以简要说明（见图3－4）。

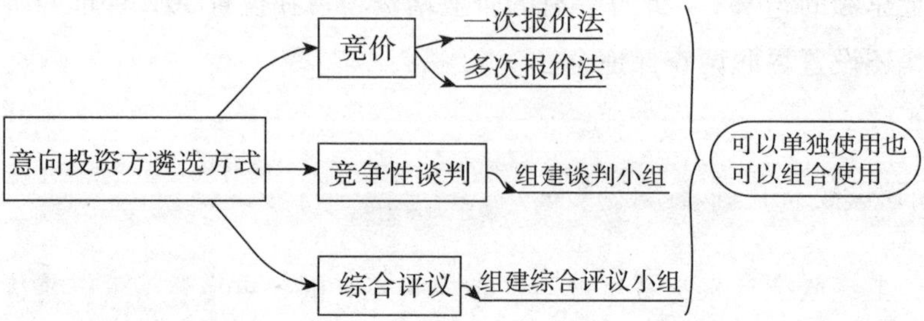

图3-4 意向投资方遴选方式

1. 竞价

竞价，是指在联交所的组织下，意向投资人接受融资方的增资条件，通过联交所的网络竞价系统等在规定时间内提交报价，以报价结果确定最终投资人的方式。

竞价方式分为一次报价法和多次报价法。一次报价法，是指合格意向投资人书面承诺接受《增资信息正式公告》规定的条件后，在规定的时间内通过联交所网络竞价系统等向联交所提交一次报价，由融资方根据报价结果，按照《择优方案》中载明的规则确定增资价格、最终投资人及其认购数量的方法。多次报价法，是指合格意向投资人书面承诺接受《增资信息正式公告》规定的条件后，在规定的报价时间内登录联交所网络竞价系统进行动态递增报价，由融资方根据报价结果，按照《择优方案》中载明的规则确定最终投资人、增资价格的方法。

合格意向投资人可以部分认购标的的，应采用一次报价法确定投资人；单一合格意向投资人须全额认购标的的，可以采用一次报价法或多次报价法确定投资人。联交所在收到增资人书面择优结果确认后3个工作日内向增资人及参加竞价活动的全部合格意向投资人发出《增资结果通知》。

2. 竞争性谈判

竞争性谈判，是指在联交所的组织下，组建由融资方代表及有关专家组成的谈判小组，经谈判小组分别与意向投资人进行谈判，并在谈判和意向投资人报价的基础上，择优确定最终投资人的方式。

联交所是竞争性谈判活动的组织者，并对竞争性谈判活动进行指导和协调。融资方负责组建谈判小组，并采取必要措施保证谈判过程及谈判小组评议过程在严格保密的情况下进行。

谈判小组由融资方代表和专家组成，成员为单数，其中专家的人数不得少于成员总数的1/3。谈判小组收到竞投文件后5个工作日内经联交所与各合格意向投资人约定谈判时间，谈判一般应在20个工作日内完成。谈判小组全体成员应当集中与合格意向投资人分别或同时进行谈判，并给予所有参加谈判的合格意向投资人平等的谈判机会。

谈判结束后，谈判小组应当要求所有参加谈判的合格意向投资人在规定时间内根据谈判结果提交最终报价（含认购价格、认购数量及其他承诺等内容）。谈判小组应根据谈判情况及合格意向投资人最终报价情况进行集中评议并编写评审报告，提出的最终投资人建议名单及理由。增资人应在收到评审报告后3个工作日内根据《择优方案》和评审报告确定增资价格、最终投资人及其认购数量等，并将择优结果及评审报告反馈联交所。

3. 综合评议

综合评议，是指在联交所的组织下，融资方按照增资信息正式公告中公布的权重分值体系，对意向投资人的竞投文件进行综合评定，择优确定最终投资人的方式。

联交所是综合评议活动的组织者，负责组建综合评议小组，并采取必要措施保证评议过程在严格保密的情况下进行。综合评议小组负责根据本操作流程及《择优方案》的规定开展综合评议，确保综合评议活动的合法规范、有序有效。

此外，上述3种遴选方式可以单独使用，也可以组合使用。《企业增资业务规则（试行）》第32条规定，融资方在增资信息公告中可以单独或组合选用竞价、竞争性谈判、综合评议等投资人择优确定方式，从而在投资人遴选方式和选择标准等方面赋予企业更多的自主权。

【核心法规】

《企业国有资产交易监督管理办法》（国资委、财政部令第32号）

第42条　通过资格审查的意向投资方数量较多时，可以采用竞价、竞争性谈判、综合评议等方式进行多轮次遴选。产权交易机构负责统一接收意向投资方的投标和报价文件，协助企业开展投资方遴选有关工作。企业董事会或股东会以资产评估结果为基础，结合意向投资方的条件和报价等因素审议选定投资方。

五、非公开协议方式增资的限制

与产权转让例外情形下可以采取非公开协议方式一样，企业增资也存在非公开协议方式例外情形。非公开协议方式增资存在以下两方面限制：

（一）适用范围限制

1. 经同级国资监管机构批准情形

（1）因国有资本布局结构调整需要，由特定的国有及国有控股企业或国有实际控制企业参与增资。

（2）因国家出资企业与特定投资方建立战略合作伙伴或利益共同体需要，由该投资方参与国家出资企业或其子企业增资。有观点认为，与特定投资方签署战略合作协议的相对方限定为国家出资企业（一级企业），子企业不能以自己与特定投资方签署战略合作协议为名进行非公开协议增资。

2. 经国家出资企业审议决策情形

（1）国家出资企业直接或指定其控股、实际控制的其他子企业参与增资。

（2）企业债权转为股权。为防止通过此种方式规避进场交易，有的地方对此情形特别关注。比如，重庆市国资委《关于贯彻〈企业国有资产交易监督管理办法〉有关问题的通知》（渝国资〔2018〕9号）强调："企业增资引入新股东应严格遵守投资者遴选程序，禁止为规避进场交易，通过先新增负债再实施债权转股权的方式引进投资者。"

（3）企业原股东增资。需要说明的是，原股东是否同比例增资在所不问。这一点与32号令第38条第2款"增资企业原股东同比例增资"才能免除资产评估的规定不同。

（二）特殊审核要求

对于非公开协议方式增资，32号令要求国资监管机构、国家出资企业应当审核以下文件：

（1）增资的有关决议文件；

（2）增资方案；

（3）采取非公开协议方式增资的必要性以及投资方情况；

（4）增资企业审计报告、资产评估报告及其核准或备案文件。其中属于第三十八条（一）、（二）、（三）、（四）款情形的，可以仅提供企业审计报告；

（5）增资协议；

（6）增资企业的国家出资企业产权登记表（证）；

（7）增资行为的法律意见书；

（8）其他必要的文件。

与进场增资程序相比，非公开协议方式增资特别增加了“（3）采取非公开协议方式增资的必要性以及投资方情况”和“（7）增资行为的法律意见书”，充分体现了严格限制非公开协议方式增资适用范围、严格审核非公开协议方式增资必要性和合法性的政策导向。

六、企业增资与产权转让流程的不同点

与企业产权转让相比，企业增资程序主要有以下几个不同点（见表3－6）：

表3－6　企业增资与企业产权转让对比

事项	企业增资	企业产权转让
信息披露时间	不少于40个工作日	不少于20个工作日
预披露	无强制性要求	因产权转让导致实际控制权发生转移的，应当进行信息预披露，预披露不少于20个工作日

续表

事项	企业增资	企业产权转让
资格条件	可以设置	原则上不能设置
遴选方式	竞价、竞争性谈判、综合评议	拍卖、招投标、网络竞价、动态报价
价款流向	从投资方进入融资方	从受让方流向转让方
交易价款支付期限	未设置	付款期限不得超过1年
交易凭证出具条件	增资协议签订并生效后	产权交易合同生效且受让方按约定支付交易价款后

1. 信息披露时间更长

根据32号令第39条规定，企业增资通过产权交易机构网站对外披露信息公开征集投资方，时间不得少于40个工作日。这比产权转让披露时间“不得少于20个工作日”的要求，多出20个工作日。

2. 不要求进行预披露

对于产权转让，32号令第13条规定，因产权转让导致转让标的企业的实际控制权发生转移的，转让方应当通过产权交易机构进行信息预披露，预披露不得少于20个工作日。

对于企业增资，无论是否引发实际控制权转移，都无须履行预披露程序。但在实践中，增资人也可以选择进行预披露。上海联合产权交易所《企业增资业务规则（试行）》规定，增资信息公告包括预公告和正式公告，但融资方认为正式公告条件成就的，可以直接申请增资信息正式公告。北京产权交易所《国有企业增资操作规则》在“受理增资申请”“发布增资信息”之前，单独设置“预披露增资信息”一章，并规定“融资方有信息预披露需求的，可以向北交所提出申请，进行信息预披露”。这些规定是为了让增资企业能够提前了解意向投资方对拟增资金额（含区间）、投资方资格条件设置等内容的意见，并根据预披露期间获取的意向投资方征询情况，完善增资方案并拟定增资信息正式公告。

39号文进一步明确，企业增资可采取信息预披露和正式披露相结合的方式，通过产权交易机构网站分阶段对外披露增资信息，合计披露时间不少于40个工作日，其中正式披露时间不少于20个工作日；信息预披露应当包括但不限于企业基本情况、产权结构、近3年审计报告中的主要财务指标、拟募集资金金额等内容。

3. 可以设置资格条件

产权转让原则上不能设置受让方资格条件，但企业增资可以设置投资方条件。根据32号令第36条的规定，明确“投资方应具备的条件、选择标准和遴选方式”，是增资方案的重要内容，这也是企业增资的一个重要特点。

4. 意向投资方遴选方式多样

产权转让中，如产生两家或两家以上的意向受让方的，竞价可以采取拍卖、招投标、网络竞价或动态报价以及其他竞价方式，现阶段一般采用网络竞价（多次报价）的交易方式，这种竞价方式属于价高者得，有利于市场价格发现功能。

增资扩股中，如产生两家或两家以上的意向投资方，则可以采用竞价、竞争性谈判、综合评议三种遴选方式择优选择最终的投资方。增资遴选方式一般采用竞争性谈判，由融资方根据项目具体情况组成谈判小组，分别与各合格意向投资方进行谈判，即一般不以价格为唯一决定因素，根据综合谈判结果和报价，择优选定投资方，这也是维护增资企业人合性、促进增资企业未来更好发展的需要。

5. 价款流向不同

产权转让中，转让方可以收回转让产权对应比例的投资，若采用产权加债权同时转让的模式，还可以收回债权，资金进入转让方账户。

增资扩股中，投资方将增资款直接汇入增资企业指定账户，超出对应注册资本部分计入资本公积。

6. 交易价款支付期限未作出明确要求

对于产权转让，32号令第28条要求“交易价款原则上应当自合同生效之日起5个工作日内一次付清”，“金额较大、一次付清确有困难的，可以采取分期付款方式”，但“付款期限不得超过

1年”。

7. 交易凭证出具条件不同

对于产权转让，要求“产权交易合同生效”且“受让方按照合同约定支付交易价款后”，产权交易机构才为交易双方出具交易凭证。

对于企业增资，“增资协议签订并生效后”①，产权交易机构就应当出具交易凭证，是否实缴出资在所不问，这也与32号令未对出资期限作出明确要求的规定相对应。

第三节　企业资产转让流程

一、企业资产转让基本流程

32号令第50条第2款规定：“企业资产转让的具体工作流程参照本办法关于企业产权转让的规定执行。”因此，本章第一节“企业产权转让流程”相关分析，原则上也适用于企业资产转让。本节仅将企业资产转让基本流程及特殊之处作简要分析，其他内容不再重复。

结合企业产权转让流程，企业资产转让基本流程如下（见图3－5）：

① 32号令对于何时签订增资协议，未提出明确时限要求。2009年120号文因不涉及企业增资，因而也未进一步明确企业增资过程中增资协议签订时限。对此，有的产权机构作了细化和补充，如上海联合产权交易所《企业增资业务规则（试行）》第34条规定，增资人一般应在收到《增资结果通知》后10个工作日内，按照增资信息公告约定的增资条件及增资结果，安排新老股东等共同签订增资协议。

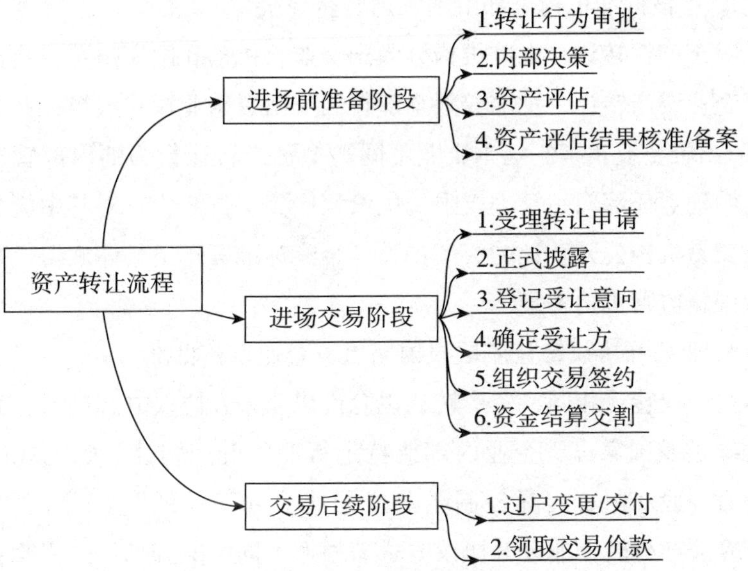

图3－5　资产转让流程

此外，根据32号令第48条之规定，涉及国家出资企业内部或特定行业的资产转让，确需在国有及国有控股、国有实际控制企业之间非公开转让的，由转让方逐级报国家出资企业审核批准。在此种情形下，交易双方直接签署资产转让合同，无须进场交易。

二、企业资产转让与产权转让的不同点

与企业产权转让相比，企业资产转让程序主要有以下几个不同点（见表3－7）：

表3－7　企业资产转让与企业产权转让对比

事项	企业资产转让	企业产权转让
审核批准	全部由国家出资企业审核批准	根据不同事项，分别由国资监管机构、国家出资企业审核批准
公告期	高于100万元低于1000万元，不少于10个工作日；高于1000万元，不少于20个工作日	不得少于20个工作日
价款支付	原则上一次性付清	可以分期支付

1. 审核批准机构全部由国家出资企业决定

对于产权转让，批准机构分为国资监管机构和国家出资企业。但对于企业资产转让，批准权限全部在国家出资企业这一层级，并要求“国家出资企业负责制定本企业不同类型资产转让行为的内部管理制度，明确责任部门、管理权限、决策程序、工作流程，对其中应当在产权交易机构公开转让的资产种类、金额标准等作出具体规定，并报同级国资监管机构备案”。

2. 非公开协议转让应层报国家出资企业审核批准

与产权转让相同，资产转让也允许以非公开协议方式进行，其条件是“涉及国家出资企业内部或特定行业的资产转让，确需在国有及国有控股、国有实际控制企业之间非公开转让的”。不同之处在于，企业产权转让非公开协议方式需根据不同情况分别报国资监管机构批准，或者报国家出资企业批准；资产非公开转让的，统一由国家出资企业审核批准。

3. 根据标的大小分别设置公告期

对于产权转让，无论价格多少，正式披露信息都不得少于 20 个工作日。但对于资产转让，根据资产转让底价高低，分别设置公告期：转让底价高于 100 万元、低于 1000 万元的资产转让项目，信息公告期应不少于 10 个工作日；转让底价高于 1000 万元的资产转让项目，信息公告期应不少于 20 个工作日。

4. 转让价款原则上一次性付清

32 号令第 52 条特别强调“资产转让价款原则上一次性付清”，虽然使用“原则上”这一弹性要求，但与产权转让明确可以分期付款的表述方法还是有区别的，体现了国资委对资产转让价款分期支付更加审慎和保守的态度。在实践中，如没有极为特殊的情形，资产转让价款都应当一次性付清。

但也有部分地方政府在明确“资产转让价款原则上一次性付清”的基础上，对分期付款情形作出明确规定。渝发 114 号文第 58 条规定：“资产转让价款原则上一次性付清。金额较大、一次付清确有困难的，可以采取分期付款方式。采用分期付款方式的，首期付款不得低于总价款的30%，并在合同生效之日起5个工作日内支付；其余款项应当提供转让方认可的合法有效足额担保，并按同期银行贷款利率支付延期付款期间的利息，付款期限不得超过1年。”重庆市上述政策中资产转让价款分期付款的表述，与32号令企业产权转让价款分期付款的要求是一致的。

第四节　国有资产交易中止和终结

一、中止和终结具体情形

32号令第56条规定：“国资监管机构发现转让方或增资企业未执行或违反相关规定、侵害国有权益的，应当责成其停止交易活动。”国资委120号文规定，产权交易中出现中止、终结情形的，应当在产权交易机构网站上公告。

对于具体何种情形应当中止、终结，上述规定并未予以明确。2004年发布的3号令第32条曾规定8种“国有资产监督管理机构或者企业国有产权转让相关批准机构应当要求转让方终止产权转让活动”，相对较为具体，但3号令于2017年年底被废止。因此，从部门规章和规范性文件层面，目前国家对中止、终结的具体情形并无明确的规定。

在产权交易实务中，上海市产权交易管理办公室制定了《上海市产权交易项目中止和终止暂行规定》（沪产管办〔2006〕50号）；北京产权交易所制定了《企业国有产权转让中止和终结操作细则》（以下简称《中止和终结操作细则》），可作为实践中处理上述情形的依据。以北京产权交易所《中止和终结操作细则》为例，主要内容有：

1. 中止情形

（1）转让标的存在权属不清、权属纠纷或者被有权机关查封、冻结等妨碍产权转让情形的；

（2）标的企业隐匿资产，审计、评估结果失真或资产状况、财务状况、经营状况发生重大变化影响继续转让的；

（3）转让方、标的企业未履行或者未按规定履行相应的内部决策程序、职工安置方案的审议程序、债权债务的处置程序、转让批准程序等，擅自转让产权的；

（4）转让方或标的企业的主体资格存在瑕疵或提供的材料虚假、失实或不完整的；

（5）转让方在产权转让过程中，对北京产权交易所要求其作为的事项不作为或违规作为的；

（6）管理层及其关联方受让国有产权，不符合法律法规相关要求的；

（7）意向受让方在参与受让产权的过程中弄虚作假，恶意串通，对转让方、北京产权交易所工作人员或其他相关人员施加影响，扰乱交易活动的正常秩序，影响转让活动的公正性的；

（8）影响转让进程的其他事项。

2. 终结情形

（1）标的企业主要资产因不可抗力毁损、灭失的；

（2）转让方或标的企业解散、注销的；

（3）转让方或受让方无故不推进产权转让进程，经北京产权交易所催办仍不作为的；

（4）自首次信息披露公告之日起12个月内未征集到合格意向受让方的；

（5）国有产权转让过程中，涉嫌侵犯国有资产合法权益，国有资产监督管理机构要求终结的；

（6）经确认产权转让活动无法继续实施的其他情形。

二、中止和终结相关程序

仍以《中止和终结操作细则》为例，主要程序有：

1. 申请

转让方、意向受让方或其他相关主体认为产权转让过程中存在前述中止、终结情形的，可以作为申请人向北京产权交易所提出申请；产权转让过程中北京产权交易所认为有必要中止或终结产权转让程序的，也可以直接作出中止、终结决定。

申请人提交中止或者终结申请，应当提供相关证据和事由说明，并对提交申请的内容及材料的真实性、有效性负责。

2. 受理及决定

北京产权交易所在收到申请后，应当审查申请材料的齐全性、完整性，必要时向相关方进行核实，并在相关情况审核、核实完毕之日起5个工作日内决定是否中止或者终结。

北京产权交易所决定中止或者终结产权转让的，应当及时向相关方出具中止决定书或者终结决定书，并在网站上予以公告。北京产权交易所作出不予中止或者终结决定的，应当书面通知申请人。

北京产权交易所在受理中止或终结申请，作出中止或终结决定过程中以及中止期间，可以进行调查核实、组织调解，以维护正常的交易秩序。

3. 中止期限

中止期限由北京产权交易所根据转让项目具体情况确定，一般不超过30日。中止期限届满后中止情形尚未消除的，北京产权交易所可以延长中止期限。导致交易活动不能按规定程序正常实施的情形消除后，北京产权交易所应当尽快恢复交易，并出具书面意见。交易各方在中止期限届满后仍未能消除致使中止的情形的，北京产权交易所可以作出产权转让终结的决定。

转让项目在信息披露公告期间中止的，恢复交易后的继续公告时间不得少于10个工作日，在北京产权交易所网站上的累积公告时间不得少于20个工作日。

4. 责任承担

因转让方、意向受让方或其他相关主体违规造成产权转让中止或终结的，违规方应当承担相应责任，造成经济损失的，应当赔偿。

需要说明的是，虽然北京产权交易所制定的是《中止和终结操作细则》，适用对象是“企业国有产权转让”，但对企业增资、企业资产转让具有重要参考价值，实践中也可参照适用该细则。

【核心法规】

《企业国有资产交易监督管理办法》（国资委、财政部令第32号）

第56条 国资监管机构发现转让方或增资企业未执行或违反相关规定、侵害国有权益的，应当责成其停止交易活动。

第四章

国有资产交易合同

国有资产交易虽然具有特殊性，但本质仍属于民事法律行为。以合同形式固定国有资产交易成果进而赋予法律效力，对于交易双方具有重要意义。在产权交易机构示范文本基础上，签订一份内容完备、形式规范的交易合同，确保交易目的顺利实现，是一项专业性较强的技术工作。

第一节 交易合同主要内容

一、合同必备条款

“转让方与受让方应当签订产权交易合同”，是企业产权转让程序中一个核心环节，关乎转让方和受让方的切身利益。通过交易合同，一方面，及时将双方就交易达成的合意固定下来并对双方产生法律约束力；另一方面，这也是履行交割手续、出具交易凭证、办理变更登记手续时需要提供的必备文件。因此，签订一份内容完备、形式规范的交易合同，确保交易目的顺利实现，对于转让方和受让方具有重要意义。

合同条款即合同的内容，是对合同当事人权利义务的具体规定。从理论上讲，合同条款分为必备条款和非必备条款。合同必备条款，是指根据合同的性质和当事人的约定所必须具备的条款，缺少这些条款将影响合同的成立。非必备条款，是指根据合同的性质在合同中不是必须具备的条款，缺少这些条款并不影响合同的成立。

1981 年制定的《经济合同法》和 1985 年制定的《涉外经济合同法》曾规定必备条款。但 1999 年实施的《合同法》未采用必备条款，而是明确合同内容由当事人约定。原《合同法》第 12 条规定：“合同的内容由当事人约定，一般包括以下条款：（一）当事人的名称或者姓名和住所；（二）标的；（三）数量；（四）质量；（五）价款或者报酬；（六）履行期限、地点和方式；（七）违约责任；（八）解决争议的方法。当事人可以参照各类合同的示范文本订立合同。”立法者认为，设立必备条款或者主要条款的做法对合同成立施加一些不必要的限制，也导致司法实践中认定合同是否成立的难度增加。原《合同法》采用了“一般包括以下条款”的提法，这些一般包括的条款只是起合同示范条款作用，并不是作为合同成立必须具备主要条款这个成立要件。

《民法典》沿用原《合同法》的规定，也未采用必备条款，第 470 条规定：“合同的内容由当事人约定，一般包括下列条款：

（一）当事人的姓名或者名称和住所；（二）标的；（三）数量；（四）质量；（五）价款或者报酬；（六）履行期限、地点和方式；（七）违约责任；（八）解决争议的方法。当事人可以参照各类合同的示范文本订立合同。”

产权交易合同属于合同的一种，当然受《民法典》合同编的约束。从法律层面来看，产权交易合同并不具有所谓的必备条款或者主要条款。根据《合同法司法解释（二）》的规定，当事人对合同是否成立存在争议，人民法院能够确定当事人名称或者姓名、标的和数量的，一般应当认定合同成立。因此，从法理上来看，产权交易合同只要具备“当事人名称或者姓名、标的和数量”这三项内容，就可以成立。但这样的合同既不能确认双方交易成果，也容易引发纠纷，在实践中是不可行的。

产权交易合同属于商事合同，具有效率优先的价值取向，客观上要求此类合同必须有完备的内容、规范的形式，以促进交易、避免纠纷。2004 年实施的 3 号令曾对企业国有产权转让合同“必备条款”作了规定。

【核心法规】

《企业国有产权转让管理暂行办法》（国资委、财政部令第 3 号）

第 19 条 企业国有产权转让合同应当包括下列主要内容：

（一）转让与受让双方的名称与住所；

（二）转让标的企业国有产权的基本情况；

（三）转让标的企业涉及的职工安置方案；

（四）转让标的企业涉及的债权、债务处理方案；

（五）转让方式、转让价格、价款支付时间和方式及付款条件；

（六）产权交割事项；

（七）转让涉及的有关税费负担；

（八）合同争议的解决方式；

（九）合同各方的违约责任；

（十）合同变更和解除的条件；

（十一）转让和受让双方认为必要的其他条款。

转让企业国有产权导致转让方不再拥有控股地位的，在签订产权转让合同时，转让方应当与受让方协商提出企业重组方案，包括在同等条件下对转让标的企业职工的优先安置方案。

3 号令使用“应当包括下列主要内容”的表述，意味着所列主要内容是企业国有产权转让合同的必备条款。虽然 3 号令于 2017 年年底失效，2016 年 6 月实施的 32 号令又没有涉及此项内容，但国资委 120 号文第 35 条作了类似规定。

【核心法规】

《企业国有产权交易操作规则》（国资发产权〔2009〕120 号）

第 35 条　产权交易合同条款包括但不限于：

（一）产权交易双方的名称与住所；

（二）转让标的企业的基本情况；

（三）产权转让的方式；

（四）转让标的企业职工有无继续聘用事宜，如何处置；

（五）转让标的企业的债权、债务处理；

（六）转让价格、付款方式及付款期限；

（七）产权交割事项；

（八）合同的生效条件；

（九）合同争议的解决方式；

（十）合同各方的违约责任；

（十一）合同变更和解除的条件。

在实践中，第 35 条所列 11 项内容已成为产权交易合同的“必备条款”。北京产权交易所《企业国有产权转让组织交易签约操作细则》第 8 条、上海联合产权交易所《企业国有产权转让组织交易签约操作细则》第 8 条与 120 号文第 35 条的规定完全相同。按照 120 号文第 36 条的规定，产权交易机构应当依据法律法规的相关规定，按照产权转让公告的内容以及竞价交易结果等，对产权交易合同进行审核，对于缺乏“必备条款”的交易合同，交易机构在审核过程中一般都要求补充。

上述关于产权交易合同必备条款的分析，同样适用于资产转让合同，从本质来讲，二者都属于买卖合同。根据《民法典》第596条，买卖合同的内容一般包括标的物的名称、数量、质量、价款、履行期限、履行地点和方式、包装方式、检验标准和方法、结算方式、合同使用的文字及其效力等条款。

关于增资协议的内容，32号令、国资委规范性文件无明确规定。北京、上海、天津、重庆4个直辖市中，仅有2017年3月29日实施的重庆联合产权交易所《企业增资业务规则》对增资协议内容作了规定。根据该业务规则第25条的内容，增资协议包括但不限于增资信息正式公告的主要内容，一般包括：

（1）增资有关各方的名称与住所；

（2）增资企业的基本情况；

（3）出资方式、投资比例、投资金额、支付方式及时间；

（4）增资涉及的增资企业职工安置事项；

（5）增资涉及的增资企业债权、债务处理方案；

（6）协议生效条件、争议的解决方式、各方的违约责任及协议变更和解除条件；

（7）其他内容。

二、示范合同的性质

示范合同是根据专业法规、商业习惯等确立的，为当事人订立合同提供参考的合同文本。制定示范合同对于引导合同当事人完善合同条款、明确当事人权利义务、减少因当事人欠缺合同法律知识而产生纠纷具有重要意义。《民法典》第470条第2款规定，“当事人可以参照各类合同的示范文本订立合同”。

实践中，示范合同既有政府部门制作的，也有社会机构制作的。对于企业国有资产交易而言，交易机构一般都会制定交易合同示范文本，供当事人选择采用。以北京产权交易所为例，制定了《产权交易合同》示范文本、《实物资产交易合同》示范文本等。

需要明确的是，示范合同不是格式合同，示范合同内容也不是格式条款。虽然在预先拟定、重复使用、发挥便利交易功能方面，二者有相同之处，但在与对方协商、允许修改方面存在重大区别，这决定着二者具有不同的法律性质。

《民法典》第496条第1款规定："格式条款是当事人为了重复使用而预先拟定，并在订立合同时未与对方协商的条款。"基于格式条款的订立程序并未通过磋商谈判，交易对象只能选择接受或不接受合同条款，不能与格式条款提供方讨价还价，法律对格式条款的订立和效力认定作了特殊限制。根据《民法典》第496条、第497条、第498条，采用格式条款订立合同的，提供格式条款的一方应当遵循公平原则确定当事人之间的权利和义务，并采取合理的方式提示对方注意免除或者减轻其责任等与对方有重大利害关系的条款，按照对方的要求，对该条款予以说明。提供格式条款的一方未履行提示或者说明义务，致使对方没有注意或者理解与其有重大利害关系的条款的，对方可以主张该条款不成为合同的内容。格式条款和非格式条款不一致的，应当采用非格式条款。提供格式条款的一方不合理地免除或者减轻其责任、加重对方责任、限制对方主要权利，或者排除对方主要权利的，该格式条款无效。对格式条款的理解发生争议的，应当按照通常理解予以解释。对格式条款有两种以上解释的，应当作出不利于提供格式条款一方的解释。①

---

① 在格式条款订立方面，原《合同法》第39条第1款也规定："采用格式条款订立合同的，提供格式条款的一方应当遵循公平原则确定当事人之间的权利和义务，并采取合理的方式提请对方注意免除或者限制其责任的条款，按照对方的要求，对该条款予以说明。"在格式条款效力认定上，原《合同法》第41条规定："对格式条款的理解发生争议的，应当按照通常理解予以解释。对格式条款有两种以上解释的，应当作出不利于提供格式条款一方的解释。格式条款和非格式条款不一致的，应当采用非格式条款。"《合同法司法解释（二）》第9条规定："提供格式条款的一方当事人违反合同法第三十九条第一款关于提示和说明义务的规定，导致对方没有注意免除或者限制其责任的条款，对方当事人申请撤销该格式条款的，人民法院应当支持。"第10条规定："提供格式条款的一方当事人违反合同法第三十九条第一款的规定，并具有合同法第四十条规定的情形之一的，人民法院应当认定该格式条款无效。"《民法典》基本上与原《合同法》和司法解释一致。

交易合同示范合同只是交易机构为当事人提供的参考文本，对示范合同具体内容，当事人可以根据实际情况修改。以北京产权交易所《产权交易合同》示范文本为例，该示范文本在“合同使用须知”第一项中就明示：“合同条款均为示范性条款，仅供产权交易各方当事人选择采用。当事人可按照实际情况在本合同文本基础上修改、调整或补充。”第八项进一步强调：“北京产权交易所郑重声明：本合同系示范文本，仅供在本交易所进行产权交易的双方根据其实际情况选择使用。”

因此，企业国有资产交易示范合同仅供当事人参考使用，内容不是格式条款，不适用《民法典》及原《合同法》有关格式条款方面的规定。合同签订过程中，交易双方都无相互提示及说明义务，对交易合同内容发生争议的，也不适用格式条款的解释规则。

第二节　交易合同示范文本

一、产权转让合同示范文本①

合同编号：

产权交易合同

（示范文本 G320220601）

（适用于整体产权或控股股权转让）

标的企业：________________________________

北京产权交易所制

2022 年 6 月

① 来源于北京产权交易所网站：http://www.cbex.com.cn/gz/xgxz/cqzr/。

合同使用须知

一、本合同文本是根据《中华人民共和国民法典》、《中华人民共和国公司法》、《中华人民共和国企业国有资产法》、《企业国有资产交易监督管理办法》和北京产权交易所（以下简称“北交所”）相关交易规则制定的示范文本。合同条款均为示范性条款，仅供产权交易各方当事人选择采用。当事人可按照实际情况在本合同文本基础上修改、调整或补充。

二、为更好地维护合同各方当事人的权益，签订时应当慎重，力求具体、严密。对于不涉及本合同条款所述情形的事项，可用“本合同不适用此条款”表示，或直接删除有关条款（如对于产权转让方式、转让价款支付方式等相关条款，请选择填写，不适用的删除；对于转让方不披露《资产评估报告书》的，应当相应调整合同中资产评估报告相关内容）。

三、转让方：指持有标的企业的产权或股权（股份）并能够依法转让产权或股权（股份）的法人、自然人或者其他组织。

四、受让方：指以有偿方式依法受让产权或股权（股份）的法人、自然人或者其他组织。当事人为自然人的，应在当事人概况中填写姓名及身份证号码。

五、产权交易：是指出资人或股东对所持有的标的企业的产权或股权（股份）的有偿转让行为。

六、转让标的：是指产权交易所指向的对象，指能够依法进行交易的有限责任公司、股份有限公司，非公司制企业及其他组织的全部或者部分产权、股权（股份）或其他资本性权益。

七、标的企业：是指转让方因其出资所享有的产权或股权（股份）依存的载体，即转让方自行或与他人合资设立的有限责任公司、股份有限公司、非公司制企业等。

八、北京产权交易所郑重声明：本合同系示范文本，仅供在本交易所进行产权交易的双方根据其实际情况选择使用。本交易所不因制作和/或提供本示范文本而承担任何保证义务，包括但不限于保证本合同范本条款内容完备、保证交易双方签约目的真实、保证交易双方的签约主体资格适格、保证交易双方为签订本合同而做出的声明及承诺以及提供的文件资料真实准确等一切保证责任。

转让方（以下简称甲方）：

住所地：

法定代表人：

电话：　　　　　　　　　　　　　　　　邮编：

受让方（以下简称乙方）：

住所地：

法定代表人：

电话：　　　　　　　　　　　　　　　　邮编：

鉴于：

1. 甲方为于______年____月____日依中国法律设立并合法存续的民事主体，为*（一级公司名称）*所属企业，统一社会信用代码：______________________________；

2. 本合同所涉及之标的企业*（标的企业名称）*（下称“标的企业”）是合法存续的、并由甲方合法持有*____%股权（或整体产权；或______股份）（请据实选择填写，不适用的删除，下同）*的企业，统一社会信用代码：__________________；

3. 乙方为依据____国法律依法设立并合法存续的*（性质）*的企业或机构，统一社会信用代码（或注册号）：______________；

或：乙方为____国合法公民，身份证或护照号码：________。

4. 甲方拟转让其合法持有的标的企业的*____%股权（或整体产权；或______股份）*（下称“转让标的”）；乙方拟收购上述

转让标的。

根据《中华人民共和国民法典》、《中华人民共和国公司法》、《中华人民共和国企业国有资产法》和《企业国有资产交易监督管理办法》等相关法律、法规、规章的规定，甲乙双方遵循自愿、公平、诚实信用的原则，经友好协商，就甲方向乙方转让其拥有的转让标的相关事宜达成一致，签订本产权交易合同（以下简称“本合同”）如下：

第一条　定义与释义

除非本合同中另有约定，本合同中的有关词语含义如下：

1.1　转让方：是指(民事主体名称)，即甲方。

1.2　受让方：是指(民事主体名称)，即乙方。

1.3　北交所：是指承担产权交易的场所及其主体北京产权交易所有限公司（以下简称“北交所”）。

1.4　产权转让：是指甲方将其持有的转让标的转让给乙方。

1.5　转让价款：本合同下甲方就本次转让，自乙方获得的对价。

1.6　重大不利影响：是指在标的企业的财务或业务、资产、财产、收益及前景中发生的，依据合理预计，单独或共同将导致任何改变或影响，而该等改变或影响会对（i）历史的、近期或长期计划的业务、资产、财产、经营结果、标的企业的状况（财务或其他）及前景，（ii）各方完成本合同下拟进行的交易，（iii）标的企业的价值，（iv）或转让方完成本合同下交易或履行其在本合同下义务的能力等，产生重大不利影响。

1.7　评估基准日：指甲方委托具有合法资质的评估机构进行评估并出具的《资产评估报告书》的基准日，指____年____月____日。

1.8　保证金：指在本合同签订前，乙方按照甲方及产权转让信息披露公告要求，支付至北交所指定账户的、作为乙方提出受让意向及/或参加竞价的担保，并表明其资信状况及履约能力的＿＿＿＿＿万元人民币交易保证金。

1.9 审批机关：指中华人民共和国商务部、中国证券监督管理委员会等依法律、法规规定具有审批权限的机关或其他主管部门。

1.10 登记机关：指市场监督管理部门或其他主管部门；

1.11 产权/股权转让完成：是指甲乙双方将产权或股权转让事宜记载于股东名册，按照规定办理完毕所需变更登记手续。

1.12 产权交易费用：指转让方和/或受让方或标的企业就转让或谈判、准备、签署本合同和/或本合同下的任何文件、或履行、完成本合同下交易而发生的，包括取得必要或适当的任何政府部门或第三方的豁免、同意或批准而发生的费用及支出，以及交易服务费用等所有支出和费用的总额。

1.13 产权交易凭证：指北交所为产权交易各方出具的证明企业国有产权通过北交所履行相关程序后达成交易结果的凭证。

除非另有明确规定，在本合同中，应适用如下解释规则：

1.14 期间的计算：如果根据本合同拟在某一期间之前、之中或之后采取任何行动或措施，在计算该期间时，开始的当日不计入，自下一日开始计算。如果该期间最后一日为非营业日，则该期间应顺延至随后的第一个营业日终止。

1.15 货币：在本合同中，凡提及 RMB 或人民币时均指中国法定货币。凡提及 $ 或美元时均指美国法定货币。

1.16 包括：指包括但不限于。

第二条 产权转让标的

2.1 本合同转让标的为甲方所持有的标的企业的＿＿＿%股权（或整体产权；或＿＿＿股份）。

2.2 甲方就其持有的标的企业股权（股份）所认缴的出资已经全额缴清。

或：甲方就其持有的标的企业股权（股份）所认缴的出资_____元人民币（*或其他币种*），已经缴清_____元人民币（*或其他币种*）；其余尚未缴纳的出资，按照出资人协议及章程规定，应于____年____月____日缴足。（*据实填写，无则删除*）

2.3 转让标的上未作过任何形式的担保，包括但不限于在该转让标的上设置质押、或任何影响产权转让或股东权利行使的限制或义务。转让标的也未被任何有权机构采取查封等强制性措施。

或：转让标的已于____年____月____日，因__________质押给__________公司，本次转让行为已经获得质押权人的书面同意或认可。（*据实填写，无则删除*）

第三条 标的企业

3.1 本合同所涉及之标的企业是合法存续的、并由甲方合法持有____%股权的有限责任公司（*或甲方合法持有____股份的股份有限公司；或整体产权的全民所有制企业*），具有独立的企业法人资格。

3.2 标的企业拥有在下列范围内经营的、合法的批准或许可文件（*根据许可文件填写，无则删除*）：

（1）______________________________；

（2）______________________________；

（3）______________________________。

3.3 标的企业拥有如下不动产权证（*根据证书内容据实填写，无则删除*）：

证号：____________________；

坐落：______省（市）______区（县）__________；

权利类型：__________________；

权利性质：__________________；

用途：____________________；

面积：____________________。

3.4 标的企业拥有下列固定及非固定资产的所有权（*据实填

写，无则删除）：

标的企业厂房内所有的机器、设备、设施、产品、在产品（包括设备资料及所有标的企业的档案资料、备品备件、办公用品）等。

3.5 标的企业拥有下列知识产权或无形资产（*据实填写，无则删除*）：

（1）____；

（2）____；

（3）____。

上述标的企业拥有的知识产权上，没有未经披露或遗漏的任何知识产权许可。

（4）标的企业拥有下述他方授予的知识产权许可（*据实填写，无则删除*）：

____；

____。

3.6 标的企业的全部资产经拥有评估资质的*（评估机构名称）*评估，出具了以____年____月____日为评估基准日的______号《资产评估报告书》。

3.7 标的企业不存在《资产评估报告书》中未予披露或遗漏的、可能影响评估结果，或对标的企业及其产权价值产生重大不利影响的事项。

3.8 标的企业依照实际情况将相关的权属证书、批件、财务报表、资产清单、档案资料、印章印鉴、建筑工程图表、技术资产等文件资料编制《财产及资料清单》。

3.9 甲乙双方在标的企业拥有上述资产及《资产评估报告书》评估结果的基础上达成本合同各项条款。

第四条 产权转让方式

（根据实际情况选择下列转让方式填写，不适用的删除）

本合同项下产权交易已于____年____月____日经北交所公开

发布产权转让信息披露公告，公告期间只产生乙方一个意向受让方，由乙方受让本合同项下转让标的。

或：本合同项下产权交易已于____年____月____日经北交所公开发布产权转让信息披露公告，公告期间产生____个意向受让方。北交所于____年____月____日以*网络竞价方式（或拍卖方式、招投标等其他竞价方式）*组织各意向受让方竞价，由乙方受让本合同项下转让标的。

或：本合同项下产权交易已于____年____月____日经北交所公开发布产权转让信息披露公告并以动态报价方式组织实施竞价，由乙方受让本合同项下转让标的。

或：本合同项下产权交易已于____年____月____日获得*（有权批准机构名称）*批准，采取非公开协议转让方式由乙方受让本合同项下转让标的。

或：本合同项下产权交易已于____年____月____日经北交所公开发布产权转让信息披露公告，公告期间产生____个意向受让方。标的企业原股东乙方行使优先购买权成为受让方，受让本合同项下转让标的。

第五条　产权转让价款及支付

5.1　转让价格

根据*公开信息披露结果（或公开竞价结果；或非公开协议转让之批准文件）*，甲方将本合同项下转让标的以人民币（大写）________万元〖即：人民币（小写）________万元〗转让给乙方。

乙方按照甲方及产权转让信息披露公告要求支付的保证金，于乙方按照本合同约定支付保证金外剩余转让价款后，折抵为转让价款的一部分。

5.2　计价货币

上述转让价款以人民币作为计价单位。

以外币支付转让价款的，以乙方支付转让价款前一日中国人

民银行公布的人民币与外币买入价和卖出价的中间价为汇兑牌价，确定乙方应向甲方支付的外币金额。乙方逾期支付转让价款的，应付转让价款最后一日与逾期支付日期间的汇率风险，由乙方承担。（据实选择，不适用则删除）

5.3　转让价款支付方式

乙方采用一次性付款方式，将转让价款在本合同生效后____个工作日内汇入北交所指定的结算账户。

或：乙方采用分期付款方式，将转让价款中的____%（不低于30%，含保证金）即：人民币（小写）____________万元，在本合同生效后____个工作日内汇入北交所指定结算账户；剩余价款人民币（小写）____________万元，应按同期银行贷款利率计算延期付款期间的利息且在本合同生效后____日内（不超过1年）一并付清。对于剩余价款乙方应提供甲方认可的合法有效担保。（具体见担保合同或担保文件）

第六条　产权转让的交割事项

6.1　甲、乙双方应履行或协助履行向审批机关申报的义务，并尽最大努力，配合处理任何审批机关提出的合理要求和质询，以获得审批机关对本合同及其项下产权交易的批准。

6.2　本合同项下的产权交易获得北交所出具的产权交易凭证后____个工作日内，甲方应促使标的企业办理股权变更登记手续，乙方应给予必要的协助与配合。

6.3　如标的企业中存在使用甲方或所属国家出资企业及其各级子企业字号、经营资质和特许经营权等无形资产的，乙方应当在获得北交所出具的产权交易凭证后____个工作日内，办理名称变更登记并承诺不继续使用上述字号、经营资质和特许经营权等无形资产，不继续以国家出资企业子企业名义开展经营活动。

6.4　双方应商定具体日期、地点，办理有关产权转让的交割事项。甲方应按照标的企业编制的《财产及资料清单》与乙方进行交接。甲方对其提供的上述材料的完整性、真实性，所提供材料与标的企业真实情况的一致性负责，并承担因隐瞒、虚报所引起的一切法律责任。

6.5 甲方应在______期限内，将标的企业的资产、控制权、管理权移交给乙方，由乙方对标的企业实施管理和控制。

6.6 甲乙双方按照标的企业现状进行交割，乙方在签署本合同之前，已对标的企业是否存在瑕疵及其实际情况进行了充分地审慎调查。本合同签署后，乙方即表明已完全了解，并接受标的物的现状，自行承担交易风险。

6.7 本合同签署之日起至标的企业交割完成期间内，甲方对标的企业及其资产负有善良管理义务。甲方应保证和促使标的企业在该期间内的正常经营，标的企业在该期间内出现任何重大不利影响的，甲方应及时通知乙方并作出妥善处理。

第七条 产权交易费用的承担

本合同项下产权交易过程中所产生的产权交易费用，依照有关规定由甲乙双方各自承担。

或：本合同项下产权交易过程中，甲方应承担以下费用：________________________；乙方应承担以下费用：________________________*（据实填写，无则删除）*。

第八条 未缴纳出资的责任承担（已缴足出资的不适用）

8.1 根据前述第2.2条，甲方就其持有的股权（股份）在标的企业所认缴出资________元人民币*（或其他币种）*，尚有________元人民币*（或其他币种）*未缴足，依据出资人协议及章程规定，应于____年____月____日缴纳。就此，甲方已如实披露。

8.2 乙方受让甲方所转让股权（股份）的同时，即继受在章程规定的未来时日缴足上述出资的义务。

8.3 本合同约定之转让价款是在乙方承担缴足出资义务的基础上确定的产权转让价款。

第九条 职工安置方案

9.1 标的企业的职工情况：

在职职工：

离退休职工：

9.2　标的企业的职工由甲方依据《___*（企业名称）*___职工安置方案》的规定负责妥善安置。（或：标的企业与职工继续履行劳动合同。）

9.3　上述《___*（企业名称）*___职工安置方案》已经标的企业____年____月____日召开的第____届第______次职工大会（或职工代表大会）讨论通过。

第十条　甲方的声明与保证

10.1　甲方对本合同项下的转让标的拥有合法、有效和完整的处分权；

10.2　为签订本合同之目的向乙方及北交所提交的各项证明文件及资料均为真实、准确、完整的；

10.3　签订本合同所需的包括授权、审批、公司内部决策等在内的一切手续均已合法有效取得；

10.4　转让标的未设置任何可能影响产权转让的担保或限制。

或：就转让标的上设置的可能影响产权转让的任何担保或限制，甲方已取得有关权利人的同意或认可*（据实选择，不适用则删除）*。

第十一条　乙方的声明与保证

11.1　乙方受让本合同项下转让标的符合法律、法规的规定，并不违背中国境内的产业政策；

11.2　为签订本合同之目的向甲方及北交所提交的各项证明文件及资料均为真实、准确、完整的；

11.3　签订本合同所需的包括授权、审批、公司内部决策等在内的一切批准手续均已合法有效取得。

第十二条　违约责任

12.1　本合同生效后，任何一方无故提出解除合同，均应按照本合同转让价款的____%向对方一次性支付违约金，给对方造成损失的，还应承担赔偿责任。

12.2 乙方未按合同约定期限支付转让价款的，应向甲方支付逾期付款违约金。违约金按照延迟支付期间应付未付价款的每日万分之____计算。逾期付款超过____日，甲方有权解除合同并要求扣除乙方支付的保证金，扣除的保证金首先用于支付北交所应收取的各项服务费，剩余款项作为对甲方的赔偿，不足以弥补甲方损失的，甲方可继续向乙方追偿。

12.3 甲方未按本合同约定交割转让标的的，乙方有权解除本合同，并要求甲方按照本合同转让价款总额的____%向乙方支付违约金。

12.4 标的企业的资产、债务等存在重大事项未披露或存在遗漏，对标的企业可能造成重大不利影响，或可能影响产权转让价格的，乙方有权解除合同，并要求甲方按照本合同转让价款总额的____%承担违约责任。

乙方不解除合同的，有权要求甲方就有关事项进行补偿。补偿金额应相当于上述未披露或遗漏的资产、债务等事项可能导致的标的企业的损失数额中转让标的对应部分。

12.5 乙方及标的企业违反6.3条约定的，应当在收到甲方通知后____个工作日内改正，且乙方应当按照本合同转让价款总额的____%向甲方支付违约金。

第十三条 合同的变更和解除

13.1 当事人双方协商一致，可以变更或解除本合同。

13.2 发生下列情况之一时，一方可以解除本合同。

（1）由于不可抗力或不可归责于双方的原因致使本合同的目的无法实现的；

（2）另一方丧失实际履约能力的；

（3）另一方严重违约致使不能实现合同目的的；

（4）另一方出现本合同所述可以单方解除合同情形的。

13.3 变更或解除本合同均应采用书面形式，并报北交所备案。

第十四条 管辖及争议解决方式

14.1 本合同及产权交易中的行为均适用中华人民共和国法律。

14.2 有关本合同的解释或履行，当事人之间发生争议的，应由双方协商解决；协商解决不成的，按下列第<u>（任选一种）</u>种方式解决：

（1）提交____________________仲裁委员会仲裁；

（2）依法向____________________人民法院起诉。

第十五条 合同的生效

除需要依据法律、行政法规规定报审批机构批准后才能生效的情况以外，本合同自甲乙双方盖章且法定代表人或授权代表签字之日起生效。

第十六条 其他

16.1 双方对本合同内容的变更或补充应采用书面形式订立，并作为本合同的附件。本合同的附件与本合同具有同等的法律效力。

16.2 乙方在受让转让标的过程中依照产权转让信息披露公告要求，递交的承诺函等文件为本合同不可分割的组成部分，与本合同具有同等法律效力。

16.3 本合同一式____份，甲、乙双方各执____份，北交所留存壹份用于备案，其余用于办理产权交易的审批、登记使用。

转让方（甲方）： 受让方（乙方）：

（盖章） （盖章）

法定代表人
或授权代表（签字）：

法定代表人
或授权代表（签字）：

签约地点：

签约时间： 年 月 日

二、增资协议示范文本①

合同编号：

增 资 协 议

天津产权交易中心有限公司监制

① 来源于天津产权交易中心网站：https://www.tpre.cn/page/content/news? id = 10493。

使用说明

一、本合同文本是根据《中华人民共和国民法典》《企业国有资产交易监督管理办法》制定的示范文本。构成本合同示范文本要件的合同条款均为提示性适用条款。条款所列内容，包括括号中所列内容，均可由当事方在约定合同时选择采用。制定正式合同文本时，本示范合同中所有括号注释条款均无须保留。

二、为更好地维护各方当事人的权益，签订合同时应当力求谨慎，具体、严密，约定条款必须表述清楚。无须约定的条款用“本合同不涉及此条款”或“本合同对此条款无须约定”加以载明。

三、本合同涉及当事方为法人企业的，其基本情况填写应按合同文本要求载明。如当事人为自然人的，应将与己有关的基本情况按合同文本要求载明，包括国籍、身份证（护照）号码等。合同涉及多方的，均应分别载明。

四、涉及标的企业职工安置问题：应按照有关规定或职代会决议明确相关处理方式。

五、涉及标的企业债权、债务的承继和清偿问题：应事先约定明确相关处理方式。

六、争议的解决方式，除协商和调解方式外，合同当事人还可以选择仲裁或诉讼方式，但选择了仲裁方式就不能再约定其他方式。

本合同涉及的当事人

增资企业（以下简称甲方）：

住所： 电话：

法定代表人： 职务：

企业类型： 邮编：

产权经纪会员（代理机构）：

电话：

法定代表人： 经办人：

新投资方（以下简称乙方）：

住所： 电话：

法定代表人： 职务：

企业类型： 邮编：

产权经纪会员（代理机构）：

电话：

法定代表人： 经办人：

根据中华人民共和国法律、法规有关规定，涉及当事人应遵循自愿、公平、诚实信用的原则订立本协议，以资共同遵守。

鉴于：

1. 标的公司__________系于____年____月____日在________注册成立的公司，经营范围：__________，注册资本人民币__________。为增强公司实力，经______年度公司______决议，通过了增资决议。

2. __________为原“标的公司”增资前的股东。增资前，原“标的公司”出资结构为：__________出资________万元，占注册资本的____。

3. 经评估（审计），截至____年____月____日，原“标的公司”资产总计为____万元，负债总计为____万元，净资产为____万元。

4. 乙方同意按照本协议规定的条款和条件对原“标的公司”投资入股。

5. 本协议内（包括“鉴于”中的内容）下列的字句应做以下解释：

增资：指“标的公司”甲方或（和）甲方之外吸收乙方入股，增加公司注册资本。

投资总额：指在本次增资中，乙方为获取“标的公司”股权而实际支付的对价。

出资：指各方在“标的公司”注册资本中所占有的资本份额。

溢价：指在本次增资中，乙方的投资总额高出其在公司中的出资部分。

原“标的公司”：指本次增资前的“标的公司”。

新“标的公司”：指本次增资后的“标的公司”。

各方本着自愿、公平、真诚、互利、发展的原则，经友好协商，就“标的公司”增资事宜达成协议如下：

第一条　增资内容

1. 原“标的公司”增资，将公司注册资本由____万元增加至人民币______万元，乙方出资________万元，占新“标的公司”注册资本____%；实际投资总额____万元，溢价____万元，溢价将计入新“标的公司”资本公积金。

2. 增资完成后，新“标的公司”股东由________、乙方组成。修改原“标的公司”章程，重组新“标的公司”董事会。

第二条　增资方式

乙方以____________方式对新“标的公司”进行出资。

第三条　增资款的支付期限

经甲、乙双方同意，采用____种方式处理：

1. 乙方在签订本协议后次日起____个工作日内将除保证金外的增资款汇入甲方指定的验资账户，其前期缴纳的保证金即化转为部分增资款。天津产权交易中心有限公司收到甲方提供的增资款尾款进账单复印件后，将保证金按原路径退回乙方账户，乙方应在收到退回的保证金后____个工作日内将该部分增资款一次性汇入甲方验资账户。

2. 乙方在签订本协议后次日起____个工作日内将除保证金外的增资款汇入甲方指定的验资账户。乙方前期缴纳的保证金即化转为部分增资款，天津产权交易中心有限公司收到甲方提供的增资款尾款进账单复印件后，将该部分增资款一次性汇入甲方验资账户。

3. 甲乙双方约定的其他方式：________________。

甲方验资账户信息：

户名：________________

账号：________________

开户行：________________

大额支付行行号（12 位）：________________

乙方支付保证金的账户信息：

户名：________________

账号：________________

开户行：________________

第四条 增资前后各方的比例

新“标的公司”注册资本为______万元，本次增资后各方的持股比例如下：

序号	股东名称	出资金额	占股本总数额
1			
2			

第五条 增资涉及的企业职工安置

经甲、乙双方协商约定，采用如下方式处理：

____

第六条　增资的税收和费用

增资中涉及的有关税收，按照国家有关法律规定缴纳。

增资中涉及的有关费用，经各方当事人共同协商约定，由____方支付。

第七条　增资后的事项约定

评估基准日至________________________________，期间产生的盈利或亏损及风险由________承担。

第八条　各方的陈述和承诺

1. 本协议任何一方向本协议其他各方陈述如下：

（1）其有完全的民事权利能力和民事行为能力参与、订立及执行本合同，或具有签署与履行本合同所需的一切必要权利与授权，并且直至本合同所述增资完成，仍将持续具有充分履行其在本合同项下各项义务的一切必要权力与授权。

（2）签署本协议并履行本协议项下的各项义务并不会侵犯任何第三方的权利。

2. 本协议任何一方向本协议其他各方做出承诺和保证如下：

（1）本协议一经签署即对其构成合法、有效、具有约束力的合同。

（2）其在协议内的陈述以及承诺的内容均是真实、完整且无误导性的。

3. 未经对方事先书面许可，任何一方不得泄露本协议中的内容。

第九条　违约责任及纠纷处理

1. 任何一方发生违约行为，都必须承担违约责任。

2. 乙方未能按期支付增资的投资总额，每逾期____天，应按出资额的____向甲方支付违约金；乙方逾期____天未履行义务，甲方有权解除本协议。

3. 经本协议各方协商，也可约定其他赔偿方式。

甲、乙方在履行本协议过程中若发生争议，可协商解决；可向天津产权交易中心有限公司或国有资产管理机构申请调解；调解不成的，可依法向“标的公司”所在地仲裁机关或人民法院提起诉讼。

第十条 协议的变更和解除

发生下列情形的，可以变更或解除协议：

1. 因情况发生变化，各方当事人经过协商同意，且不损害国家和社会公共利益的。

2. 因不可抗力因素致使本协议的全部义务不能履行的。

3. 因一方当事人在协议约定的期限内，因故没有履行协议，其他当事人予以认可的。

4. 因本协议中约定的变更或解除合同的情况出现的。

甲、乙双方变更或解除本协议均应采用书面形式。天津产权交易中心有限公司出具增资凭证前甲、乙双方变更或解除本协议的，甲、乙双方需将有关书面材料报天津产权交易中心有限公司备案。

第十一条 其他

1. 本协议作为解释新“标的公司”股东之间权利和义务的依据，长期有效，除非各方达成书面合同修改；本协议在不与新“标的公司”章程冲突的情况下，视为对新“标的公司”股东权利和义务的解释并具有最高效力。

2. 本协议自各方签署后生效。国家法律、法规对本合同生效另有规定的，从其规定。

3. 本协议所必备的附件，与本协议具有同等的法律效力。

4. 本协议一式______份，甲、乙双方各执______份，原股东__________份，天津产权交易中心有限公司备案______份，报市场监督管理部门______份。

甲方：（盖章） 乙方：（盖章）

法定代表人：（签字） 法定代表人：（签字）

授权代表人：（签字） 授权代表人：（签字）

签署地点：

签署时间： 年 月 日

三、资产转让合同示范文本①

合同编号：

实物资产交易合同

（示范文本）

标的名称：________________________

北京产权交易所制

2021 年 1 月

① 来源于北京产权交易所网站：http://www.cbex.com.cn/gz/xgxz/zczr/。

合同使用须知

一、本合同文本是根据《中华人民共和国民法典》制定的示范文本。合同条款均为示范性条款，供实物资产交易各方当事人选择采用。当事人可按照实际情况在本合同文本基础上修改、调整或补充。

二、为更好地维护合同各方当事人的权益，签订时应当慎重，力求具体、严密。对于不涉及本合同条款所述情形的事项，可用“本合同不适用此条款”表示，或直接删除有关条款。

三、转让方：指持有转让标的并能够依法转让的法人、自然人或者其他组织。受让方：指以有偿方式依法受让实物资产的法人、自然人或者其他组织。当事人为自然人的，应在当事人概况中填写姓名及身份证号码。

四、北京产权交易所郑重声明：本合同范本仅供在本交易所进行实物资产交易的双方根据其实际情况选择使用。本交易所不因制作和/或提供本合同范本而承担任何保证义务，包括但不限于保证本合同范本条款内容完备、保证交易双方签约目的的真实、保证交易双方的签约主体资格适格、保证交易双方为签订本合同而做出的声明及承诺以及提供的文件资料真实准确等一切保证责任。

本合同当事人

转让方（以下简称甲方）：

注册地址/住所：

法定代表人：

电话：　　　　　　　　　　　　　　　　邮编：

受让方（以下简称乙方）：

注册地址/住所：

法定代表人：
电话：　　　　　　　　　　　　　　　　　　邮编：

鉴于：

1. 甲方为于　　年　　月　　日依中国法律设立并合法存续的企业法人，为 **************** 所属国有（或国有控股）企业，注册证号：　　　　　　　　；

2. 本合同所涉及之转让标的：是由甲方依法所有的 ********************** （下称标的资产）；

3. 乙方为依据［　　］国法律依法设立并合法存续的 ******** （性质）的企业、或机构，注册证号　　　　　　　　；

或乙方为［　　］国合法公民，身份证或护照号码：　　。

4. 甲方拟转让其合法持有的标的资产；乙方拟收购上述标的资产。

根据《中华人民共和国民法典》等相关法律、法规、规章的规定，甲乙双方遵循自愿、公平、诚实信用的原则，经友好协商，就甲方向乙方转让其拥有的 ************************ （标的名称）相关事宜达成一致，签订本交易合同（以下简称“本合同”）如下：

第一条　定义与释义

除非本合同中另有约定，本合同中的有关词语含义如下：

1.1　转让方，是指 ************************ （企业名称），即甲方；

1.2　受让方，是指 ************************ （企业名称），即乙方；

1.3　北交所，是指承担实物资产交易的场所及其主体北京产权交易所有限公司；

1.4　实物资产转让：是指甲方将其持有的标的资产转让给乙方；

1.5 转让价款：本合同下甲方转让所持有的实物资产，自乙方获得的该资产的对价。

1.6 评估基准日，指甲方委托具有合法资质的评估机构对转让标的进行评估并出具《资产评估报告书》的基准日，指 年 月 日。

1.7 保证金，指在本合同签订前，乙方按照甲方和北交所的要求，支付至北交所指定账户的、作为乙方提出受让意向的担保，并表明其资信状况及履约能力的________元人民币交易保证金；

1.8 登记机关：指北京市国土资源局和北京市建设委员会及其他依法具有登记权限的主管部门；

1.9 交易费用：指转让方和/或受让方就转让标的资产或谈判、准备、签署本合同和/或本合同下的任何文件、或履行、完成本合同下交易而发生的，包括取得必要或适当的任何政府部门或第三方的豁免、同意或批准而发生的费用及支出；以及产权交易机构、经纪人或中间人费用等所有现款支出和费用的总额。

1.10 产权交易凭证，指北交所就实物资产转让事项出具的用于表明交易完成的交易凭证。

除非另有明确规定，在本合同中，应适用如下解释规则：

1.11 货币：在本合同中，凡提及 RMB 或人民币时均指中国法定货币，凡提及 $ 或美元时均指美国法定货币。

1.12 包括：指包括但不限于。

第二条 转让标的

2.1 本合同转让标的为甲方所持有的 ************** （标的名称）。

2.2 甲方权属证明文件如下：

土地使用权

土地用途：

使用权类型：（出让）；

座落：______省（市）______区（县）______；

使用权面积：______平方米；

土地使用证号：______；

使用权终止日期：______；

其他记载事项：______。

房产所有权

房屋座落：______省（市）______区（县）______；

建筑面积：______平方米；

房产证号：______；

其他记载事项：有无共有权人、他项权利等。

或/

（其他证件类型）

2.3 标的资产经有资质的********* 资产评估（或房地产评估）有限公司评估，出具了以＊年＊月＊日为评估基准日的＊************ 号《资产（或房地产）评估报告》。

2.4 标的资产不存在上述《资产（或房地产）评估报告》中未予披露或遗漏的、可能影响评估结果，或对标的资产转让产生重大不利影响的任何事项。

2.5 甲乙双方在甲方对上述标的资产享有所有权及《资产（或房地产）评估报告》评估结果的基础上达成本合同各项条款。

2.6 （适用于房地产转让）转让标的于＊年＊月＊日起由************ （承租方名称）租赁使用，租赁期限至**********届满，承租人未明示放弃优先购买权，甲方已就本合同转让行为书面通知承租人。

2.7 转让标的上未设定任何形式的担保，包括但不限于该标的资产存在抵押、或任何影响标的资产转让的限制或义务。转让标的也未被任何有权机构采取查封等强制性措施。

或：转让标的已于＊年＊月＊日，因************ 抵押给＊*********** 并在相关部门办理登记。上述转让行为已经获得抵押权人的书面同意或认可。

第三条 转让的前提条件

3.1 甲方依法就本合同所涉及的标的资产已履行了内部决策、资产评估等相关程序。

3.2 甲方依据有关法律、法规、政策的规定，就本合同项下标的资产交易已在北交所完成公开信息披露和/或竞价程序。

3.3 乙方已详细了解标的资产的转让信息，并同意按照甲方提出的受让条件受让标的资产。

3.4 乙方依本合同的约定受让甲方所拥有的标的资产。

第四条 转让方式

4.1 本合同项下标的资产交易已于*年*月*日经北京产权交易所公开挂牌，挂牌期间只产生乙方一个意向受让方，由乙方依法受让本合同项下转让标的。

或：本合同项下标的资产交易已于*年*月*日经北京产权交易所公开挂牌，挂牌期间产生［　　］个意向受让方，并于*年*月*日以网络竞价方式组织实施，由乙方依法作为买受人受让本合同项下转让标的。

或：本合同项下标的资产交易已于*年*月*日经*****拍卖公司发布拍卖公告，并于*年*月*日进行拍卖，由乙方依法作为买受人受让本合同项下转让标的。

或：本合同项下标的资产交易已于*年*月*日经北京产权交易所公开披露，并于*年*月*日通过北交所指定竞价大厅动态报价，由乙方依法作为买受人受让本合同项下转让标的。

或：本合同项下标的资产交易经甲方申请，已于*年*月*日获得甲方出资人****************的批准，采取协议转让方式进行。

第五条 转让价款及支付

5.1 转让价格

根据公开挂牌结果（或公开竞价结果），甲方将本合同项下转让标的以人民币（大写）________万元〖即：人民币（小写）________万元〗（以下简称转让价款）转让给乙方。乙方按照甲方和北交所的要求支付的保证金，折抵为转让价款的一部分。

5.2　计价货币

上述转让价款以人民币作为计价单位。

5.3　转让价款支付方式

乙方采用一次性付款方式，将转让价款在本合同生效后五日内汇入北交所指定的结算账户；

或：乙方采用分期付款方式，将转让价款中的____%（不低于30%，含保证金）即：人民币（小写）________万元，在本合同生效后五日内汇入北交所指定结算账户；剩余价款人民币（小写）________万元在______内（不超过1年）一并付清。对于剩余价款应以___________的方式提供担保。（具体见担保合同）

第六条　转让标的交割事项

6.1　甲方应在乙方交纳了全部转让价款后十个工作日内与乙方进行标的资产及相关权属证明文件、技术资料的交接。

6.2　乙方获得北交所出具的本合同项下的标的资产的产权交易凭证后十个工作日内，乙方应按照国家有关规定到相关部门办理标的资产的变更登记手续，甲方应给予必要的协助与配合。

6.3　甲方应在上述约定的期限内，将标的资产移交给乙方。

第七条　交易服务费用的承担

7.1　本合同项下标的资产交易过程中所产生的交易服务费用，依照有关规定由甲、乙双方各自承担。

或：本合同项下标的资产交易过程中，甲方应承担以下费用：
____；

乙方应承担以下费用：______________________________
____。

第八条　甲方的声明与保证

8.1　甲方对本合同下的转让标的拥有合法、有效和完整的处分权；

8.2 为签订本合同之目的向乙方及北交所提交的各项证明文件及资料均为真实、准确、完整的，甲方对所提供材料与标的资产真实情况的一致性负责，并承担因隐瞒、虚报所引起的一切法律责任；

8.3 签订本合同所需的包括但不限于授权、审批、公司内部决策等在内的一切手续均已合法有效取得，本合同成立和标的资产转让的前提条件均已满足；

8.4 转让标的未设置任何可能影响产权转让的担保或限制，或就转让标的上设置的可能影响标的资产转让的任何担保或限制，甲方已取得有关权利人的同意或认可。

第九条　乙方的声明与保证

9.1 乙方受让本合同项下转让标的符合法律、法规的规定，并不违背中国境内的产业政策；

9.2 为签订本合同之目的向甲方及北交所提交的各项证明文件及资料均为真实、完整的；

9.3 签订本合同所需的包括但不限于授权、审批、公司内部决策等在内的一切批准手续均已合法有效取得，本合同成立和受让标的资产的前提条件均已满足。

第十条　违约责任

10.1 本合同生效后，任何一方无故提出终止合同，应按照本合同转让价款的____%向对方一次性支付违约金，给对方造成损失的，还应承担赔偿责任。

10.2 乙方未按合同约定期限支付转让价款的，应向甲方支付逾期付款违约金。违约金按照延迟支付期间应付价款的每日万分之____计算。逾期付款超过____日，甲方有权解除合同，要求乙方按照本合同转让价款的____%承担违约责任，并要求乙方承担甲方因此造成的损失。

10.3 甲方未按本合同约定交割转让标的的，乙方有权解除本合同，并要求甲方按照本合同转让价款的____%向乙方支付违约金。

10.4 标的资产存在重大事项未披露或存在遗漏，对标的资产可能造成重大不利影响，或可能影响转让价格的，乙方有权解除合同，并要求甲方按照本合同转让价款的____%承担违约责任。

乙方不解除合同的，有权要求甲方就有关事项进行补偿。补偿金额应相当于上述未披露或遗漏事项可能导致的乙方损失的损失数额。

第十一条 合同的变更和解除

11.1 当事人双方协商一致，可以变更或解除本合同。

11.2 发生下列情况之一时，一方可以解除本合同。

（1）由于不可抗力或不可归责于双方的原因致使本合同的目的无法实现的；

（2）另一方丧失实际履约能力的；

（3）另一方严重违约致使不能实现合同目的的；

（4）另一方出现本合同第十条所述违约情形的。

11.3 变更或解除本合同均应采用书面形式，并报北京产权交易所备案。

第十二条 管辖及争议解决方式

12.1 本合同及实物资产交易中的行为均适用中华人民共和国法律。

12.2 有关本合同的解释或履行，当事人之间发生争议的，应由双方协商解决；协商解决不成的，按下列第____种方式解决：（任选一种）

（1）提交________________________仲裁委员会仲裁；

（2）依法向________________________人民法院起诉。

第十三条 合同的生效

13.1 本合同自甲乙双方的授权代表签字或盖章之日起生效。

第十四条　其他

14.1　双方对本合同内容的变更或补充应采用书面形式订立，并作为本合同的附件。本合同的附件与本合同具有同等的法律效力。

14.2　本合同一式____份，甲、乙双方各执____份，北交所留存壹份用于备案，其余用于办理标的资产的变更登记手续。

合同附件：

附件一：

附件二：

附件三：

转让方（甲方）：　　　　　　受让方（乙方）：

（盖章）　　　　　　　　　　（盖章）

法定代表人　　　　　　　　　法定代表人

或授权代表（签字）：　　　　或授权代表（签字）：

签约地点：

签约时间：　　　年　　月　　日

第五章

国有资产交易疑难问题

总的来看，以32号令为主体的国资交易规则体系为国有资产交易提供了完备的规则，能够满足交易实践的需要。但国有资产交易实践复杂多样，可以说每一个交易都有自己独有的特征，其中的特殊之处就会面临如何适用规则、有无规则可用的问题。在实践中，这样的特殊情形时常发生，且与交易进程相生相伴，如何妥善解决，决定着交易成败。本书前四章结合国资交易流程，对一些特殊情形已做了介绍。本章就国资交易实践中几类重要实务问题，再做进一步梳理分析。

第一节　主体相关问题

一、其他股东如何行使优先购买权

强制进场公开交易是国有产权转让的一个基本特征。根据《企业国有资产法》和32号令，产权转让原则上通过产权市场公开征集受让方，在产生多个符合条件的意向受让方时，需采取拍卖、招投标、网络竞价等公开竞价的交易方式。以拍卖为例，遵循价高者得原则，“竞买人的最高应价经拍卖师落槌或者以其他公开表示买定的方式确认后，拍卖成交”，即谁应价最高，谁就是买受人。但根据《公司法》第84条的规定，有限责任公司的股东对外转让股权，公司其他股东有优先购买权。因此，产权转让标的企业如果是有限责任公司，就会产生其他股东如何行使优先购买权问题①，核心在于是否允许场外行权。

（一）两种不同观点和做法

120号文第32条规定，涉及其他股东在同等条件下享有优先购买权的情形，按照有关法律规定执行。虽然这个文件涉及优先购买权，要求“按照有关法律规定执行”，但对如何执行法律并未作明确规定。实践中曾存在两种观点和做法：

1. 场内行权和场外行权都可以

该种观点认为，其他股东如要行使优先购买权，可以场内行权，也可以不去产权交易机构提出受让申请，而是等其他申请人在场内通过公开竞价，竞争出一个最高价格时，再由转让方或产权交易机构通

---

① 需要说明两个问题：一是有限公司股东对外转让股权时，才涉及优先购买权问题，股份公司以及非公司企业一般不涉及这一问题。国有产权交易实践中，绝大多数交易标的企业都是有限公司。因此，这一问题具有相当的普遍性。二是其他股东事先放弃优先购买权，在操作中也不会涉及该问题，不在本书讨论之列。从国有产权交易实践来看，许多交易都涉及如何处理其他股东优先购买权问题，这也是意向受让方关注的焦点。

知其他股东，由其他股东决定是否按照该价格行使优先购买权。

北京产权交易所采取这种模式。北京产权交易所《企业国有产权转让股东行使优先购买权操作细则》（2016年12月1日施行）第3条规定，其他股东行使优先购买权，包括场内行权和场外行权两种方式：

（1）场内行权，指产权转让信息正式披露公告期内其他股东向北京产权交易所提出受让申请，交纳交易保证金，并有权在同等条件下就标的企业股东以外的意向受让方的最终报价当场表态行使优先购买权的方式。

（2）场外行权，指在信息披露公告期内未向北京产权交易所提出受让申请，或未交纳交易保证金的其他股东，就非股东意向受让方的最终报价，在规定的期间内，在同等条件下有权以书面形式表态行使优先购买权的方式。

2. 不允许场外行权

该种观点认为，国有股权进场交易是国家的强制性规定，其他股东的优先购买权应在场内行使。其他股东应该按照产权转让公告信息中的相关要求，到产权交易机构报名，提交受让申请，在公开竞价时，有权就其他意向受让方的最终报价当场表态按照该价格行使优先购买权。

上海联合产权交易所曾采取这种模式。该所制定的《股权转让项目中股东优先购买权行使操作办法（试行）》（沪联产交〔2011〕21号）第14条规定，其他股东主张行权的，应在产权转让信息公告期间，向联交所提出产权受让申请，否则视为放弃受让。但这一规定在实践中引发了诉讼。

上海市第二中级人民法院（2014）沪二中民四（商）终字第1566号民事判决书

A公司股东为B和C，其中B为国有公司，其欲转让持有的A公司股权，C公司不放弃优先购买权。B公司挂牌后，通知了C公司，C公司向上海联合产权交易所提出异议，请求暂停挂牌，上海联合产权交易所发出不予中止通知。其后，B公司与D公司签订产权交易合同，C公司提出异议，以上海联合产权交易所认为其未进场丧失优先购买权为由，进行诉讼。

上海市第二中级人民法院认为，联交所并非司法机构，其无权对股东是否享有优先购买权等做出法律意义上的认定，在无法律规定且股东未放弃优先购买权的情况下，其不能依据自身制定的规则认定股东丧失优先购买权。

（二）目前产权交易所规则：场内场外均可行权

2019年7月2日，上海联合产权交易所发布《股东行使优先购买权操作指引》（沪联产交〔2019〕55号），同时废止《股权转让项目中股东优先购买权行使操作办法（试行）》（沪联产交〔2011〕21号）。新的指引认可了场外行权，第12条第3项规定“场外行权，指在信息披露公告期内未向联交所提出受让申请，或未按公告约定交纳交易保证金的其他股东，就非股东意向受让方的最终市场价格，在转让方通知要求的时间内以书面形式表示行权的方式”。同时，第6条规定：“转让方要求其他股东只能以场内行权方式行权的项目，应当取得标的公司所有未放弃优先购买权的其他股东的同意，或者向联交所就其要求其他股东只能场内行权作出自愿承担相应法律责任的书面承诺。”① 从而在尊重当事人意思自治的前提下，为采取场内行权保留了空间。

北京和上海两个产权交易所关于其他股东优先购买权的行权方式规定基本一致，且在兼顾国有股权转让特殊性的基础上遵循了《公司法》对股东优先购买权的规定。根据北京产权交易所细则和上海联合产权交易所细则的规定，其他股东行权按照如下方式进行：

---

① 上海联合产权交易所《股东行使优先购买权操作指引》（沪联产交〔2019〕55号）第6条的规定，与北京产权交易所2016年的规定完全一致。北京产权交易所《企业国有产权转让股东行使优先购买权操作细则》第16条规定：“转让方要求其他股东只能以场内行权方式行使优先购买权的项目，应当取得标的企业所有未放弃优先购买权的其他股东的同意，或者向北交所就其要求其他股东只能场内行权作出自愿承担相应法律责任的书面承诺。”

1. 场内行权

其他股东在股权转让公告期内向交易所提出受让申请，交纳交易保证金，在同等条件下就标的企业股东以外的意向受让方的最终报价当场表态是否行使优先购买权。

采用以下方式确定最终受让方：

（1）公告期满只征集到一个其他股东的，则该其他股东为最终受让方并按照交易所规则与转让方履行成交手续。

（2）公告期满征集到两个或以上的其他股东的，通过竞价方式确定最终受让方。

（3）公告期满同时征集到其他股东及其他意向受让方的，先由其他意向受让方通过交易规则产生最终报价，再由其他股东当场表示是否行权。如有两个或以上其他股东的，按照“先协商，协商不成以出资比例行权”的原则进行。

（4）选择场内行权的其他股东已行权的，转让方不再征询未进场的其他股东意见。选择场内行权的其他股东如未行权，则转让方还需征询场外未放弃行权的其他股东。

2. 场外行权

其他股东未在股权转让公告期内向交易所提出受让申请，经非其他股东意向受让方报出最终报价后，由转让方向其书面征询意见，并在规定的期间内有权在同等条件下以书面形式表态是否行使优先购买权。

采用以下方式确定最终受让方：

（1）由转让方在最终报价产生后，以书面形式向未放弃行权的其他股东征询其是否行权，逾期未行权的视为放弃。

（2）只有一个其他股东表示行权，该股东即成为受让方。

（3）两个及两个以上其他股东表示行权的，由该等股东采取协商方式确定各自受让比例，协商不成的，按照转让时各自的出资比例行权。

（三）特殊规则

1. 关于能否要求其他股东只能场内行权

虽然上海联合产权交易所废止《股权转让项目中股东优先购买权行使操作办法（试行）》（沪联产交〔2011〕21号），但2019年7月印发的新指引——《股东行使优先购买权操作指引》（沪联产交〔2019〕55号）仍然为“要求其他股东只能场内行权”保留了空间。新指引第6条规定：“转让方要求其他股东只能以场内行权方式行权的项目，应当取得标的公司所有未放弃优先购买权的其他股东的同意，或者向联交所就其要求其他股东只能场内行权作出自愿承担相应法律责任的书面承诺。”北京产权交易所《企业国有产权转让股东行使优先购买权操作细则》第16条作了同样的规定。这是在尊重当事人意思自治前提下作出的例外规定，与以往交易所强制要求当事人场内交易的规定是不同的。

2. 关于能否不按照交易所规则行权

北京产权交易所规定，标的企业章程另有约定，或者标的企业为股份有限公司或其他经济组织，在其章程或协议中规定了优先购买权相关内容的，以章程为准。上海联合产权交易所还规定，转让方与其他股东对行权另有约定的，从其约定。因此，如果交易相关方在章程中另有规定，或者达成新的约定，可以不按照交易所规则行权，充分体现了尊重意思自治精神。

3. 关于股权与债权或其他资产捆绑转让能否行使优先购买权

股权与债权等资产捆绑转让，是实践中的一种做法。其他股东对股权转让具有法定优先权，但对债权等资产转并没有法定优先权。考虑此种情形，股权转让一般占主要部分，保护股东对股权转让优先购买权是法律的强制性规定，产权交易机构在操作规则中都允许其他股东对捆绑转让行使优先购买权。北京产权交易所《企业国有产权转让股东行使优先购买权操作细则》第14条规定：“转让方将对标的企业债权或其他资产与股权进行捆绑转让时，其他股东主张行使优先购买权的，应一并受让其债权或其他资产。”上海联合产权交易所

《股东行使优先购买权操作指引》（沪联产交〔2019〕55 号）第 10 条第 1 款规定："转让方将对标的公司债权与股权进行捆绑转让时，其他股东主张行权的，应一并受让。"但第 2 款进一步规定："其他股东与外部投资人组成联合体参与受让的，该联合体不享有优先购买权。"从上海联合产权交易所的这一规定可以看出，优先购买权只能是"其他股东"的法定权利，"其他股东"之外的"外部投资人"没有优先购买权，也不能通过与其他股东组成联合体的方式，"搭便车"变相享受优先购买权。

4. 关于其他股东未明确是否放弃优先购买权时如何操作

其他股东享有优先购买权，这是《公司法》赋予其他股东的一项法定权利，目的在于维护有限公司的人合性，也是法律的强制性规定。《民法典》第 140 条规定："行为人可以明示或者默示作出意思表示。沉默只有在有法律规定、当事人约定或者符合当事人之间的交易习惯时，才可以视为意思表示。"最高人民法院在条文理解适用中强调，"沉默原则上不具有意思表示的意义，其既不表示同意，也不表示拒绝，是一个法律上纯然不价值或零价值的状态，应严格限制其构成意思表示的情形。因此，在审理具体案件时，应严格按照本条规定，谨慎地将沉默认定为意思表示"。在司法实务中，放弃权利需要权利人作出明确意思表示，不能因权利人沉默而认为其有放弃权利的意思表示。上海联合产权交易所《股权转让项目中股东优先购买权行使操作办法（试行）》（沪联产交〔2011〕21 号）第 4 条规定其他股东主张行权的，应在产权转让信息公告期间，向联交所提出产权受让申请，否则视为放弃受让，这一规定未被司法部门认可，就是因为产权交易机构不能依据自身制定的规则认定股东丧失优先购买权。

因此，其他股东未明确是否放弃优先购买权时（即使其表示同意股权转让，也不能认为其放弃优先购买权），需要转让方特别予以关注，不能认为其放弃优先购买权，相反，需要严格依据交易规则维护并确保其依法行使优先购买权。上海联合产权交易所《股东行使优先购买权操作指引》（沪联产交〔2019〕55 号）第 11 条还进一步强调："其他股东同意股权转让，但未明确表示放弃优先购买权的，视为不放弃优先购买权。最终市场价格产生后，其他股东应当通过书面形式对是否行权作出明确的意思表示。”

（四）转让方和拟行权其他股东关注要点

在国有股权交易中，为了避免出现其他股东行使优先购买权相关的法律纠纷，建议关注以下问题：

1. 转让方股东的关注要点

作为转让方的国有股东，重点关注是否按照法律法规及交易规则充分履行了对其他股东行使优先购买权的通知义务，主要包括以下几点：

（1）转让方在拟对外转让所持股权时，应当与其他股东进行预沟通，书面询问其是否有购买意愿，初步了解其他股东意愿，并保留相应可视化证据。

（2）在转让方决定转让事项后，应当按照公司章程的约定将转让事项书面通知其他股东，征求其他股东的意见，并告知国有股权转让的特殊方式及行权方式。

（3）在标的企业就股权转让事项作出决议时，要求其他股东明确就本次转让事项是否放弃优先购买权，并在股东会决议中载明。

（4）股权转让事项在交易机构公告后，应当及时将公告情况书面通知其他股东，并提请其他股东关注公告信息及交易规则。

（5）在公告期满后，按照交易规则同时结合《公司法》及司法解释的规定，及时处理其他股东行权事宜。

2. 拟行权其他股东的关注要点

对于拟行权的其他股东来说，应当积极主动关注并行使自己的优先购买权，主要包括以下几点：

（1）拟行权的其他股东应当在知道转让方股权转让事宜时积极发函表明自己的意愿，并注意保留沟通过程中书面或其他可视化证据。

（2）其他股东如不放弃优先购买权，应该在标的企业股东会决议明确载明。

（3）在股权转让事项公告后，应当积极应对，关注公告信息，了解交易机构的交易规则并按照规则行权。

此外，如果转让股东在未履行征求其他股东义务情形下，与受让方签订股权转让协议，该股权转让协议的效力原则上不受影响，但继续履行股权转让合同的请求不能得到支持。根据最高人民法院《九民纪要》的相关规定，除转让股东和股东以外的股权受让人恶意串通损害其他股东优先购买权订立的转让合同无效外，转让股东即使没有履行《公司法》第84条的义务侵犯了其他股东的优先购买权，该转让合同也是有效的。但如果其他股东主张优先购买权，法院将支持其诉讼请求；受让方只能依据股权转让合同，请求转让股东承担相应的违约责任。

【核心法规】

《公司法》

第84条　有限责任公司的股东之间可以相互转让其全部或者部分股权。

股东向股东以外的人转让股权的，应当将股权转让的数量、价格、支付方式和期限等事项书面通知其他股东，其他股东在同等条件下有优先购买权。股东自接到书面通知之日起三十日内未答复的，视为放弃优先购买权。两个以上股东行使优先购买权的，协商确定各自的购买比例；协商不成的，按照转让时各自的出资比例行使优先购买权。

公司章程对股权转让另有规定的，从其规定。

《企业国有产权交易操作规则》（国资发产权〔2009〕120号）

第32条　产权转让信息公告期满后，产生两个及以上符合条件的意向受让方的，由产权交易机构按照公告的竞价方式组织实施公开竞价；只产生一个符合条件的意向受让方的，由产权交易机构组织交易双方按挂牌价与买方报价孰高原则直接签约。涉及转让标的企业其他股东依法在同等条件下享有优先购买权的情形，按照有关法律规定执行。

二、管理层能否受让企业国有产权

32 号令对企业国有产权受让主体资格没有作特殊限制，也没有明示受让主体的具体类型，按照“法无禁止即可为”的法治理念，这意味着受让主体是开放的，符合交易条件的法人、非法人组织、自然人都可以参与交易。32 号令第 15 条第 1 款第 7 项将“企业管理层是否参与受让，有限责任公司原股东是否放弃优先受让权”列为转让方披露信息，在某种程度上也是对管理层作为国有产权受让方的认可。《企业国有资产法》第 56 条规定，法律、行政法规或者国务院国有资产监督管理机构规定可以向本企业的董事、监事、高级管理人员或者其近亲属，或者这些人员所有或者实际控制的企业转让的国有资产，在转让时，上述人员或者企业参与受让的，应当与其他受让参与者平等竞买，也表明法律不禁止企业国有产权向管理层转让。

但企业国有产权向管理层转让不是普通意义上的向一般社会法人和自然人转让，而是向企业“内部人”这类特殊受让主体转让，从制度沿革和交易实践来看，管理层虽然可以参与国有产权受让，但并非没有限制。

20 世纪 90 年代末至 21 世纪初，企业国有产权向企业管理层转让作为国有企业改革改制的一种重要实现形式，起初并未受到限制。但由于存在自卖自买、“暗箱操作”、以国有产权或实物资产作为融资担保、将收购风险转嫁、损害投资人和企业职工合法权益等现象，出现了一些不稳定因素，引发了公众和经济学界大讨论。

2003 年 3 月，财政部《关于国有企业改革有关问题的复函》中建议，在相关法律制度未完善之前，对采取管理层收购（包括上市、非上市公司）的行为予以暂停受理和审批，待有关部门研究提出相关措施后再作决定。2003 年 11 月，国务院办公厅转发国资委《关于规范国有企业改制工作的意见》（国办发〔2003〕96 号），对管理层受让国有产权作出限制，并特别强调经营管理者对企业经营业绩下降负有责任的，不得参与收购本企业国有产权。此后，中央又明确大型国有企业不允许管理层收购；中小型国有企业的管理层收购，要区别情况；原则上也要在建立国资委或明确相关机构负责、明确出资人以后规范进行。

2005年4月11日，国资委、财政部根据96号文和3号令，颁布实施《企业国有产权向管理层转让暂行规定》（国资发产权〔2005〕78号），对企业国有产权向管理层转让提出了规范性要求，对管理层出资受让企业国有产权的条件、范围等进行了界定，并明确了相关各方的责任：

1. 关于管理层和企业国有产权向管理层转让的概念界定。“管理层”是指转让标的企业及标的企业国有产权直接或间接持有单位负责人以及领导班子其他成员。“企业国有产权向管理层转让”是指向管理层转让，或者向管理层直接或间接出资设立企业转让的行为。

2. 关于适用范围。国有资产监督管理机构已经建立或政府已经明确国有资产保值增值行为主体和责任主体的地区或部门，可以探索中小型国有及国有控股企业国有产权向管理层转让（法律、法规和部门规章另有规定的除外）。大型国有及国有控股企业及所属从事该大型企业主营业务的重要全资或控股企业的国有产权和上市公司的国有股权不向管理层转让。

3. 禁止管理层参与受让的情形。一是经审计认定对企业经营业绩下降负有直接责任的；二是故意转移标的企业资产或在转让中通过关联交易影响标的企业净资产的；三是在转让过程中采取各种方式弄虚作假压低资产评估结果的；四是违规参与企业国有产权转让相关重大事项决策的；五是无法提供受让资金相关来源证明的。

4. 向管理层转让条件限制。一是国有产权持有单位应当严格按照国家规定委托中介机构对转让标的企业进行审计，其中标的企业或者标的企业国有产权持有单位的法定代表人参与受让企业国有产权的，应当对其进行经济责任审计。二是国有产权转让方案的制定以及与此相关的清产核资、财务审计、资产评估、底价确定、中介机构委托等重大事项，应由有管理职权的国有产权持有单位依照国家有关规定统一组织进行，管理层不得参与。三是管理层应当与其他拟受让方平等竞买。企业国有产权向管理层转让必须进入经国有资产监督管理机构选择的产权交易机构公开进行，在公开国有产权转让信息时对管理层参与购买企业国有产权的相关信息予以明确披露，并特别明确产权转让公告中的受让条件不得含有为管理层设定的排他性条款，以及其他有利于管理层的类似安排。四是企业国有产权持有单位不得将职工安置费等有关费用从净资产中抵扣（国家另有规定除外），不得以各种名义压低国有产权转让价格。五是管理层受让企业国有产权时，应当提供其受让资金来源的相关证明，不得向包括标的企业在内的国有及国有控股企业融资，不得以这些企业的国有产权或资产为管理层融资提供保证、抵押、质押、贴现等。

5. 关于工作程序及其他限制。企业国有产权向管理层转让，有关工作程序、报送材料等按照3号令的规定执行。产权交易机构应当加强对企业国有产权转让中涉及管理层受让相关事项的审查，认真履行产权交易机构的职责和义务。企业国有产权向管理层转让后仍保留有国有产权的，参与受让企业国有产权的管理层不得作为改制后企业的国有股股东代表。相关国有产权持有单位应当按照国家有关规定，选派合格人员担任国有股股东代表，依法履行股东权利。管理层不得采取信托或委托等方式间接受让企业国有产权。

需要说明的是，虽然2016年6月30日国资委发布《关于公布政策性文件清理结果的公告》，明确《企业国有产权向管理层转让暂行规定》等74个政策性文件失效，但并不意味着向管理层转让具体制度废除。《企业国有资产法》第56条关于“法律、行政法规或者国务院国有资产监督管理机构规定可以向本企业的董事、监事、高级管理人员或者其近亲属，或者这些人员所有或者实际控制的企业转让的国有资产，在转让时，上述人员或者企业参与受让的，应当与其他受让参与者平等竞买；转让方应当按照国家有关规定，如实披露有关信息；相关的董事、监事和高级管理人员不得参与转让方案的制定和组织实施的各项工作”的规定，依然是企业国有产权向管理层转让重要法律依据。32号令第15条仍然将“企业管理层是否参与受让”列为转让方应当披露的信息之一。从交易实践来看，对管理层作为受让方，许多地方仍然参照执行《企业国有产权向管理层转让暂行规定》。以北京产权交易所为例，如果管理层拟受让国有产权，需要管理层提供《管理层拟受让国有产权承诺函》，转让方也需提供管理层拟受让国有产权情况说明。

范本：管理层拟受让国有产权承诺函

管理层拟受让国有产权承诺函

北京产权交易所：

本人作为（标的企业）________________________________管理层人员，在收购标的企业国有产权的过程中，严格执行国家的有关规定，现承诺：

一、未参与标的企业转让国有产权的决策、方案制定、财务审计、离任审计、清产核资、资产评估和底价确认等重大事项；

二、不向包括标的企业在内的国有及国有控股企业融资，不以标的企业国有产权或资产为融资提供担保、抵押、质押、贴现等；

三、拟受让国有产权的资金来源合法，不违反《企业国有产权向管理层转让暂行规定》的相关规定；

四、同意贵所公开披露《管理层拟受让国有产权申请表》的相关内容；

五、由于违反上述承诺所造成的经济和法律责任由本人承担。

特此承诺。

本人签字：

转让方盖章：

日期：

范本：管理层拟受让国有产权情况

管理层（自然人）拟受让国有产权情况

标的企业名称：＿＿＿＿＿＿＿＿＿＿

<table>
<tr><td rowspan="7">管理层持有及拟受让标的企业国有产权情况</td><td>姓名</td><td>所在单位</td><td>职务</td><td>现持有产权比例</td><td>拟受让产权比例</td><td>本人签字</td></tr>
<tr><td></td><td></td><td></td><td></td><td></td><td></td></tr>
<tr><td></td><td></td><td></td><td></td><td></td><td></td></tr>
<tr><td></td><td></td><td></td><td></td><td></td><td></td></tr>
<tr><td></td><td></td><td></td><td></td><td></td><td></td></tr>
<tr><td></td><td></td><td></td><td></td><td></td><td></td></tr>
<tr><td></td><td></td><td></td><td></td><td></td><td></td></tr>
<tr><td>备注</td><td colspan="6"></td></tr>
</table>

管理层（法人）拟受让国有产权情况

标的企业名称：＿＿＿＿＿＿＿＿＿＿

<table>
<tr><td rowspan="2">意向受让方持有及拟受让标的企业国有产权情况</td><td colspan="2">公司名称</td><td>现持有产权比例</td><td>拟受让产权比例</td><td>公司盖章</td></tr>
<tr><td colspan="2"></td><td></td><td></td><td></td></tr>
<tr><td colspan="6">管理层股东持有意向受让方股权情况</td></tr>
<tr><td>姓名</td><td>身份证号码</td><td>职务</td><td colspan="2">占意向受让方股权比例</td><td>是否进行了经济责任审计</td></tr>
<tr><td></td><td></td><td></td><td colspan="2"></td><td rowspan="4">A. 是□
B. 否□</td></tr>
<tr><td></td><td></td><td></td><td colspan="2"></td></tr>
<tr><td></td><td></td><td></td><td colspan="2"></td></tr>
<tr><td></td><td></td><td></td><td colspan="2"></td></tr>
<tr><td>备注</td><td colspan="5"></td></tr>
</table>

此外，管理层除了可以受让企业产权外，还可以通过增资扩股方式持股。96 号文和国资发产权〔2005〕78 号文颁布后，实践中逐渐出现管理层不通过受让方式而是通过增资方式持股的现象。为规范此

类操作，2005 年 12 月 19 日，国务院办公厅 60 号文在第五部分“严格控制企业管理层通过增资扩股持股”中明确，经国有资产监督管理机构批准，凡通过公开招聘、企业内部竞争上岗等方式竞聘上岗或对企业发展作出重大贡献的管理层成员，可通过增资扩股持有本企业股权，但管理层的持股总量不得达到控股或相对控股数量。60 号文还就管理层的约束、不能增资入股的管理人员等情形作了规定，基本上与国资发产权〔2005〕78 号文的要求相同。

三、联合受让体参与受让的特殊规则

由多个意向受让方组成联合体联合受让企业国有产权，是交易实践中的一种做法。受让方组成联合体参与受让的原因，有的是转让标的体量过大，比如，标的额几个亿甚至几十个亿，单个意向受让方承受不了，需要“组团”受让；也有的是基于受让资格限制等其他方面的原因。实务中，需要特别注意并处理好以下几种情形：

1. 转让人既不明示接受联合受让，也不明示不接受联合受让

虽然由多个意向受让方组成联合体联合受让企业国有产权在实践中并不少见，但相对于绝大多数由单个意向受让方单独参与受让的情形，由联合体受让企业国有产权还是属于少数。在实践中，多数信息披露公告并不提及联合受让，既不说接受，也不说不接受，此种情形下如果有多个意向受让方组成联合受让体，参与产权受让，如何处理?

从理论上来讲，除非转让方明确排除，否则推定允许联合受让。对于转让方来讲，其最终目的在于转让其拥有的产权，把产权变现，至于是一个人受让还是联合受让，并不影响转让方的利益；并且允许多个人组成联合受让体可以征集到更多的符合条件的意向受让方，进而通过竞价提高转让价格，这对转让方来说是有利的。因此，即使转让方未明示是否接受联合受让，如果采取“推定接受”的做法，绝大多数情形下是符合转让方利益的。当然，实践中也有转让方在信息披露公告中明确不接受联合受让的情形，多数也是转让方对标的企业就保持股权结构、防止股权过于分散诉求的反映。

从制度层面来看，产权交易机构对联合受让的规则基本上一致，即转让方只要事先不明确排除，受让方就可以组成联合受让体，参与产权受让。北京产权交易所《企业国有产权转让登记受让意向操作细则》规定，信息披露公告未明确表示不接受联合受让的，多个意向受让方可组成联合受让体，向北京产权交易所提交受让申请，参与受让。上海联合产权交易所《企业国有产权转让登记受让意向操作细则》（沪联产交〔2020〕45号）规定，信息披露公告未明确表示不接受联合受让的，多个意向受让方可组成联合受让体，向联交所提交受让申请，参与受让。

在实践中，还可能出现下面一种情况：转让方并未意识到联合受让问题，在信息披露中未禁止联合受让体，但其本意是不接受联合受让的，如果联合受让体根据信息披露和交易所规则提出意向登记申请，此时转让方能否修改转让公告，进而不接受该联合受让体？根据32号令第20条，在正式披露信息期间，转让方原则上不得变更产权转让公告中公布的内容，例外情形是非转让方原因或其他不可抗力导致可能对转让标的价值判断造成影响。以排除联合受让体为由修改转让公告，不属于例外情形。因此，如果联合受让体符合转让公告条件，此时转让方只能接受该联合受让体，不能否定其受让资格。当然，虽然联合受让体成为意向受让方，但未必一定能够成为最终受让方，在出现多个意向受让方的情况下，还需要视竞价结果来定。

2. 联合受让体各方是否都必须符合受让资格条件

32号令第14条规定，“产权转让原则上不得针对受让方设置资格条件”。有原则，就有例外。32号令第14条同时又规定“确需设置的，不得有明确指向性或违反公平竞争原则，所设资格条件相关内容应当在信息披露前报同级国资监管机构备案，国资监管机构在5个工作日内未反馈意见的视为同意”。第15条关于转让方披露信息也列明“（五）受让方资格条件（适用于对受让方有特殊要求的情形）”。

在实践中，设置受让方资格条件的情形经常遇到，并且经常与联合受让存在关联。之所以二者产生关联，主要原因是有的意向受让方满足不了转让方设置的资格条件，但又想参与受让，客观上就会产生寻求一家符合资格条件的主体组成联合体的愿望，以达到参与受让的目的。在此情形下，判断联合受让体符合资格条件的规则是什么？由谁来定？不同的规则决定这种做法的成败。

对此，北京产权交易所《企业国有产权转让登记受让意向操作细则》和上海联合产权交易所《企业国有产权转让登记受让意向操作细则》（沪联产交〔2020〕45 号）作了完全一样的规定，即信息披露公告中设定受让方资格条件的，联合受让体各成员均需满足信息披露公告中的受让方资格条件，信息披露公告明确联合体其中一方满足受让资格条件即可的除外。这一规则原则上否定了不具备受让资格条件的意向受让方拟通过联合受让，从而规避受让资格条件约束的做法，但仍然留下了一个“小出口”，即除非转让方在信息披露公告中明确“联合体其中一方满足受让资格条件即可”。这一认定规则（原则上否定）与是否接受联合受让的规则（原则上允许）相反，但法理基础是一样的，都是从有利于维护转让方利益的角度而设定的。当然，根据意思自治原则，交易规则也允许转让方进行例外排除，但此种情形必须明示，既不能推定，也不能模糊不清。因此，对于不符合受让条件的意向受让方，必须特别注意信息披露公告中是否有“联合体其中一方满足受让资格条件即可”的表述，否则通过联合受让途径是达不到目的的。

3. 联合受让体能否对标的公司股权行使优先购买权

根据《公司法》第 71 条的规定，有限责任公司的股东对外转让股权，公司其他股东有优先购买权。为保证其他股东优先购买权在国有产权交易中得到有效实施，北京产权交易所《企业国有产权转让股东行使优先购买权操作细则》、上海联合产权交易所《股东行使优先购买权操作指引》对有关操作做了进一步细化。

联合受让体能否行使优先购买权，关键在于联合受让体的成员结构。对于全部由其他股东组成的联合受让体，当然具有优先购买权，这种情形与各单个其他股东行使优先购买权没有区别。对于联合受让体部分成员是其他股东，部分成员是外部投资人的情形，该联合受让体不享有优先购买权。原因在于，如果赋予该类联合受让体享有优先购买权，就意味着外部投资人也拥有了优先购买权，这不符合《公司法》关于股权转让优先购买权的规定。上海联合产权交易所《股东行使优先购买权操作指引》第 10 条第 2 款规定：“其他股东与外部投资人组成联合体参与受让的，该联合体不享有优先购买权。”

需要进一步说明的是，其他股东与外部投资人组成的联合体不享有优先购买权，这是根据《公司法》优先购买权规定作出的强制性规范，即使当事人做出相反规定，允许此类联合体享有优先购买权，也没有法律约束力。

4. 联合受让体的法律地位及内外部关系

联合受让体是根据《联合受让协议》组成的，本身并不是法律实体，也不具有独立法人地位。联合受让体的主要作用，就是各成员构成一致行动人，并确定联合受让代表，由其代表联合受让体办理受让事宜。这对于交易机构和转让方而言，减少了与各成员沟通成本，提高了交易效率。

（1）联合受让体必须签订并向交易机构提交《联合受让协议》，就联合受让事宜以及内部成员之间的关系做出约定。《联合受让协议》主要包括以下内容：①组成联合受让体的各方主体信息；②联合受让体拟参与受让的项目；③联合体内部各成员关于受让标的的分配比例及价格；④确定联合受让代表，授权其代表联合受让体办理受让事宜；⑤联合受让体各成员间的权利义务；⑥其他需要在联合受让协议中约定的事项。

（2）联合受让体必须确定联合受让代表，由该联合受让代表具体办理受让相关事宜。转让方和交易机构只需与联合受让代表接洽即可，联合受让代表的行为视为联合受让体的行为，一切法律后果都由联合体各成员承受。但如果联合受让体最终成为受让方，《产权交易合同》不能由受让代表签署，应当由转让方与联合受让体各成员共同签署。产权交易机构出具的产权交易凭证应载明受让方的名称为联合受让体各成员，并标明各成员的受让比例。

（3）联合受让体内部各成员关于受让标的的分配比例及价格，

仅对内部成员有约束力。如果内部成员对此发生争议，或者部分内部成员不按该分配比例及价格执行，由其内部解决。对外部而言，上述约定没有效力，转让方和交易机构可以要求任何一个成员承担连带责任。北京产权交易所《企业国有产权转让登记受让意向操作细则》、上海联合产权交易所《企业国有产权转让登记受让意向操作细则》都明确，各成员应当在《联合受让协议》中约定，各方对受让方所有义务承担连带责任。

5. 资产转让联合受让和企业增资联合体投资

（1）企业资产转让程序中的联合受让。32 号令规定“企业资产转让的具体工作流程参照本办法关于企业产权转让的规定执行”，因此，企业产权转让关于联合受让的分析同样适用于企业资产转让。

从交易规则来看，也允许资产转让中采取联合受让。例如，北京产权交易所《实物资产转让操作规则（试行）》第 33 条规定：“信息披露公告明确表示接受联合受让的，多个意向受让方可组成联合受让体，向北交所提交受让申请参与受让。联合受让体各成员应提交《联合受让协议》，约定各成员的权利义务。”上海联合产权交易所《物权交易操作指引》（2020 年 6 月 2 日修订）第 11 条将“多个主体联合受让的，应提交联合受让相关协议”作为受让申请材料的表述，意味着允许在资产转让中采取联合受让的方式。

需要强调的是，与产权转让中“推定接受”联合受让不同，北京产权交易所交易规则强调“信息披露公告明确表示接受联合受让的，多个意向受让方可组成联合受让体”。这意味着，如果转让方未明确表示接受联合受让的，意向受让方不能组成联合受让体参与受让。

（2）企业增资程序中的投资联合体投资。32 号令和北京、天津、上海、重庆 4 个直辖市产权交易所制定的交易规则中都未涉及企业增资过程中联合体投资的问题。这可能是考虑 32 号令允许增资企业设定投资方资格条件，在投资方选择标准和遴选方式方面也有较大的自主权，是否允许联合体作为投资人完全交由增资企业自主决定。

在交易实践中，有的增资企业在公告中明确接受联合体，有的明确不接受联合体，由增资企业根据自身情况决定。北京产权交易所2020年3月公告的增资项目中，中国交通建设集团有限公司的两家子公司，就选择了不同的方式。在“昆明中交东盛房地产有限公司增资项目”中，增资企业明确“本次增资不接受联合体投资”；在“惠州慧通置业有限公司增资扩股项目”中，增资企业明确“本项目接受联合体投资”。

【交易规则】

北京产权交易所《企业国有产权转让登记受让意向操作细则》（2020年7月31日施行）

第12条　信息披露公告未明确表示不接受联合受让的，多个意向受让方可组成联合受让体，向北交所提交受让申请，参与受让。

多个意向受让方组成联合体联合受让的，联合受让体的《产权受让申请书》中应载明各成员的受让比例。

第13条　信息披露公告中设定受让方资格条件的，联合受让体各成员均需满足信息披露公告中的受让方资格条件，信息披露公告明确联合体其中一方满足受让资格条件即可的除外。

第14条　联合受让体各成员应提交《联合受让协议》，《联合受让协议》主要包括以下内容：

（一）组成联合受让体的各方主体信息；

（二）联合受让体拟参与受让的项目；

（三）联合体内部各成员关于受让标的的分配比例及价格；

（四）确定联合受让代表，授权其代表联合受让体办理受让事宜；

（五）联合受让体各成员间的权利义务；

（六）其他需要在联合受让协议中约定的事项。

各成员应当在《联合受让协议》中约定，各方对受让方所有义务承担连带责任。

上海联合产权交易所《企业国有产权转让登记受让意向操作细则》（沪联产交〔2020〕45号）

第9条　信息披露公告未明确表示不接受联合受让的，多个意向受让方可组成联合受让体，向联交所提交受让申请，参与受让。联合受让体的《产权受让申请书》中应载明各成员的受让比例。

第10条 信息披露公告中设定受让方资格条件的，联合受让体各成员均需满足信息披露公告中的受让方资格条件，信息披露公告明确联合体其中一方满足受让资格条件即可的除外。

第11条 联合受让体应提交《联合受让协议》，《联合受让协议》主要包括以下内容：

（一）组成联合受让体的各方主体信息；

（二）联合受让体拟参与受让的项目；

（三）联合体内部各成员关于受让标的的分配比例及价格；

（四）确定联合受让代表，授权其代表联合受让体办理受让事宜；

（五）联合受让体各成员间的权利义务；

（六）其他需要在联合受让协议中约定的事项。

各成员应当在《联合受让协议》中约定各方对受让方所有义务承担连带责任。

四、境外主体参与国资交易的特殊规定

随着我国对外开放深化和世界经济全球化加速，越来越多的境外主体通过收购国有股权、参与国有企业增资扩股或者受让国有资产，参与到企业国有资产交易过程中。鉴于境外主体的特殊性，在参与国有资产交易时需要遵循一些特殊规定。

（一）政策环境

2015年9月23日，国务院印发《关于国有企业发展混合所有制经济的意见》（国发〔2015〕54号），为外资参与国企混改提供政策支持。意见特别强调，“有序吸收外资参与国有企业混合所有制改革。引入外资参与国有企业改制重组、合资合作，鼓励通过海外并购、投融资合作、离岸金融等方式，充分利用国际市场、技术、人才等资源和要素，发展混合所有制经济，深度参与国际竞争和全球产业分工，提高资源全球化配置能力。按照扩大开放与加强监管同步的要

求，依照外商投资产业指导目录和相关安全审查规定，完善外资安全审查工作机制，切实加强风险防范”。

2017年8月8日，国务院发布《关于促进外资增长若干措施的通知》（国发〔2017〕39号），通过减少外资准入限制、制定财税支持政策、完善国家级开发区综合投资环境、优化营商环境等措施，为促进外资增长提供政策支持。39号文特别强调，全面实施准入前国民待遇加负面清单管理制度，进一步扩大市场准入对外开放范围，持续推进专用车和新能源汽车制造、船舶设计、支线和通用飞机维修、国际海上运输、铁路旅客运输、加油站、互联网上网服务营业场所、呼叫中心、演出经纪、银行业、证券业、保险业对外开放。对境外投资者从中国境内居民企业分配的利润直接投资于鼓励类投资项目，凡符合规定条件的，实行递延纳税政策，暂不征收预提所得税。保障境外投资者利润自由汇出，对于境外投资者在境内依法取得的利润、股息等投资收益，可依法以人民币或外汇自由汇出。简化程序，放宽限制，支持境外投资者以并购方式设立外商投资企业，鼓励外资参与国有企业混合所有制改革。

2018年4月12日，国家发展改革委在官方网站发布《引入民资外资 完善治理结构 国有企业改革向纵深推进》，提出将进一步支持民资外资通过出资入股、收购股权、认购可转债、股权置换等多种方式，参与中央、地方各级国有企业改制重组或国有控股上市公司增资扩股以及企业经营管理，进一步健全规范各类资本的退出机制，完善改革配套政策，确保各类资本自由进入、无障碍退出，更大力度、更深层次推进混合所有制改革，实现各类所有制资本共赢发展。

再加上近年来陆续出台外商投资审批改备案的政策、进一步放宽外商投资准入负面清单的限制以及新的《外商投资法》实施，商务部、市场监督管理总局也陆续在具体操作层面为外资参与境内股权或资产交易提供了支持。

（二）交易文件特殊规定

根据32号令规定，企业国有资产交易应当在依法设立的产权交易机构中公开进行，产权交易机构负责意向受让方或投资方的登记工作，协助企业开展资格审查。以北京产权交易所和上海联合产权交易所为例，根据这两个交易所的交易规则，意向受让方或投资方申请参与交易时，需要提交主体资格文件以及内部决议或批准文件。境外投资者在提交上述文件时，存在以下特殊问题：

1. 主体资格需经公证认证

由于我国尚未加入《关于取消要求外国公文书认证的公约》（Convention Abolishing the Requirement of Legalisation for Foreign Public Documents，简称1961年《海牙取消认证公约》），外国文书送往中国使用，除有双边协议或多边协议或一国单方免除认证外，均须办理领事或使馆认证。

（1）须经公证认证的文件

境外投资者关于公司主体资格证明的公证认证文件主要包括：公司注册证书、公司章程、公司股东信息、董事人员名单、选举有权签字人的公司内部决议、有权签字人签字样式。

（2）公证认证程序

对于境外投资者主体资格公证认证的程序，可参考市场监管总局《关于贯彻落实〈外商投资法〉做好外商投资企业登记注册工作的通知》（国市监注〔2019〕247号）。该通知规定：

在申请外商投资企业登记时，申请人向登记机关提交的境外投资者的主体资格证明或者身份证明应当经所在国家公证机关公证并经中国驻该国使（领）馆认证。如其本国与中国没有外交关系，则应当经与中国有外交关系的第三国驻该国使（领）馆认证，再由中国驻该第三国使（领）馆认证。某些国家的海外属地出具的文书，应当在该属地办妥公证，再经该国外交机构认证，最后由中国驻该国使（领）馆认证。中国与有关国家缔结或者共同参加的国际条约对认证另有规定的除外。外国自然人来华投资设立企业，提交的身份证明文件为中华人民共和国外国人永久居留身份证的，无须公证。

香港特别行政区、澳门特别行政区和台湾地区投资者的主体资格证明或者身份证明应当按照专项规定或者协议，依法提供当地公证机构的公证文件。香港特别行政区、澳门特别行政区自然人投资者的身份证明为当地永久性居民身份证、特别行政区护照或者内地公安部门颁发的港澳居民居住证、内地出入境管理部门颁发的往来内地通行证；提交港澳居民居住证或者往来内地通行证的，无须公证。大陆公安部门颁发的台湾居民居住证、大陆出入境管理部门颁发的台湾居民往来大陆通行证，可作为台湾地区自然人投资者的身份证明且无须公证。香港特别行政区、澳门特别行政区自然人使用往来内地通行证、定居在国外的中国公民（华侨）使用护照申请登记注册的，可以通过全国企业登记身份管理实名验证系统进行实名验证，无须线下核实相关证件。

2. 有权决策机构决议文件

境外投资者收购国有股权或增资时，应当提供其有权决策机构同意参与收购或增资项目的决议文件。有权决策机构的认定一般应当依据该境外投资者章程中的约定，如章程中没有约定，则一般依据该境外投资者所在国的相关法律法规规定来判断。

此外，若境外投资者提供的申请文件为外文的，需要同时提供中文翻译文件。

（三）保证金及交易价款支付

根据32号令规定，国有资产交易双方应当通过产权交易机构进行结算。按照北京产权交易所和上海联合产权交易所的相关交易规则，交易资金包括交易保证金和交易价款，投资者在提交申请后，须按照公告要求缴纳保证金后才能确认受让或投资资格；在交易双方签订《产权交易合同》后，受让方或投资方交纳的交易保证金可以根据约定转为交易价款的一部分。交易资金一般应当以人民币进行结算，如果需要以外币结算，应当提前向交易机构提出申请，并按照国家外汇管理部门限定的外汇币种结算。交易价款以外汇结算的，交易双方应当按照国家外汇管理部门的相关规定办理结算手续。

以北京产权交易所为例，经国家外汇主管部门批准，北京产权交易所开设了外汇托管账户，用于外汇保证金或交易外汇价款的资金托管及结算事宜。

（1）境外投资者在提出受让或投资申请时，需与北京产权交易所签署《产权交易外汇保证金托管及结算协议》，并按照北京产权交易所出具的《外汇保证金汇入通知书》在限定时间内将可自由兑换的外汇货币保证金汇入北京产权交易所外汇托管账户。

（2）如该境外投资者成为最终受让方，应与转让方和北京产权交易所共同签署《产权交易外汇价款资金托管及结算协议》，将其余转让价款汇入指定的外汇托管账户，其交纳的交易保证金转作转让价款。

（3）待办理完交割手续后，凭相关材料经外汇管理局核准后将托管资金结汇划入转让方指定的银行账号；或托管资金经外汇管理局核准后划入符合相关外汇管理规定的外汇账户。

此外，在受让方依照相关交易合同约定支付托管资金后，相关汇率风险一般由转让方承担；但在交易未能成功的情况下，汇率风险将由受让方承担。

（四）境外投资者商务准入问题

我国外商投资准入经历了审批、备案、信息报告三个阶段：

1. 外商投资审批制

从改革开放之初到2016年10月1日之前的近40年间，我国一直对外商投资施行严格的准入管理和商务审批制度。根据《中外合资经营企业法》、《中外合作经营企业法》、《外资企业法》（俗称“三资企业法”，已失效）及其实施条例，涉及三资企业的设立、变更、转让等事项都必须经商务机关审批方能生效。

在国有资产交易中，根据当时产权交易机构的交易规则，经公开挂牌确定最终受让方之后，需要先向主管商务机关申请办理商务审批；取得商务机关的批复和新外商投资企业批准证书之后，才能向产权交易机构申请出具交易凭证，以及后续的交割结算手续。

2. 外商投资审批改备案

2016年9月3日，全国人大常委会发布《关于修改〈中华人民共和国外资企业法〉等四部法律的决定》①，规定举办三资企业不涉及国家规定实施准入特别管理措施的，原来的设立变更等审批事项改为备案管理，这是我国外商投资管理体制的一次重大变革。2016 年 10 月 8 日，商务部公布《外商投资企业设立及变更备案管理暂行办法》②，进一步明确备案程序。发展改革委和商务部随后发布《外商投资产业指导目录》及《外商投资准入特别管理措施（负面清单)》③。自此，实施了 37 年的外商投资逐案审批制，转变为备案制。

3. 外商投资备案改信息报告制

为进一步扩大对外开放，积极促进外商投资，保护外商合法权益，规范外商投资管理，推动形成全面开放的新格局，2020 年 1 月 1 日起施行的《外商投资法》废止了三资企业法，明确建立以负面清单管理制度、外商投资信息报告制度和外商投资安全审查制度为主的外商投资管理制度，将近年来的备案制再次改为信息报告制度。

根据《外商投资法》及《外商投资法实施条例》，在外商投资准入负面清单以外的领域，按照内外资一致的原则实施管理。国家建立外商投资信息报告制度，外国投资者或者外商投资企业应当通过企业登记系统以及企业信用信息公示系统向商务主管部门报送投资信息。外商投资信息报告的内容和范围按照确有必要的原则确定；通过部门信息共享能够获得的投资信息，不得再行要求报送。

交易机构也作出相应调整，不再要求提供商务审批或备案文件，

---

① 全国人大常委会发布的《关于修改〈中华人民共和国外资企业法〉等四部法律的决定》（以下简称《决定》）于 2016 年 10 月 1 日生效，该《决定》中包含的《中华人民共和国中外合资经营企业法》、《中华人民共和国外资企业法》和《中华人民共和国中外合作经营企业法》，已被 2020 年 1 月 1 日生效的《中华人民共和国外商投资法》废止。

② 《外商投资企业设立及变更备案管理暂行办法》于 2016 年 10 月 8 日生效，分别于 2017 年 7 月 30 日和 2018 年 6 月 29 日进行修订，2020 年 1 月 1 日《外商投资信息报告办法》生效后，《外商投资企业设立及变更备案管理暂行办法》同时废止。

③ 目前最新的是《外商投资准入特别管理措施（负面清单）（2021 年版)》《自由贸易试验区外商投资准入特别管理措施（负面清单）(2021 年版)》《鼓励外商投资产业目录（2022 年版)》。

境外投资者自行判断其是否符合外商投资产业指导目录和负面清单管理要求。

【核心法规】

《企业国有资产交易监督管理办法》（国资委、财政部令第32号）

第26条　受让方为境外投资者的，应当符合外商投资产业指导目录和负面清单管理要求，以及外商投资安全审查有关规定。

第27条　交易价款应当以人民币计价，通过产权交易机构以货币进行结算。因特殊情况不能通过产权交易机构结算的，转让方应当向产权交易机构提供转让行为批准单位的书面意见以及受让方付款凭证。

《外商投资法》

第28条　外商投资准入负面清单规定禁止投资的领域，外国投资者不得投资。

外商投资准入负面清单规定限制投资的领域，外国投资者进行投资应当符合负面清单规定的条件。

外商投资准入负面清单以外的领域，按照内外资一致的原则实施管理。

第34条　国家建立外商投资信息报告制度。外国投资者或者外商投资企业应当通过企业登记系统以及企业信用信息公示系统向商务主管部门报送投资信息。

外商投资信息报告的内容和范围按照确有必要的原则确定；通过部门信息共享能够获得的投资信息，不得再行要求报送。

第35条　国家建立外商投资安全审查制度，对影响或者可能影响国家安全的外商投资进行安全审查。

依法作出的安全审查决定为最终决定。

【交易规则】

北京产权交易所《企业国有产权转让结算交易资金操作细则》

第8条　交易资金一般以人民币进行结算。

以外币结算的，交易双方应当提前向北交所提出申请，并以外汇管理部门限定的外币币种结算。交易价款以外币结算的，交易双方应当按照外汇管理部门的相关规定办理结算手续。

五、国有出资有限合伙企业是否受32号令约束

《合伙企业法》修订后，有限合伙制基金成为我国私募股权投资基金（PE）的主流形式。基于《合伙企业法》第3条“国有独资公司、国有企业、上市公司以及公益性的事业单位、社会团体不得成为普通合伙人”的限制，国有企业一般作为基金的有限合伙人（LP），或者作为普通合伙人（GP）的参股股东，牵头或参与设立私募股权投资基金，以此种方式进军战略性新兴产业。因相关法律体系不够完善、监管政策不清晰等原因，国有企业转让其在有限合伙企业中的合伙份额，或者国有有限合伙转让其对外投资形成的企业产权，是否受32号令约束，并无明确答案。

（一）国有资产监督管理委员会相关政策

32号令第4条对纳入监管范围国有企业作了概念界定，但没有对有限合伙企业直接作出规定，是否适用取决于对“国有及国有控股企业、国有实际控制企业”的理解。虽然32号令在附则第66条规定“政府设立的各类股权投资基金投资形成企业产（股）权对外转让，按照有关法律法规规定执行”，但仅限于政府投资基金。根据《政府投资基金暂行管理办法》（财预〔2015〕210号）第2条规定，政府投资基金“是指由各级政府通过预算安排，以单独出资或与社会资本共同出资设立，采用股权投资等市场化方式，引导社会各类资本投资经济社会发展的重点领域和薄弱环节，支持相关产业和领域发展的资金”，第3条又规定政府出资“是指财政部门通过一般公共预算、政府性基金预算、国有资本经营预算等安排的资金”。从资金来源和资金用途来看，政府投资基金与国有企业投资设立的私募股权投资基金并不相同。因此，32号令第66条不能直接作为合伙企业排除适用的依据。

2018年5月16日，国资委、财政部、证监会联合发布《上市公

司国有股权监督管理办法》（国资委、财政部、证监会令第 36 号），对上市公司国有股东判断标准作出新的规定，并在第 78 条强调“国有出资的有限合伙企业不作国有股东认定，其所持上市公司股份的监督管理另行规定”。这是国资委对有限合伙企业适用问题的首次明确规定，但 36 号令规范的是上市公司国有股权监督管理，第 78 条所体现的监管思路能否同样适用于 32 号令，仍然存在疑问。

随后，国资委在官方网站“互动交流”栏目发布两条留言回复意见，对 32 号令是否适用于有限合伙企业作了回应：

在 2018 年 12 月 29 日的答复中，国资委认为：“《企业国有资产交易监督管理办法》（国资委、财政部令第 32 号）第 4 条是针对公司制企业中的国有及国有控股、国有实际控制等情形进行分类，合伙企业中合伙人的权益和义务应以合伙协议中的约定为依据。”

在 2019 年 5 月 27 日的答复中，国资委认为：“《企业国有资产交易监督管理办法》（国资委、财政部令第 32 号）适用范围是依据《中华人民共和国公司法》设立的公司制企业。国有企业转让有限合伙企业份额的监督管理另行规定。”

上述两个答复具有较强的针对性，但不是国资委正式答复，并且回复内容不全面、表述不够清晰，实践中仍然存在较大争议。

2020 年 2 月 7 日，国资委印发《有限合伙企业国有权益登记暂行规定》（国资发产权规〔2020〕2 号），要求国家出资企业（不含国有资本参股公司）及其拥有实际控制权的各级子企业对有限合伙企业出资所形成的权益及其分布状况进行登记。国资委有关负责人答记者问时强调，将在有限合伙企业国有权益登记工作的基础上，按照“不缺位、不越位、不错位”的监管要求，持续完善以管资本为主的国有资产监管体制，履行好监管职责。有分析认为，这表明监管层已开始着手明确涉及国有资本有限合伙企业的监管政策，很可能下一步会出台正式文件，对有限合伙企业国有权益“转让”作出明确规范。

（二）实务界三种观点

国有出资有限合伙企业是否适用 32 号令，直接影响有限合伙制私募基金决策效率与退出选择，一直是私募基金业界和法律界关注和争议的焦点。目前，实务界主要存在三种观点：

第一种观点认为应当适用32号令。主要理由是：32号令第3条、第4条在界定适用范围时，采用了“企业”而非“公司”的提法，有限合伙企业属于企业的一种，应当适用32号令。虽然国资委2019年在其网站互动交流栏目发布的回复意见认为有限合伙企业不适用32号令，但因该回复不是正式文件，并且也强调“上述回复仅供参考”，没有法律效力。2020年1月发布的《有限合伙企业国有权益登记暂行规定》，可能是建立有限合伙企业国资监管规则的序幕。在国家没有明确政策排除其适用之前，有限合伙企业应当适用32号令。

第二种观点认为不适用32号令。主要理由是：32号令的立法依据不包括《合伙企业法》，有限合伙基金特殊运作机制（主要是退出机制）决定其不宜适用32号令。32号令规定“政府设立的各类股权投资基金投资形成企业产（股）权对外转让，按照有关法律法规规定执行”，以及出台的《上市公司国有股权监督管理办法》明确“国有出资的有限合伙企业不作国有股东认定”，也从侧面表明有限合伙企业不纳入32号令的监管范围。2019年国资委在其网站“互动交流栏目”发布的回复意见，进一步表明32号令不适用于有限合伙基金。

第三种观点认为国有及国有控股企业、国有实际控制企业转让其在有限合伙企业中的合伙份额，应当适用32号令，因为产权转让主要看转让方的性质，不考虑目标企业的性质；但国有性质的有限合伙企业转让其对外投资形成的企业产权，不适用32号令，因为转让方有限合伙企业不作国有股东认定。

（三）国资交易实践

由于没有统一明确的规定，国资交易实践中存在不同做法。如2016年10月12日，重庆市国资委（渝国资信箱〔2016〕250号）回复意见认为，“合伙制股权基金企业不适用《企业国有资产交易监督管理办法》”。2017年12月16日，新疆产权交易所在其公众号发表“合伙企业份额资产进场交易应当注意的几个问题”，认为“国有企业持有合伙企业份额资产所形成出资权益属于《企业国有资产交易监督管理办法》第三条情形，其转让行为应按照进场交易程序进入产权交易机构转让”。①

2020年2月国资委发布《有限合伙企业国有权益登记暂行规定》后，北京产权交易所“北交所产权评论第二十三期”发表文章认为，有望推动有限合伙企业财产份额和所持企业股权进场交易。文章指出，虽然政策上，国有有限合伙企业财产份额和所持企业股权的退出不需要进场交易，但考虑其国有身份，仍要考虑这一类国有资产的退出规范性和保值增值问题。同时，一些中央和地方国有企业一直在通过产权市场转让国有基金份额以及所持企业股权。以北京产权交易所为例，2017年至2019年，共发生39项该类资产交易，成交金额达到56.99亿元。2018年3月，华侨城集团一家子企业通过北京产权交易所转让深圳市前海青松创业投资基金管理企业（有限合伙）6%基金份额，两家意向受让方以网络竞价方式展开竞争，最终成交价格3725万元，较评估值溢价5.5%。通过产权市场公开挂牌寻找意向受让方，可以实现国有资产规范高效的交易，这也是企业国有资产监管的应有之义。

第二节 程序相关问题

一、标的企业是否必须就股权转让事项召开股东会并形成股东会决议

股权转让本质上属于股东的一项重要的法定权利。从理论上讲，只要股东履行作为转让方应尽的内部决策批准程序、向标的企业（主要指有限责任公司）其他股东履行股权转让通知义务，就可以转

① 经查询新疆产权交易所网站，有多项涉及合伙企业份额资产挂牌信息。如2019年4月19日发布的“新疆生产建设兵团投资有限责任公司转让持有新疆生产建设兵团联创股权投资有限合伙企业10，000万元出资份额交易公告（二次挂牌）（国资监测编号：G32018 XJ1000463－2）”。

让自己所持有的股权，并不需要征得标的企业同意，也无须标的企业召开股东会作出决议。

从现行企业国有资产交易法规来看，也没有查到要求标的企业就股权转让行为召开股东会进行决议的明确规定。32 号令第 9 条提及的“产权转让应当由转让方按照企业章程和企业内部管理制度进行决策，形成书面决议”，针对的是转让方对产权转让行为的决策批准要求，并不涉及标的企业。第 15 条规定的转让方披露信息中，涉及标的企业事项包括 4 项：（一）转让标的基本情况；（二）转让标的企业的股东结构；（三）转让标的企业最近一个年度审计报告和最近一期财务报表中的主要财务指标数据，包括但不限于资产总额、负债总额、所有者权益、营业收入、净利润等（转让参股权的，披露最近一个年度审计报告中的相应数据）；（四）企业管理层是否参与受让，有限责任公司原股东是否放弃优先受让权。这些披露信息中都没有明确要求提供标的企业股东会决议等内部决策文件。从《公司法》的规定来看，股东转让股权，也不是公司股东会的职权，工商登记也不再要求提供股东会决议①。

但在实践中，部分产权交易所要求提供标的企业就股权转让事项所作出的股东会决议。北京产权交易所《产权转让信息披露申请书》第 8 项会员核实意见部分“标的资料清单”中列明“内部决议类资料”，选项包括股东会决议、董事会决议、职工大会或职工代表大会决议、职工安置方案。上海联合产权交易所《产权转让信息披露申

---

① 股东转让股权会引发股权结构变动，需要修改章程，但此种情形修改章程无须股东会表决。《公司法》第 73 条规定：“依照本法第七十一条、第七十二条转让股权后，公司应当注销原股东的出资证明书，向新股东签发出资证明书，并相应修改公司章程和股东名册中有关股东及其出资额的记载。对公司章程的该项修改不需再由股东会表决。”北京市市场监督管理局对有限公司变更登记所需提交材料作出以下规定：股东向其他股东转让全部股权的，可不提交股东会决议、决定，提交股东双方签署的股权转让协议或者股权交割证明；股东向股东以外的人转让股权的，提交其他股东过半数同意的文件，其他股东接到通知 30 日未答复的，提交拟转让股东就转让事宜发给其他股东的书面通知的，可不提交股东会决议、决定。

请书》（2020 版）第 1 项标的企业简介部分“内部审议情况”的“内部决策形式”中列明“以下决议已按有关法律法规要求完成，议事规则和决策程序符合规定”，这些决议包括：股东会决议、董事会决议、总经理办公会议决议、股东决定、其他。

北京产权交易所、上海联合产权交易所的做法，实际上是“履行股东同意手续”的一种方式，本意并不是要求标的企业必须召开股东会并形成股东会决议。根据《公司法》及前文分析，有限责任公司股东对外转让股权，应当向其他股东履行通知义务，维护其他股东的优先购买权。拟转让股权的股东当然可以向其他股东一一发出通知，征求其他股东是否同意的意见，但相对于由标的企业以股东会决议形式作出决定，股东会决议可以缩短时间，也更加权威，便于将来的受让方履行章程变更等手续，更好地融入到公司治理中。

因此，提供标的企业股东会决议也不违反现行规定，但交易所不能将此作为强制性要求。在实践中，可能存在标的企业由于股东僵局、董事会不作为等各种原因无法召开股东会的情形，如果不能形成股东会决议，就应当允许股东按照《公司法》的规定，采取单个书面通知其他股东的方式，作为“履行股东同意手续”的形式。重庆联合产权交易所《产权转让信息发布申请书》在“标的企业简况”中就列明“涉及有限责任公司股东对外转让的”的处理方式，明确“是否已按公司法、其他有关法律法规及章程要求，履行股东同意手续”，其中“履行股东同意手续的方式”包括“股东会决议”和“其他”，既表明“股东会决议”是“履行股东同意手续的方式”，又明确了“其他”方式，给当事人更多的选择权。

【核心法规】

《公司法》

第 87 条　依照本法转让股权后，公司应当及时注销原股东的出资证明书，向新股东签发出资证明书，并相应修改公司章程和股东名册中有关股东及其出资额的记载。对公司章程的该项修改不需再由股东会表决。

《企业国有资产交易监督管理办法》（国资委、财政部令第32号）

第9条　产权转让应当由转让方按照企业章程和企业内部管理制度进行决策，形成书面决议。国有控股和国有实际控制企业中国有股东委派的股东代表，应当按照本办法规定和委派单位的指示发表意见、行使表决权，并将履职情况和结果及时报告委派单位。

第15条　转让方披露信息包括但不限于以下内容：

（一）转让标的基本情况；

（二）转让标的企业的股东结构；

（三）产权转让行为的决策及批准情况；

（四）转让标的企业最近一个年度审计报告和最近一期财务报表中的主要财务指标数据，包括但不限于资产总额、负债总额、所有者权益、营业收入、净利润等（转让参股权的，披露最近一个年度审计报告中的相应数据）；

（五）受让方资格条件（适用于对受让方有特殊要求的情形）；

（六）交易条件、转让底价；

（七）企业管理层是否参与受让，有限责任公司原股东是否放弃优先受让权；

（八）竞价方式，受让方选择的相关评判标准；

（九）其他需要披露的事项。

其中信息预披露应当包括但不限于以上（一）、（二）、（三）、（四）、（五）款内容。

二、全民所有制企业、集体所有制企业是否必须先改制才能进行交易

全民所有制企业和集体所有制企业是我国计划经济时期的两种企业组成形式，其典型特征就是产权不明晰，运行过程中容易出现所有权、决策权和经营权不明晰的情况。中共中央、国务院《关于新时代加快完善社会主义市场经济体制的意见》明确提出：健全归属清晰、权责明确、保护严格、流转顺畅的现代产权制度。基于全民所有

制企业、集体所有制产权制度的特殊性，如何进场交易是实践中遇到的一个问题。

（一）两类企业概念界定及改革方向

1. 关于全民所有制企业。根据《全民所有制工业企业法》，全民所有制工业企业是依法自主经营、自负盈亏、独立核算的社会主义商品生产和经营单位，同时该法第65条明确："本法的原则适用于全民所有制交通运输、邮电、地质勘探、建筑安装、商业、外贸、物资、农林、水利企业。"因此，虽然我国没有制定过"全民所有制企业法"，但实际上《全民所有制工业企业法》的适用对象几乎包括全部全民所有制企业。

在工商登记领域和国有资产交易实践中，全民所有制企业作为企业组织形式的一种，专指依照《全民所有制工业企业法》《企业法人登记管理条例》登记的国有企业（营业执照"类型"列明"全民所有制"），一般泛指实行公司制改制前的老国有企业，不包括依据《公司法》《公司登记管理条例》登记的公司制国有企业。

2. 关于集体所有制企业。分为城镇集体所有制企业①和乡村集体所有制企业，国务院于20世纪90年代初分别制定行政法规予以规范。

一是1990年7月1日起施行的《乡村集体所有制企业条例》（已修改，最新为2011年版），规定乡村集体所有制企业是由乡（含镇）村（含村民小组）农民集体举办的企业，是我国社会主义公有制经济的组成部分。

二是1992年1月1日起施行的《城镇集体所有制企业条例》（已修改，最新为2016年版），规定城镇集体所有制企业是财产属于劳动群众集体所有、实行共同劳动、在分配方式上以按劳分配为主体的社会主义经济组织。

---

① 包括厂办大集体。厂办大集体，是指由国有企业批准或资助兴办的，以安置回城知青和职工子女就业为目的，主要向主办企业提供配套产品或劳务服务，由主办企业委派人员或领导参与生产经营并在工商行政机关登记注册为集体所有制的企业。

3. 两类企业改革方向。改革开放后，我国的企业组织形成发生了重大变化，全民所有制企业、集体所有制企业逐步向公司制企业改制，企业立法也从按所有制标准向按组织形式转化。2016 年 11 月 4 日，中共中央、国务院《关于完善产权保护制度依法保护产权的意见》强调“健全以企业组织形式和出资人承担责任方式为主的市场主体法律制度，统筹研究清理、废止按照所有制不同类型制定的市场主体法律和行政法规”。

以中央企业为例，2017 年 7 月 18 日，国务院办公厅《关于印发中央企业公司制改制工作实施方案的通知》（国办发〔2017〕69 号）明确要求：“2017 年底前，按照《中华人民共和国全民所有制工业企业法》登记、国务院国有资产监督管理委员会监管的中央企业（不含中央金融、文化企业），全部改制为按照《中华人民共和国公司法》登记的有限责任公司或股份有限公司。”2019 年 9 月，国资委宣布中央企业集团层面和 2600 多户全民所有制子企业全部完成公司制改制，实现了历史性突破。

比如，厂办大集体，2011 年 4 月 18 日，国务院办公厅《关于在全国范围内开展厂办大集体改革工作的指导意见》（国办发〔2011〕18 号），提出对能够重组改制的厂办大集体，可按照公司法等有关法律法规和政策规定，通过合资、合作、出售等多种方式，改制为产权清晰、面向市场、自负盈亏的独立法人实体；对不具备重组改制条件或亏损严重、资不抵债、不能清偿到期债务的厂办大集体，可实施关闭或依法破产。2016 年 11 月 16 日，国务院《关于深入推进实施新一轮东北振兴战略加快推动东北地区经济企稳向好若干重要举措的意见》（国发〔2016〕62 号）提出，加快解决历史遗留问题，2017 年年底前推动厂办大集体改革取得实质性进展，2018 年年底前基本完成国有企业职工家属区“三供一业”分离移交工作。

随着改革的不断深入，可以预见，全民所有制企业和集体所有制企业两种组织形式，最终将被公司制、合伙制企业替代。

（二）两种操作方式

“进场交易”是企业国有资产交易的根本要求，不仅适用于公司制国有企业，也适用于全民所有制企业。随着改革深入推进，全民所有制企业和集体所有制企业数量不断减少，但他们也有资产交易的现实需要，并且进场交易也是推进两类企业改制的重要方法。

总的来看，有两种操作方式：

1. 先改制再进场交易。此种方式是把两类企业先改制为独资公司，在此基础上再通过进场交易引入新的投资方或者转让产权。但将改制程序和交易程序彻底分开，会增加时间、财务等各方面的成本，不能满足实践需要。

2. 改制与进场交易同步推进。这种方式是把改制和进场交易结合起来统筹推进，既能通过引入第三方推进改制进程，又能加速交易进程，极大提高了进场交易的便利性。

从政策层面来看，32 号令第 3 条将受监管的企业分为“国有企业”、“国有控股企业”和“国有实际控制企业”，不再区分企业的组织形式是公司制还是非公司制，这意味着未改制的全民所有制企业直接可以进场交易，并无法律障碍。比如，北京市国资委《市属国有企业混合所有制改革操作指引》（京国资发〔2019〕15 号）明确，“市属国有企业通过产权转让、增资扩股方式实施混合所有制改革的，应当按照 10 号文①的规定在北京产权交易所进行”。《上海市产权交易市场管理办法实施细则》（2009 年修订）第 19 条还特别强调“国有独资或控股企业实施改制并公开转让产权的”过渡期权益变化的处理。实践中按照 32 号令规定的程序执行即可，不再赘述。

对于集体企业产权转让是否进场，国家层面没有统一规定，地方主要采取两种方式。

第一种是不强制要求集体企业产权进场交易，只是明确“可以”在产权交易机构进行，并且将这种进场交易与国有产权交易区分，适用企业非国有产权交易规则。例如，《北京市产权交易管理规定》第

① 北京市国资委、市财政局《关于贯彻落实〈企业国有资产交易监督管理办法〉的意见》（京国资发〔2017〕10 号）。

5 条第 3 款规定："城镇集体企业产权以及其他产权的交易，可以在产权交易机构进行。"第 9 条第 2 项规定："城镇集体企业，应当经出资人同意并经职工（代表）大会讨论通过。"第 21 条第 3 款规定："集体企业产权的转让价格，以具有合格资质的资产评估机构的评估值作为参考依据：转让价格低于评估结果 90% 的，应当经集体企业产权所有者同意。"2019 年 6 月，北京产权交易所还制定了《企业非国有产权交易规则》，涵盖了集体企业产权转让交易规则。

第二种是强制要求进场交易，交易规则与国有产权交易基本相同。例如，《上海市产权交易市场管理办法》第 5 条第 1 款明确规定："本市所辖国有、集体产权的交易，应当在产权交易市场进行。"《上海市产权交易市场管理办法实施细则》（2009 年修订）进一步细化了国有和集体企业产权相关交易程序，并在第 24 条第 3 款强调："未经联交所审核出具产权交易凭证的本市国有产权或集体产权交易，各有关部门应当不予办理权证变更手续。"

以上对全民所有制企业、集体所有制企业产权转让内容分析，同样适用于两类企业的增资程序。此外，如果这两类企业进行"企业资产转让"（主要是指生产设备、房产、在建工程以及土地使用权、债权、知识产权等），因为不涉及产权结构变动，完全可以直接"进场交易"，是否改制在所不同。

【核心法规】

《北京市产权交易管理规定》

第 5 条　本市所属企业国有产权的交易，应当在市国有资产监督管理机构选择确定的产权交易机构公开进行。

金融类企业国有产权转让和上市公司的国有股权转让，依照国家有关规定执行。

城镇集体企业产权以及其他产权的交易，可以在产权交易机构进行。

第 9 条　转让企业产权，应当履行下列手续：

（一）企业国有产权转让的，应当按照《企业国有产权转让管理暂行办法》规定的批准程序办理。

（二）城镇集体企业，应当经出资人同意并经职工（代表）大会讨论通过。

第21条　产权交易价格可以采取拍卖、招标方式确定，也可以由转让方和受让方协议确定。

企业国有产权转让价格的确定依照《企业国有产权转让管理暂行办法》的规定执行。

集体企业产权的转让价格，以具有合格资质的资产评估机构的评估值作为参考依据；转让价格低于评估结果90%的，应当经集体企业产权所有者同意。

《上海市产权交易市场管理办法》

第5条　本市所辖国有、集体产权的交易，应当在产权交易市场进行。

中央企业国有产权和其他产权，可以进入产权交易市场进行交易。

在产权交易市场进行产权交易，不受地区、行业、出资或者隶属关系的限制。

三、企业产权转让与债权转让能否同时进行

根据32号令第48条，企业一定金额以上的生产设备、房产、在建工程以及土地使用权、债权、知识产权等资产对外转让，应当按照企业内部管理制度履行相应决策程序后，在产权交易机构公开进行。因此，债权转让应当按32号令第四章“企业资产转让”一章规定的程序执行。32号令第四章“企业资产转让”一章共有5个条文，相对于第二章“企业产权转让”27个条文而言，条文数量明显不足，这主要是因为“企业资产转让”与“企业产权转让”在工作流程上基本相同，32号令第50条第2款明确规定“企业资产转让的具体工作流程参照本办法关于企业产权转让的规定执行”。

因此，从工作流程来看，产权转让和债权转让基本适用同样的程序，这为产权转让与债权转让同时进行提供了基础。同时，从交易标的来看，产权和债权分属两类性质，无论是法律关系还是价格的确定，都是分离的，二者在交易过程中互不影响。

在交易实践中，交易机构允许将债权和股权捆绑转让。北京产权

交易所《企业国有产权转让股东行使优先购买权操作细则》第 14 条规定："转让方将对标的企业债权或其他资产与股权进行捆绑转让时，其他股东主张行使优先购买权的，应一并受让其债权或其他资产。"上海联合产权交易所《股东行使优先购买权操作指引》（沪联产交〔2019〕55 号）第 10 条第 1 款规定："转让方将对标的公司债权与股权进行捆绑转让时，其他股东主张行权的，应一并受让。"虽然这两个规定都是涉及优先购买权的操作细则，但从条文的表述可以看出，交易机构是允许将债权与股权进行捆绑转让的。

需要强调的是，虽然实践中债权与股权可以捆绑转让，但捆绑在一起的股权与债权应当具有相关性。最常见的就是股东转让其拥有的标的企业股权，同时该股东又是标的企业的债权人，即股东具有双重身份，通过这个双重身份将股权转让与债权转让联系在一起，进而具有捆绑转让、同步进行的基础。如果没有这种关联关系，比如，转让股权的股东与转让债权的债权人是不同主体，或者股权标的企业和债务人是不同主体，二者不具有同一性，则不能捆绑转让、同步进行。

【相关案例】①

山东九合地产有限公司（以下简称九合地产）是由山东高新置业有限公司（以下简称山东高新）、济宁银通源担保有限公司等 3 家股东投资设立的房地产开发企业，其中山东高新持股 42%。标的企业成立于 2006 年，注册资本 2000 万元，核心资产为济南市一未开发地块。山东高新既是标的企业股东，同时享有九合地产 4881 万元债权。为避免出现退出标的企业后债权难以追回的风险，经高新集团（山东高新母公司）研究决定，山东高新本次转让所持九合地产全部股权的同时，将债权捆绑一并转让，以确保一次转让收回对标的企业的全部权益。

通过多层次市场推介，济南森茂置业咨询有限公司、济宁银通源担保有限责任公司、山东天齐房地产开发有限公司共 3 家公司正式提交了受让申请。前置性工作顺利完成后，2010 年 1 月 22 日九合地产

---

① 摘自北京产权交易所网站。

42%股权及4881万元债权项目的网络竞价在北京产权交易所举行。

经过数轮竞价山东天齐房地产开发有限公司以6070万元报价成为网络竞价最高报价人，按照竞价文件的规定，还可以进行一次最终报价。考虑标的企业原股东可能行使优先购买权的因素，该公司最终书面报价高达10,070万元。随即转让方以该价格征询原股东是否行使优先购买权，该标的原股东在获知竞买方报价后迟迟不予答复。经北京产权交易所正式函告原股东后，原股东仍未表态，按照约定视为弃权。北交所随即组织最高报价人与转让方签署产权交易合同，该项目最终以10,070万元的价格成交，相对于评估值6011万元增值67.5%，国有资产实现增值4059万元。

四、企业产权转让与企业增资能否同时进行

32号令对企业产权转让和企业增资能否同时进行无明确规定。在实践中，产权转让和企业增资①一般都是分次进行。北京市国资委、市财政局《关于贯彻落实〈企业国有资产交易监督管理办法〉的意见》（京国资发〔2017〕10号）规定："企业产权转让和企业增资，原则上应当分次进行。"

不能同时进行的原因，主要是企业产权转让与企业增资在交易目的、交易流程、交易价格形成机制、实际操作等方面难以协同，有时甚至存在冲突。

1. 从交易目的来看，企业产权转让程序中的意向受让方与企业增资程序中的意向投资方，都想通过交易成为标的企业股东，对标的企业的股权结构、股东人选高度关注。在某种程度上，这两类潜在股东存在一定的利益冲突，如果双方互不信任，就难以推进交易程序。

2. 从交易流程来看，产权转让信息披露一般是20个工作日，增

① 本书主要讨论引入外部投资方的企业增资，此种情形下需要通过进场公开征集意向投资方。对于企业原股东增资，根据32号令第46条的规定，可以采取非公开协议方式进行增资，不是本书关注的对象。并且此种情形下，意向投资方是确定的，即公司原股东，可以与产权意向受让方直接沟通，并且可以行使优先购买权，不存在同步进行的障碍。

资程序中信息披露一般是40个工作日，相差20个工作日，在这期间，产权转让程序中的意向受让方可以办理完交易和工商变更程序，捷足先登成为标的企业新股东。既然作为新股东，就可能会对仍在进行中的企业增资提出不同甚至反对意见，这无疑对标的企业增资程序产生不利影响，更会增加意向投资方的不确定。极端情形下，增资程序会终止。

3. 从交易价格来看，产权转让按价高者得原则产生，企业增资可单独或组合采用竞价、竞争性谈判、综合评议等方式择优选择投资方。因此，产权受让方和投资方取得股权的价格往往是不同的，如果两个程序同时进行而股权价格不同，有悖于同次交易中同股同价原则，也不利于将来的公司治理。

4. 从实际操作角度来看，企业产权转让和企业增资都是通过进场程序公开征集意向受让方、意向投资方，意向受让方和意向投资方的数量和主体都存在不确定性，沟通起来比较困难，难以在短时间内达成交易。

凡事有原则就有例外。虽然企业产权转让和企业增资原则上应当分次进行，但也有同时进行的例外情形。北京市国资委、财政局《关于贯彻落实〈企业国有资产交易监督管理办法〉的意见》（京国资发〔2017〕10号）就规定："意向受让方与意向投资人一致，产权转让与增资确需同时进行的，应按照产权转让的相关规定公开征集受让方，信息披露时间不得少于40个工作日。"2019年11月8日，国资委发布的《中央企业混合所有制改革操作指引》（国资产权〔2019〕653号）进一步指出："企业增资与产权转让同步进行。企业混合所有制改革后继续保持国有控股地位的，如增资过程中国有股东拟同步转让其所持有的少部分企业产权，统一按照增资流程操作，产权转让价格应与增资价格保持一致。"

从以上例外规定可以看出，企业增资与产权转让能够同步进行的根本原因在于，意向受让方与意向投资人一致。在实务操作中，以产权转让程序为主还是以企业增资程序为主，主要取决于交易是以转让为主附带增资（如京国资发〔2017〕10号提到的情形），还是以增资为主附带产权转让（如国资产权〔2019〕653 号提到的混改情形，主要考虑混改以增资扩股形式为主）。如果是前者，则按产权转让程序流程操作；如果是后者，则按增资程序流程操作。

以按增资程序流程操作为例，增资与产权转让绑定，意向投资人（同时也是产权转让的意向受让人）可根据信息披露要求向产权交易机构申请意向投资登记；出现多个意向投资人情形的，可以采用竞价、竞争性谈判、综合评议等方式进行多轮次遴选；最终由增资企业董事会或股东会以资产评估结果为基础，结合意向投资方的条件和报价等因素审议选定投资方。

五、交易双方未在约定期限签约情形的处理

受让方确定后，应当在交易条件约定的期限内与转让方签约。32 号令第 23 条规定，受让方确定后，转让方与受让方应当签订产权交易合同。120 号文第 24 条规定，产权交易机构应当在确定受让方后的次日起 3 个工作日内，组织交易双方签订产权交易合同。在产权交易机构制定的交易规则中，一般也规定受让方确定后，交易双方应当按照信息披露公告的要求及时签订产权交易合同。实践中，约定受让方在成交后签约的具体期限是信息披露中交易条件的一项重要内容，有的约定 3 个工作日内，有的约定 5 个工作日内。

在国有资产交易实践中，正常情况下交易双方都能够按约定期限签约，但也存在受让方确定后，出于各种原因未能签约的情形，有的因此引发诉讼。本书仅以企业产权转让为例，对相关问题作简要说明。

（一）交易合同是否成立

一种观点认为，受让方一经确定就表明交易已经达成，交易双方已经就交易行为达成了一致意思表示，双方之间的合同关系成立。主要理由是：《合同法》规定承诺生效时合同成立。受让方确定后，当事人的名称、标的、数量和价款已经确定，符合《合同法司法解释（二）》关于“当事人对合同是否成立存在争议，人民法院能够确定

当事人名称或者姓名、标的和数量的，一般应当认定合同成立”的规定。

另一种观点认为，交易双方之间未签订书面产权交易合同，双方之间的产权交易合同并未成立。主要理由：《合同法》规定当事人采用合同书订立合同的，自双方当事人签字或者盖章时合同成立。

关于合同成立，《民法典》基本上沿用了原《合同法》的规定。《民法典》第469条第1款和第2款规定，当事人订立合同，可以采用书面形式、口头形式或者其他形式。书面形式是合同书、信件、电报、电传、传真等可以有形地表现所载内容的形式。第490条第1款规定，当事人采用合同书形式订立合同的，自当事人均签字、盖章或者按指印时合同成立。在签名、盖章或者捺指印之前，当事人一方已经履行主要义务，对方接受时，该合同成立。

因此，对于采用书面形式订立的国有产权交易合同，绝大多数情况下，交易双方只有在签署书面产权交易合同时，合同才成立。在司法实践中，人民法院认定此种情形下产权交易合同不成立[①]。在北京市第二中级人民法院（2017）京02民终6179号股权转让纠纷案中，一审法院就“中海油公司与津圣渤雅公司就富岛大酒店55%股权转让的合同关系是否已经成立”作出如下认定：

《中华人民共和国合同法》（以下简称《合同法》）第十条规定：当事人订立合同，有书面形式、口头形式和其他形式。法律、行政法规规定采用书面形式的，应当采用书面形式。当事人约定采用书面形式的，应当采用书面形式。第三十二条规定：当事人采用合同书形式订立合同的，自双方当事人签字或者盖章时合同成立。《企业国有产权交易操作规则》第三十四条约定，产权交易机构应当在确定受让方后的次日起3个工作日内，组织交易双方签订产权交易合同。本案中，根据《产权转让公告》中关于交易条件的内容“意向受让方同

①《民法典》颁布后尚无此类案例，但基于《民法典》关于合同成立相关规定与原《合同法》内容无实质性变化，此前案例仍具有重要意义，同时相关案例仍引用原《合同法》表述。

意自被确认为最终受让方后3个工作日内与转让方签署《产权交易合同》，并在合同生效后3个工作日内支付剩余交易价款到北交所指定账户”。以及《产权交易合同》文本中所约定的“本合同自甲乙双方的授权代表签字或盖章之日起生效”的内容可知，签署书面的《产权交易合同》系中海油公司和津圣渤雅公司就富岛大酒店55%股权转让合同订立之成立及生效要件，现双方之间并未签订书面《产权交易合同》的情况下，中海油公司和津圣渤雅公司之间的股权转让合同并未成立，且根据涉案项目现在已经停牌的实际情况，中海油公司主张终止与津圣渤雅公司之间的交易关系已经实际发生，无须通过判决再行确认，但因股权转让合同未成立，故亦不存在解除双方之间股权转让合同的情形。

在北京市第二中级人民法院（2017）京02民终4110号合同纠纷案中，一审法院就产权交易合同是否成立作出如下认定：

某旅行社系全民所有制企业，其上级单位A公司对外转让持有的国有产权项目应当依据《企业国有产权转让管理暂行办法》（以下简称《转让办法》，已失效）的规定办理，《转让办法》第十七条第四款规定：“企业国有产权转让成交后，转让方与受让方应当签订产权转让合同，并应当取得产权交易机构出具的产权交易凭证。”北交所的公告中载明：受让人应在被确定后5个工作日内订立书面合同，并在合同生效后3个工作日内支付剩余价款。根据《转让办法》和公告内容，出让人与买受人设立有效的买卖合同关系应订立书面合同。A公司通过北交所公告出让意向并附有《产权交易合同》文本，B公司参与动态报价，在征得两个意向受让人后，因其在多次报价中出价最高而被确定为受让人，B公司系以该价格受让标的为意思表示内容向A公司作出了要约，而A公司经过对主体资格审核等通过北交所告知B公司被确认为受让方即为承诺，双方已经达成了一致的意思表示，但该意思表示还应经双方当事人在书面合同中签字或者盖章，合同方成立。因B公司与A公司尚未依据约定签订书面转让合同，故双方之间的买卖合同关系尚未成立。

（二）未签约应承担的法律责任

由于合同不成立，双方均无须承担违约责任，但违背诚信原则的行为造成对方损失的，应当依法承担缔约过失责任。《民法典》合同编第500条规定：“当事人在订立合同过程中有下列情形之一，造成对方损失的，应当承担赔偿责任：（一）假借订立合同，恶意进行磋商；（二）故意隐瞒与订立合同有关的重要事实或者提供虚假情况；（三）有其他违背诚信原则的行为。”这一规定与原《合同法》第42条的规定一致。

实践中，为防止意向受让方被确定为受让方后，不按约定时限与转让方签署产权交易合同，转让方一般都在信息披露中要求意向受让方事先交纳交易保证金。所谓交易保证金，是指意向受让方按信息披露公告的要求，向产权交易机构交纳的用于保证其遵守交易规则、履行承诺的货币资金。如果受让方不按约定签署产权交易合同，保证金将被扣除，责任性质为缔约过失责任；如果按照约定签署产权交易合同，保证金转为交易价款。

交易保证金的设置依据，主要是国资委120号文，转让方可以在产权转让公告中提出交纳交易保证金的要求；产权交易机构应当明示交易保证金的处置方式；通过资格确认的意向受让方在事先确定的时限内向产权交易机构交纳交易保证金（以到达产权交易机构指定账户为准）后获得参与竞价交易资格，逾期未交纳保证金的，视为放弃受让意向。在交易规则层面，北京产权交易所《企业国有产权转让交易保证金操作细则》明确，意向受让方应当按照北京产权交易所出具的《受让资格确认通知书》要求，将交易保证金交纳至北京产权交易所指定的保证金专用账户，支付时间以到达北京产权交易所指定的保证金专用账户时间为准。意向受让方未在约定期限内交纳交易保证金的，视为放弃受让资格。天津产权交易中心《企业国有产权转让登记受让意向操作细则》进一步明确，意向受让方交纳交易保证金的截止日期一般为交易中心出具《受让资格确认通知书》之次日起3个工作日内，意向受让方按规定交纳交易保证金后获得资格确认，意向受让方逾期未交纳保证金的视为放弃受让资格。

关于交易保证金比例，32号令和国资委相关政策未直接规定，主要由产权交易机构制定的交易规则明确。北京、天津、重庆等地产权交易机构在交易规则中都明确，交易保证金金额一般不超过挂牌价的30%。以北京产权交易所为例，《企业国有产权转让交易保证金操作细则》第6条规定："转让方设定的交易保证金金额，一般不超过转让标的转让底价的30%。"《企业国有产权转让受理转让申请操作细则》第13条规定，保证金的交纳数额一般不超过转让标的转让底价的30%。

交易保证金设置实例

2020年4月，北京产权交易所网站发布的"北京某某置业有限公司49%股权"转让项目中，转让方设置交易保证金具体要求如下：

1. 意向受让方须在受让资格确认后3个工作日内支付人民币8059万元的交易保证金至北京产权交易所指定账户（以到账时间为准）……

2. 若非转让方原因，出现以下任何一种情况时，意向受让方所交纳保证金将被扣除：……在被确定为受让方后未按约定时限与转让方签署《产权交易合同》及未按约定时限支付除保证金外剩余交易价款的……

交易保证金争议司法判例

在北京市第二中级人民法院（2017）京02民终6179号股权转让纠纷案中，一审法院认为津圣渤雅公司在被确认为唯一受让方后，未按约定与中海油公司签署《产权交易合同》，应当承担相应的缔约过失责任，该缔约过失责任在《产权交易公告》中亦有明确约定，即中海油公司有权划扣津圣渤雅公司交纳的751万元的保证金。北京市第二中级人民法院就交易保证金问题作出如下认定：

根据富岛大酒店55%股权转让项目《产权转让公告》载明的内

容，若非转让方的原因，意向受让方在被确定为受让方后未按约定时限与转让方签署《产权交易合同》的或未按约定时限支付交易价款的，转让方有权扣除意向受让方交纳的交易保证金。意向受让方须承诺自被确认为最终受让方后3个工作日内与转让方签署《产权交易合同》，并在合同生效后3个工作日内支付剩余交易价款到北京产权交易所指定账户。现津圣渤雅公司已经向北京产权交易所交纳了751万元保证金，并出具《承诺书》对上述事项作出承诺，且其已经被中海油公司确认为最终受让方，但其却未按照约定时限与中海油公司签署《产权交易合同》，故中海油公司要求北京产权交易所支付津圣渤雅公司交纳的751万元保证金依据充分，一审法院予以支持并无不当。津圣渤雅公司主张富岛大酒店的另一股东海南油气公司未放弃优先购买权，涉案股权存在瑕疵，无法办理工商变更登记，但未提供充分证据证明，本院不予采信。本院认为，在约定时限内与中海油公司签署《产权交易合同》是津圣渤雅公司应当在先履行的义务，即使涉案股权存在瑕疵，津圣渤雅公司亦可在合同签署后追究中海油公司的违约责任，其以此为由拒绝与中海油公司签署《产权交易合同》依据不足，本院不予支持。津圣渤雅公司关于本案应适用《中华人民共和国招标投标法实施条例》关于保证金的规定缺乏法律依据，本院亦不予支持。①

---

① 津圣渤雅公司认为本案的保证金性质为投标保证金，保证金比例的约定应适用《招标投标法实施条例》关于保证金的规定。根据该条例第26条的规定，招标人在招标文件中要求投标人提交投标保证金的，投标保证金不得超过招标项目估算价的2%。如果不排除该保证金的性质为履约保证金，根据该条例第58条的规定，招标文件要求中标人提交履约保证金的，中标人应当按照招标文件的要求提交。履约保证金不得超过中标合同金额的10%。北京产权交易所认为，北京产权交易所是国家指定的国有产权交易机构，在北京产权交易所进行的国有产权交易应遵守北京产权交易所的交易规则。涉案项目并未采用招投标方式，交易保证金是中海油公司在转让申请中明确提出的，且约定了交易保证金的处置方式，北京产权交易所根据中海油公司的转让申请发布公告，津圣渤雅公司根据北京产权交易所发布的公告提交受让申请，这表明其已了解并同意公告的内容，其在上诉意见中又提出交易保证金属于投标保证金应适用投标保证金的规定，没有事实和法律依据。

六、未经批准、评估签订产权交易合同的效力

根据《企业国有资产法》、《企业国有资产监督管理暂行条例》、《国有资产评估管理办法》和32号令，企业国有产权交易应当履行批准、审计评估、进场交易的法定程序，这是国有资产交易的特殊规定，体现了国有资产交易与一般交易的区别。对于违反上述规定直接签订合同的效力，在理论和实践中存在争议。

（一）未履行转让批准程序合同效力

企业国有产权转让应当依法履行批准程序。《企业国有资产法》第53条规定："国有资产转让由履行出资人职责的机构决定。履行出资人职责的机构决定转让全部或者部分国有资产，致使国家对该企业不再具有控股地位的，应当报请本级人民政府批准。"《企业国有资产监督管理暂行条例》第23条规定："国有资产监督管理机构决定其所出资企业的国有股权转让。其中，转让全部国有股权或者转让部分国有股权致使国家不再拥有控股地位的，报本级人民政府批准。"32号令作为部门规章，对企业国有产权转让批准事项进一步作出规定。

对于未履行批准程序直接签订国有产权转让合同的效力，主要涉及《民法典》和原《合同法》两个方面的条款。

一是合同生效方面的规定。《民法典》第502条规定，依法成立的合同，自成立时生效，但是法律另有规定或者当事人另有约定的除外。依照法律、行政法规的规定，合同应当办理批准等手续的，依照其规定。未办理批准等手续影响合同生效的，不影响合同中履行报批等义务条款以及相关条款的效力。原《合同法》第44条也规定："依法成立的合同，自成立时生效。法律、行政法规规定应当办理批准、登记等手续生效的，依照其规定。"《合同法司法解释（一）》第9条进一步明确"依照合同法第四十四条第二款的规定，法律、行政法规规定合同应当办理批准手续，或者办理批准、登记等手续才生效，在一审法庭辩论终结前当事人仍未办理批准手续的，或者仍未办

理批准、登记等手续的，人民法院应当认定该合同未生效”。

二是合同无效方面的规定。《民法典》第 153 条第 1 款规定：“违反法律、行政法规的强制性规定的民事法律行为无效。但是，该强制性规定不导致该民事法律行为无效的除外。”原《合同法》第 52 条规定：“有下列情形之一的，合同无效：……（五）违反法律、行政法规的强制性规定。”

从理论和实践来看，未履行批准程序直接签订国有产权转让合同的效力，主流意见是适用原《合同法》第 44 条，应当认定未生效，尚不涉及原《合同法》第 52 条是否无效问题。《合同效力研究》① 认为，实践中，很多法官错误地认为，现行法律法规关于批准登记的规定属于原《合同法》第 52 条第 5 项所谓的强制性规范，从而将原《合同法》第 44 条第 2 款与原《合同法》第 52 条第 5 项相混淆，并导致实践中出现一系列问题。应当看到，两者均系引致条款，也都在一定程度上涉及意思自治与国家管制的协调问题，但其区别仍然是非常明显的，不可混淆。第 52 条第 5 项规定的法律、行政法规的强制性规范，是除批准规范之外的强制性规范；第 44 条第 2 款与第 52 条第 5 项是并列而非包含关系，在第 44 条第 2 款已经专门针对批准作出规定的情况下，就没有必要再根据第 52 条第 5 项的规定来判断合同的效力了；只有坚持区分第 44 条第 2 款与第 52 条第 5 项，才能在涉及审批的案件中作出妥当的判断。

最高人民法院民二庭《民商事审判指导》2008 年第 2 辑刊载的《国有企业改制中的审批程序之处理——对最高人民法院两个有关企业改制案例的解读》② 就（2002）民二终字第 197 号青海振业资源开发公司与青海宾馆转让合同纠纷案作出以下解析：一审判决的错误在于混淆了合同无效的因素和合同未生效的因素。原《合同法》第 52 条所规定的若予违反即导致无效的法律法规的强制性规定，应当是指

① 刘贵祥：《合同效力研究》，人民法院出版社 2012 年版，第 18～21 页。

② 张勇健：《国有企业改制中的审批程序之处理——对最高人民法院两个有关企业改制案例的解读》，载最高人民法院民事审判第二庭编：《民商事审判指导》2008 年第 2 辑（总第 14 辑），人民法院出版社 2008 年版，第 45～53 页。

实体方面的规定，而有关程序性的规定应当适用原《合同法》第 44 条的规定，即未按照有关规定办理批准、登记等手续的，可能导致合同不生效，而非合同无效。

在南京诚行创富投资企业与江苏省盐业集团有限责任公司股权转让纠纷再审案中，江苏省高级人民法院（2015）苏商终字第 0010 号民事判决书认定：

对合同效力的认定，不仅包括法律对合同是否违反国家强制性、禁止性规定的评判，还包括法律对合同所处阶段性状态的评判。从《合同法》法理及《合同法》条文设置的顺序来看，涉及合同生效的控制规则相比于违法无效的控制规则，所处的控制阶段更为靠前。合同要产生当事人预期的法律效果，既要满足法定或约定的生效要件，亦不能违反法律或行政法规的强制性规定，合同生效是合同有效的必要条件。未生效的合同由于欠缺合同生效的要件，即欠缺促使合同具有实质约束力的前提，故合同的效力处于不确定的状态。在阻碍事由尚未消除之前，评判合同是否对当事人具有实质的约束力或是否因违法而致无效并无意义。

最高人民法院在该案申诉裁定（2016）最高法民申 410 号民事裁定书中认定：

依据法律、行政法规规定的文义和立法目的，国有资产重大交易，应经国有资产管理部门批准，合同才生效。本案中，盐业集团公司系江苏省国资委独资的国有企业，因此，其因对外重大投资而签订的案涉股权买卖合同需经国资管理部门审批后，合同才能生效……由于上述审批手续未能完成，故案涉股权转让合同并未生效。二审法院关于该合同未生效的认定并无错误。

此外，在（2007）民二终字第 190 号中国华融资产管理公司贵阳办事处与贵州钢绳（集团）有限责任公司、贵州省冶金国有资产经营有限责任公司股权置换纠纷上诉案和（2013）民二终字第 42 号陈某树与云南红塔集团有限公司股权转让纠纷上诉案中，最高人民法院均认为转让合同不生效。

《九民纪要》指出，实践中的一个突出问题是，把未生效合同认定为无效合同，或者虽认定为未生效，却按无效合同处理。无效合同从本质上来说是欠缺合同的有效要件，或者具有合同无效的法定事由，自始不发生法律效力。而未生效合同已具备合同的有效要件，对双方具有一定的拘束力，任何一方不得擅自撤回、解除、变更，但因欠缺法律、行政法规规定或当事人约定的特别生效条件，在该生效条件成就前，不能产生请求对方履行合同主要权利义务的法律效力。

《九民纪要》强调，一方因另一方不履行报批义务，请求解除合同并请求其承担合同约定的相应违约责任的，人民法院依法予以支持。人民法院判决一方履行报批义务后，该当事人拒绝履行，经人民法院强制执行仍未履行，对方请求其承担合同违约责任的，人民法院依法予以支持。一方依据判决履行报批义务，行政机关予以批准，合同发生完全的法律效力，其请求对方履行合同的，人民法院依法予以支持；行政机关没有批准，合同不具有法律上的可履行性，一方请求解除合同的，人民法院依法予以支持。

（二）未履行评估程序合同效力

国有资产转让必须进行资产评估。《企业国有资产法》第 47 条规定，国有独资企业、国有独资公司和国有资本控股公司转让重大财产或者有法律、行政法规以及企业章程规定应当进行资产评估的其他情形的，应当按照规定对有关资产进行评估。《国有资产评估管理办法》第 3 条规定，国有资产占有单位进行转让资产，应当进行资产评估。32 号令第 12 条也强调：“对按照有关法律法规要求必须进行资产评估的产权转让事项，转让方应当委托具有相应资质的评估机构对转让标的进行资产评估，产权转让价格应以经核准或备案的评估结果为基础确定。”

根据《民法典》、《九民纪要》和最高人民法院相关司法解释①，未履行资产评估程序签订的产权交易合同是否有效，关键在于该强制

① 详见第一章第三节“二、强制‘进场交易’制度法律效力”。

性规定属于“管理性强制性规定”，还是“效力性强制性规定”。从法律条文的文义和立法宗旨来看，上述国有资产转让须经评估的强制性规定是管理性的，而非效力性的。从司法实践来看，基本上也认定为“管理性效力性规定”。最高人民法院在（2013）民二终字第33号判决中认定：“1992年国务院发布的《国有资产评估管理办法》性质为行政法规，其第三条关于国有资产占有单位在资产拍卖、转让等五种情形下，应当进行评估的规定虽为强制性规定，但根据《合同法》第五十二条及最高人民法院《关于适用〈中华人民共和国合同法〉若干问题的解释（二）》第十四条规定，该内容并非效力性强制性规定。”

对于“国有资产未经评估，转让合同是否有效”，比较典型的案例是（2013）民申字第2119号，最高人民法院作出详细分析认定：

有关国有资产评估的强制性规定是效力性的还是管理性的，需要通过综合分析来确定。首先，有关强制性规定约束的应当是国有资产占有单位。《国有资产评估管理办法》第三条规定：国有资产占有单位转让资产的，应当进行资产评估。可见，进行资产评估是国有资产占有单位的义务，而不是受让人的义务。违反国有资产评估规定的责任应当由国有资产占有单位及其责任人员承担。如果认定合同无效，则受让人在无义务的情况下也承担了法律后果。其次，有关强制性规定没有对合同行为本身进行规制，没有规定当事人不得就未经评估的国有资产订立转让合同，更没有规定未经评估、转让合同无效。最后，未经评估而转让国有资产不必然导致国家利益或者社会公共利益受损害。规定国有资产转让须经评估，目的是防止恶意低价转让国有资产，以保护国有资产。但是，未经评估，不一定就贱卖，也可能实际转让价格高于实际价值。资产未经评估转让的，国有资产管理机构有权责令国有资产占有单位改正，依法追认转让行为。由于无效的合同自始没有法律效力，无法追认，在某些情形下，反而会对国有资产保护不利。如果认定有关规定是效力性的，进而一概认定转让合同无效，当事人（包括受让人在资产贬值后）就可能据此恶意抗辩，违背诚实信用原则，危及交易安全和交易秩序。因此，从法律条文的文义和立法宗旨来看，都应认定关于国有资产转让须经评估的强制性规定是管理性的，而非效力性的。

当然，如果出现恶意串通故意压低国有资产转让价格的情形，可依据《民法典》的规定认定合同无效。《民法典》第154条规定："行为人与相对人恶意串通，损害他人合法权益的民事法律行为无效。"原《合同法》第52条第2项也规定，恶意串通，损害国家、集体或者第三人利益的合同无效。最高人民法院在（2009）民二终字第15号民事判决书中认为：国有资产转让不仅应当由国有资产监督管理部门审批，而且应当由国有资产评估资格的评估机构进行评估。当事人明知所涉股权未经评估而签订国有股权转让协议的，可以认定当事人明知或应当知道其行为将造成国家的损失，而故意为之，说明当事人并非善意。如果签订转让协议后评估价格属于明显不合理的低价，且受让方明知价格明显低于市场价格仍与之交易，谋取不当利益的，即可认定为恶意串通。在上述情形下，应认定为该股权转让协议无效。

第三节　其他问题

一、"对赌条款"在国企增资中的适用性

"对赌条款"（或称"对赌协议"）是增资扩股中投资方为维护自身利益经常用到的投资条款，在私募股权投资领域应用非常广泛。根据《九民纪要》的规定，所谓"对赌协议"，又称估值调整协议，是指投资方与融资方在达成股权性融资协议时，为解决交易双方对目标公司未来发展的不确定性、信息不对称以及代理成本而设计的包含了股权回购、金钱补偿等对未来目标公司的估值进行调整的协议。

（一）"对赌效力"司法认定

从订立"对赌协议"的主体来看，主要有两种形式的"对赌"：第一种是投资方与目标公司的股东或者实际控制人"对赌"，第二种

是投资方与目标公司“对赌”。此外，还有投资方与目标公司的股东及目标公司同时“对赌”，即第一种对赌和第二种对赌混合。

对于第一种形式的“对赌协议”，其效力已在2012年中国PE（私募股权投资，Private Equity）对赌第一案“海富诉世恒对赌案”中得到认可，实践中并无争议。第二种形式的“对赌协议”是否有效以及能否实际履行，存在争议，也有不同的司法判决。①

《九民纪要》从交易安全和投资安全依法均应给予保护的理念出发，对“对赌协议”的效力及履行作出规定，统一了裁判思路。根据《九民纪要》的规定，投资方与目标公司的股东或者实际控制人订立的“对赌协议”如无其他无效事由，认定有效并支持实际履行；投资方与目标公司订立的“对赌协议”在不存在法定无效事由的情况下，目标公司仅以存在股权回购或者金钱补偿约定为由，主张“对赌协议”无效的，人民法院不予支持。这就意味着，投资方与目标公司“对赌”也有效，这是《九民纪要》的一个重大突破。

（二）国资领域适用“对赌”面临的困境

《九民纪要》关于“对赌协议”效力的规定并没有明确区分国有公司与非国有公司、国有股东与非国有股东，从理论上讲，所有主体都可以适用。但基于国资监管的特殊性，“对赌协议”对于国有企业及国有股东是否适用、如何操作，还有疑问。② 就补偿方式中的股权回购而言，通过“对赌协议”安排提前锁定未来交易的当事人、转

---

① 2012年11月7日，最高人民法院（2012）民提字第11号增资纠纷案民事判决认为：投资者与目标公司本身之间的补偿条款如果使投资者可以取得相对固定的收益，则该收益会脱离目标公司的经营业绩，直接或间接地损害公司利益和公司债权人利益，故应认定无效。但目标公司股东对投资者的补偿承诺不违反法律法规的禁止性规定，是有效的。在合同约定的补偿条件成立的情况下，根据合同当事人意思自治、诚实信用的原则，引资者应信守承诺，投资者应当得到约定的补偿。2019年4月3日，江苏省高级人民法院（2019）苏民再62号公司收购股份纠纷再审判决，肯定了投资者与被投公司进行“股权回购式对赌”的法律效力。

② 虽然司法层面逐渐认可“对赌条款”的法律效力，但某些监管领域不允许“对赌”。比如，证监会要求拟上市公司在上市前清理掉“对赌条款”。

让标的、交易价格，但国有股东股权转让涉及批准、评估和进场交易程序，是否批准、交易价格、受让方都是不确定的。如果允许国资交易中约定“对赌协议”，就会在“对赌协议”的“确定性”与国资监管所强调的“不确定性”之间形成冲突。

结合国资交易的实践经验，本书仅就“对赌条款”在投资者参与国有企业增资扩股中面临的困境作简要分析。

1. 股权补偿方式

股权补偿方式下，当约定的承诺没有实现时，目标公司股东将一定比例的股权无偿或以很低的价格转让给投资方，以弥补投资方的投资损失。投资者参与国有企业增资扩股时，如果与国有股东约定股权补偿方式“对赌条款”，一旦触发“对赌条款”，国有股东需按照约定的条件将所持股权转让给投资者。如果按照“对赌条款”直接转让，在实践中存在以下冲突，基本上无法操作。

（1）国资监管审批冲突。国有股权转让应当经国资监管机构批准，国有股东应当在充分的可行性研究及方案论证基础上，按照审批权限报请批准。但股权补偿所约定的是未来不特定情况下的转让，审批机构无法预先批准转让事项。

（2）进场交易冲突。根据32号令的规定，国有股东转让其对企业的产权，应当在依法设立的产权交易机构中公开征集意向受让方，非公开协议方式转让仅属于例外情形并且条件严格限制。“对赌”情形下的股权转让往往不满足非公开协议转让条件，如果履行进场交易程序，无法提前锁定投资者为最终受让方，达不到“对赌”目的。

（3）交易价格冲突。在国有股权转让中，转让方应当委托评估机构进行资产评估，并履行备案核准程序，以备案核准的评估结果为基础确定股权转让价。“对赌”中，股权一般以无偿方式转让，即使约定转让价格也非常低，以此实现补偿投资方之目的，这明显与国资交易价格形成机制存在冲突。

2. 股权回购方式

股权回购方式下，目标公司未实现上市等约定“对赌条件”时，目标公司股东或目标公司应当按约定的条件回购投资者持有的目标公司股权，股权回购对价往往是投资方投资款本金加固定收益（利息）的总和。

（1）国有股东回购情形。虽然国有股东“受让”投资方股权不属于32号令规定的“三种行为”，无须适用32号令，但依然与现行国资监管政策存在冲突。

一是国资监管审批备案冲突。国有股东“受让”产权，属于投资活动中的股权投资。《企业国有资产法》第35条规定，国家出资企业发行债券投资等事项，有关法律、行政法规规定应当报经人民政府或者人民政府有关部门、机构批准、核准或者备案的，依照其规定。2017年1月7日，国资委新发布的《中央企业投资监督管理办法》（国资委令第34号）对中央企业在境内从事的固定资产投资与股权投资做出进一步规范，强调企业投资活动应当纳入年度投资计划，未纳入年度投资计划的投资项目原则上不得投资，国资委对中央企业年度投资计划进行备案管理。“对赌”情形下，股权回购是未来不特定情形，难以事先列入国家出资企业年度投资计划，如果直接回购将违反现行投资监管规定。

二是回购价格冲突。根据《企业国有资产评估管理暂行办法》（国资委令第12号）的规定，收购非国有单位的资产需要履行评估程序，评估结果亦须经有权机关备案或核准，作为作价参考依据，并且强调收购价格不得高于经评估备案或核准后的对应资产评估值。《中央企业投资监督管理办法》（国资委令第34号）也强调，对于新投资股权投资项目应开展必要的尽职调查，并按要求履行资产评估或估值程序。“对赌”情形下，股权回购价格在投资时就已约定，并且多数是在投资额的基础上以一定的利息回报来约定回购价格，这与国资监管价格形成机制明显冲突。

（2）目标公司回购情形。根据目标公司的性质，区分为两种情况：

一是增资扩股后仍为32号令规定的“三类主体”。除了需要遵循《九民纪要》确定的目标公司回购原则以外，国有企业减资同样需要履行评估以及资产评估结果的备案或核准程序，回购价格应当以备案或核准的资产评估价格作为依据，是否能实现以约定回购价格回购存在不确定性。

二是增资扩股后不再属于 32 号令规定的“三类主体”。从表面上看，目标公司回购已不存在国资监管障碍，但《九民纪要》强调，“经审查，目标公司未完成减资程序的，人民法院应当驳回其诉讼请求”。减资作为公司重大事项须经 2/3 以上绝对多数表决通过，减资事项是否必须经国有股东代表表决权通过以及国有股东是否认可相关回购价格条款，值得商榷。

3. 现金补偿方式

现金补偿方式下，当目标公司未实现约定经营目标时，目标公司或目标公司股东按照事先约定的金额或计算公式直接给予投资方货币以作为补偿。无论是目标公司现金补偿还是股东现金补偿，均不属于 32 号令“三种行为”，无须适用 32 号令，但仍然面临监管措施，存在不确定性。

一旦触发“对赌条款”，国有股东以及仍属于“三类主体”的目标公司，应当按照国资监管法规，履行一系列内部决策批准流程，在上级审批过程中，投资者原本在增资协议中约定的现金补偿条款，可能因违反国资监管规定或涉嫌国有资产流失等，不能获得批准，致使“对赌条款”无法执行。

综上所述，在国有企业增资扩股中约定“对赌条款”，存在诸多与目前国资监管规定不一致、无法有效履行的冲突之处，应当对“对赌条款”采取审慎态度，不仅要做好合法合规论证，更要积极获得上级国资监管单位的认可和批准。

（三）“对赌条款”在国资交易中的使用限制

从国资监管规则看，32 号令未提及“对赌”，国资委相关政策性文件对此也没有明确表态，一些地方国资委对此持审慎态度。例如，2019 年 8 月 7 日北京市国资委印发的《市属国有企业混合所有制改革操作指引》（京国资发〔2019〕15 号）规定：“市属国有企业在混合所有制改革中，原则上不得与投资者签订对赌条约和回购条款。确需签订的，应在确保国有权益不受损害的前提下，经市管企业董事会同意后执行，并充分考虑后续操作的规范性、可行性以及法律风险和隐患的解决预案。”

产权交易机构通常不接受增资协议中设置“对赌条款”，无论是股权补偿、股权回购，还是现金补偿，都不能写入增资协议。除了“对赌条款”，在私募股权投资（PE）实践中常用的反稀释条款、一票否决权、同股不同权等投资条款，也不能体现在国有企业的增资协议中。从产权交易机构发布的增资公告中可以看出，多数增资项目都在增资条件中明确“融资方不接受业绩对赌和股权回购要求”，或者明确“本次增资不接受关于业绩对赌、股权回购、反稀释条款、一票否决权”。

以北京产权交易所为例，在 2020 年 4 月发布 24 个增资项目中，16 个明确表示不接受“业绩对赌”、股权回购等内容。国家电网有限公司旗下河南电力交易中心有限公司增资项目中，融资方明确：“本次增资不接受关于业绩对赌、股权回购、反稀释条款、一票否决权、同股不同权的安排。”

二、经营性损益调整问题

企业国有资产交易从立项审批、审计评估、进场交易，到最终确定交易方、签署交易合同并完成交割手续，需要较长的时间。在此交易期间，交易价格所依据的经核准备案的评估值可能因经营因素发生变化，是否允许交易双方以此为由对交易价格进行调整，是实践中遇到的一个重要问题。

根据 32 号令的规定，在国有产权转让过程中，“受让方确定后，转让方与受让方应当签订产权交易合同，交易双方不得以交易期间企业经营性损益等理由对已达成的交易条件和交易价格进行调整”。这样规定，主要是为了防止交易双方“暗箱操作”，特别是防止通过所谓的经营性损益来降低实际支付价格。否则，不利于国有资产保值增值，对其他意向受让方也是不公平的。此外，产权转让本质上属于市场交易行为，对于转让方挂牌项目披露的信息，尤其是转让价格，意向受让方应当以其独立判断决定是否参与受让。如果决定参与受让，就意味自愿全部接受产权转让信息披露公告全部内容，就需要全部承担转让标的受各种因素影响产生价值变动的风险。

因此，现行国有资产交易政策不允许国有产权交易双方以经营性损益为由对交易条件和交易价格进行调整，全部风险由受让方来承担。在交易实践中，产权转让方一般在“交易条件”中对风险和过渡期间损益予以明确。

在“北京京贵企业管理有限责任公司100%股权及安邦财产保险股份有限公司200万元债权”转让项目中，转让方在交易条件中就风险承担作出以下规定：

意向受让方通过受让资格确认并且交纳保证金后，即视为已完成对本项目的全部尽职调查，并已详细阅读且完全认可本项目所涉审计报告、资产评估报告等全部披露内容，已充分了解并自愿完全接受本项目产权转让公告内容及产权交易标的的现状及瑕疵，愿全面履行交易程序。若意向受让方以不了解产权交易标的的现状及瑕疵等为由发生逾期或拒绝签署《产权交易合同》、拒付交易价款、放弃受让或退还产权交易标的等情形的，即可视为违约和欺诈行为，并按本项目交易条件的有关约定扣除其递交的交易保证金，同时应承担相关的全部经济责任与风险。

在“思润投资管理（天津）有限公司20%股权”转让项目信息披露中，转让方就损益承担问题设置如下交易条件：

标的企业自评估基准日至工商变更完成为过渡期，过渡期间损益应由受让方按比例享有或承担。

此外，虽然32号令禁止交易双方“以交易期间企业经营性损益等理由对已达成的交易条件和交易价格进行调整”，但并未禁止转让方在交易条件中明确交易期间损益安排，如规定“评估基准日至产权交易生效日期间的盈亏由原股东享有或承担”，这也不涉及交易价格的调整。

交易案例 1

标的公司股东为乙公司（持股66.67%）和13名自然人（合计持股33.33%）。标的公司分别于2016年7月22日和8月5日召开股东会和职工代表大会并形成决议，同意乙公司将所持标的公司66.67%股权按32号令等法律法规要求，在上海联合产权交易所公开进行转让。

2016年11月22日，乙公司与甲公司签订产权交易合同，约定：乙公司将所持标的公司66.67%股权有偿转让给甲公司，产权转让的价格为558万元；标的公司的债权、债务由完成转让后的甲公司承继；产权转让总价款应在上海联合产权交易所出具交易凭证后的5个工作日内由甲公司以现金方式一次性支付；双方应按“产权交割清单”取得上海联合产权交易所出具的产权交易凭证后30个工作日内共同完成产权转让的交割。此外，产权交易合同还约定，双方约定的交易基准日为2016年3月31日，从评估基准日至产权交易合同生效日止期间（以下简称期间）产生的盈利或亏损由原股东享有或承担。

合同签订后，双方按约履行。2016年11月29日，上海联合产权交易所出具产权转让交割单，就乙公司与甲公司转让标的公司66.67%股权进行交割。2016年12月17日，A会计师事务所对标的公司改制基准日后2016年4月1日至产权交易日2016年11月29日的损益情况进行审计并出具《审计报告》，审计结论为：期间经审计利润366,753.40元加处置呆滞物资形成的亏损530,936.92元，减经营周转存货减少1,459,696.01元、按评估增值14.1%计算为205,817.14元，合计691,873.18元。

甲公司在支付完产权转让价款558万元后，认为产权交易合同中关于“期间盈亏由原股东承担”的约定违反《公司法》相关规定，应属无效，拒绝将经审计的期间产生的合计691,873.18元的盈利中占比66.67%，即461,271.85元支付给乙公司，双方就此发生纠纷。后乙公司诉至法院，要求判令甲公司支付前述期间产生的盈利。

法院认为，产权交易合同系对乙公司出让、甲公司受让标的公司股权的相关权利义务进行分配的约定，产权交易合同的效力、履行及民事责任，应当受《合同法》的调整。其中关于“评估基准日至产权交易生效日期间的盈亏由原股东享有或承担”的约定，系当事人的真实意思表示，符合交易惯例，且不违反法律法规的强制性规定，合同当事人理应按约履行。而《公司法》有关利润分配的程序性规定，调整的是公司内部股东之间、股东与公司之间的法律关系，与公司股权转让所产生的出让人与受让人之间的利益分配关系无关。因此，甲公司主张该条款违反《公司法》规定的理由，不能成立。

法院作出判决，支持乙公司的诉讼请求，判令甲公司偿付乙公司从评估基准日至产权交易生效日期间产生的盈利461,271.85元。

交易案例2

某控股公司作为标的企业的控股股东，委托审计评估机构以2011年10月31日为基准日对标的企业进行审计评估，评估结论标的企业净资产总值4亿余元。其中，因标的企业在基准日前的一处房产被列入拆迁范围并签订了拆迁补偿协议，审计报告确认该项资产的账面原值为300余万元，评估报告则根据已经签订的拆迁补偿协议确认该项资产的价值为近1700万元，较账面原值增加1300余万元。

2012年11月，控股公司将其持有标的企业的部分股权转让给某百货集团公司。双方在《产权交易合同》中约定，股权转让价款按照评估结论确定的净资产值的60%确定，“2011年10月31日至2012年10月31日交易期间的损益由某控股公司按原股权比例享有或予以弥补，并以延伸审计报告结论为准”。

合同签订后，双方委托审计机构对标的企业交易期间的损益进行延伸审计。由于标的企业上述房产在交易期间被实施拆迁，且标的企业实际取得了拆迁补偿款，延审审计报告确认标的企业取得拆迁补偿款1700余万元，扣除账面原值及相关税费后，结转营业外收入1300余万元。某控股公司认为该收入属于标的企业在交易期间的收益，且为延伸审计报告所确认，而延伸审计报告符合会计准则，依据双方产权交易合同之约定及意思自治原则，该交易期间的收入应归控股公司所有；而某百货集团公司则主张，延伸审计报告虽然符合会计准则，但是交易双方确定的产权交易价款是根据企业净资产评估值确定的，而该项房产评估值为近1700万元，被拆迁后转换为拆迁补偿款近1700万元，企业净资产评估值并未增加，某控股公司在收取原股权转让价款的情况下，又收取标的企业1300余万元的利润所得，明显不公，由此双方产生争议。

经天津市高级人民法院审理，判决支持了某百货集团公司的请求。

三、商品房销售转资产销售问题

在实践中，国有房地产开发企业开发建设的商品房（既有商办类，也有住宅类），由于各种原因长期自持租赁经营，在租赁经营一段时间后又决定销售商品房的，就出现是否需要按32号令规定进场交易问题。

32号令所规制的“企业资产转让”标的，是企业一定额度的“生产设备、房产、在建工程以及土地使用权、债权、知识产权”，不包括企业生产的“商品”。对于国有房地产开发企业，一般情况下开发建设的房产属于商品，销售该房产不需要进场交易。但对于自持租赁经营后又决定销售房产的，是否属于32号令“企业资产转让”，关键看该房产是否列入固定资产。分为两种情形：

1. 房地产开发企业办理了预售许可或者现售许可，房产仍处于待售状态，只是由于市场等因素暂时未销售，由房地产开发企业自持租赁经营，未列入房地产开发企业固定资产。此种情形下，无须进场交易，按照商品房销售政策直接销售、办理过户登记。

2. 房地产开发企业将该房产列为固定资产自持，已经从“商品”转为“固定资产”，自持期间无论是否租赁经营，如果决定再次销售，应当按照32号令的要求进场交易，取得交易凭证后才能办理过户登记。

2018年12月28日，国资委网站“问答选登”一栏，就网友提出的“房地产开发类央企，部分未售楼盘已转投资性房地产，自持租赁经营后，决定销售，是否为《企业国有资产交易监督管理办法》中国有资产交易行为？”作出如下答复：“如相关资产列入企业固定资产项下，应依据32号令中有关企业资产转让相关规定执行。”该答复进一步表明，是否列入企业固定资产项下，是判断房产是否进场交易的重要依据。

此外，对于国有非房地产开发企业而言，无论是购买的房产还是自建的房产，在转让该房产时，除经审批采用非公开协议转让的外，都应当按照32号令“企业资产转让”的要求公开进场交易。

四、交付实物与披露情况不符情况的处理

根据32号令第48条的规定，企业一定金额以上的生产设备、房产、在建工程以及土地使用权、债权、知识产权等资产对外转让，应当按照企业内部管理制度履行相应决策程序后在产权交易机构公开进行。其中的“生产设备、房产、在建工程”等一般称为实物资产，相应转让也称实物资产转让。北京产权交易所《实物资产转让操作规则》（2022年5月9日施行）第2条进一步细化，明确实物资产是指法人及非法人组织所拥有的具有物质形态的资产，包括房产、在建工程、机械设备、机动车及其他交通运输工具、物品等资产。第3条又明确，实物资产转让是指实物资产转让主体在履行相关决策程序后，通过北京产权交易所发布实物资产转让信息，公开转让实物资产的活动。

与无形资产转让相比，实物资产因为具有物质形态，相关各方的描述和理解由于存在差异，转让过程中容易产生交付实物与披露情况不符的争议。这是所有实物买卖都存在的一个共性问题。处理实物资产交易中交付实物与披露情况不符问题，一般应把握以下几点：

1. 受让方要充分利用现有规则维护自身权益。由于信息不对称，受让方难以从信息披露公告和评估报告中了解实物资产的真实情况。北京产权交易所《实物资产转让操作规则》规定，信息披露公告期间，转让方应当对转让标的展示作出合理安排，意向受让方在办理相

关手续后可以查阅信息披露公告所涉内容的相应材料；转让方在转让标的移交前，负有妥善保管转让标的的义务。

实务中，意向受让方应当充分利用现场踏勘的权利，详细了解标的的现状、法律状态、存在的瑕疵和其他相关情况并保存相关证据。作为受让方，应当将标的资产交付条件在实物交易合同中详细进行描述，明确违约情形及相应的违约责任，并就现场踏勘取得的详细资料作为实物交易合同附件，便于发生争议时能够有效举证，维护自身权益。

2. 综合评估选择对自己最有利的争议解决途径。一般情况下，转让方和受让方尽可能通过自行协商解决争议，这也是最经济、最省时的解决办法，特别是转让方和受让方保持长期业务往来时，应当首选这种方式。如果自行协商无法解决，可以提请产权交易机构从中调解斡旋，寻求达成双方都可以接受的调解方案。

在实践中，产权交易机构一般都提供调解服务。例如，北京产权交易所《实物资产转让操作规则》第50条规定：“实物资产转让发生争议时，交易相关方可以向交易所申请调解，由交易所参照《北京产权交易所企业国有产权转让争议调解操作细则》执行。争议涉及交易所时，交易相关方可以向交易所的监管机构申请调解。”如果分歧不可调和，任何一方可向有管辖权的人民法院起诉，当然也可以在实物资产交易合同中事先约定通过仲裁方式解决争议。

3. 产权交易机构一般情况下不承担责任，也不是争议的当事方。实物资产转让行为本质上属于特定物买卖行为，转让方和受让方如果在交付过程中就标的物等产生争议，应当由转让方和受让方直接依据双方签订的《实物资产交易合同》进行处理。北京产权交易所《实物资产转让操作规则》第52条明确规定：“交易所依据本规则进行的各项审核均为合规性形式审核，交易各方应当自行承担交易风险。”

【相关案例】

A热电厂为出售其部分资产，按照程序委托资产评估公司进行资产评估，评估公司于2013年6月6日出具了《资产评估报告》等相关资料。后A热电厂委托中介机构在北京产权交易所就处置资产项目进行招标。B公司作为竞标参与者于2013年7月2日进行过现场踏勘，于2013年7月3日向被告出具了《承诺函》，该承诺函注明："意向受让方已对转让标的进行了充分的考察，充分了解并接受标的信息发布的全部内容和要求，已完全了解标的现状、法律状态、存在的瑕疵和其他相关情况。已认真考虑了标的经营、行业、市场、政策以及其他不可预计的各项风险因素，愿意承担可能存在的一切交易风险。所有设备严格以现场实物状况进行交易，转让方与北京产权交易所有限公司不保证拆除后的设备质量、数量、品质等，意向受让方办理受让登记手续即视为对标的现状的充分了解与认可等。"此后，B公司通过网络竞价的方式中标，于2013年7月16日与A热电厂签订《实物资产交易合同》。

合同签订后，B公司依约支付了转让费用，但在资产交接过程中，发现存在与《实物资产转让清单》记载不符的情形。双方多次进行商讨，并分别于2013年7月16日、2013年7月22日、2013年7月24日、2014年11月4日形成《会议纪要》。双方与会代表在《会议纪要》中签字确认，但最终未能形成一致的解决方案。B公司诉至法院。

法院认为，B公司通过网上竞标的方式与被告A热电厂建立资产买卖协议，系双方当事人真实意思表示，符合法律规定，应受法律保护。合同一经签订，对于双方当事人均有约束力，故双方应当自觉履行。本案中B公司依约支付了转让款，但在接收资产时，发现实际资产与合同附件中的《实物资产转让清单》中所列物品存在较大差异。为此多次与被告进行协商，双方就相关问题进行商讨并形成《会议纪要》，亦系双方当事人真实意思表示，对于双方当事人同样具有约束力。

本案中，除合同外还有同为双方真实意思表示的《会议纪要》，其中虽未形成一致意见，但也是对存在问题双方进行了一致认可，而《会议纪要》中所涉标的物瑕疵并没有达到合同中可以判定A热电厂违约的标准。综上所述，驳回B公司的诉讼请求。

附　录

中华人民共和国企业国有资产法

（2008年10月28日第十一届全国人民代表大会常务委员会第五次会议通过　2008年10月28日中华人民共和国主席令第五号公布　自2009年5月1日起施行）

第一章　总　　则

第一条　为了维护国家基本经济制度，巩固和发展国有经济，加强对国有资产的保护，发挥国有经济在国民经济中的主导作用，促进社会主义市场经济发展，制定本法。

第二条　本法所称企业国有资产（以下称国有资产），是指国家对企业各种形式的出资所形成的权益。

第三条　国有资产属于国家所有即全民所有。国务院代表国家行使国有资产所有权。

第四条　国务院和地方人民政府依照法律、行政法规的规定，分别代表国家对国家出资企业履行出资人职责，享有出资人权益。

国务院确定的关系国民经济命脉和国家安全的大型国家出资企业，重要基础设施和重要自然资源等领域的国家出资企业，由国务院代表国家履行出资人职责。其他的国家出资企业，由地方人民政府代表国家履行出资人职责。

第五条　本法所称国家出资企业，是指国家出资的国有独资企业、国有独资公司，以及国有资本控股公司、国有资本参股公司。

第六条　国务院和地方人民政府应当按照政企分开、社会公共管理职能与国有资产出资人职能分开、不干预企业依法自主经营的原则，依法履行出资人职责。

第七条 国家采取措施，推动国有资本向关系国民经济命脉和国家安全的重要行业和关键领域集中，优化国有经济布局和结构，推进国有企业的改革和发展，提高国有经济的整体素质，增强国有经济的控制力、影响力。

第八条 国家建立健全与社会主义市场经济发展要求相适应的国有资产管理与监督体制，建立健全国有资产保值增值考核和责任追究制度，落实国有资产保值增值责任。

第九条 国家建立健全国有资产基础管理制度。具体办法按照国务院的规定制定。

第十条 国有资产受法律保护，任何单位和个人不得侵害。

第二章 履行出资人职责的机构

第十一条 国务院国有资产监督管理机构和地方人民政府按照国务院的规定设立的国有资产监督管理机构，根据本级人民政府的授权，代表本级人民政府对国家出资企业履行出资人职责。

国务院和地方人民政府根据需要，可以授权其他部门、机构代表本级人民政府对国家出资企业履行出资人职责。

代表本级人民政府履行出资人职责的机构、部门，以下统称履行出资人职责的机构。

第十二条 履行出资人职责的机构代表本级人民政府对国家出资企业依法享有资产收益、参与重大决策和选择管理者等出资人权利。

履行出资人职责的机构依照法律、行政法规的规定，制定或者参与制定国家出资企业的章程。

履行出资人职责的机构对法律、行政法规和本级人民政府规定须经本级人民政府批准的履行出资人职责的重大事项，应当报请本级人民政府批准。

第十三条 履行出资人职责的机构委派的股东代表参加国有资本控股公司、国有资本参股公司召开的股东会会议、股东大会会议，应当按照委派机构的指示提出提案、发表意见、行使表决权，并将其履行职责的情况和结果及时报告委派机构。

第十四条 履行出资人职责的机构应当依照法律、行政法规以及企业章程履行出资人职责，保障出资人权益，防止国有资产损失。

履行出资人职责的机构应当维护企业作为市场主体依法享有的权利，除依法履行出资人职责外，不得干预企业经营活动。

第十五条 履行出资人职责的机构对本级人民政府负责，向本级人民政府报告履行出资人职责的情况，接受本级人民政府的监督和考核，对国有资产的保值增值负责。

履行出资人职责的机构应当按照国家有关规定，定期向本级人民政府报告有关国有资产总量、结构、变动、收益等汇总分析的情况。

第三章 国家出资企业

第十六条 国家出资企业对其动产、不动产和其他财产依照法律、行政法规以及企业章程享有占有、使用、收益和处分的权利。

国家出资企业依法享有的经营自主权和其他合法权益受法律保护。

第十七条 国家出资企业从事经营活动，应当遵守法律、行政法规，加强经营管理，提高经济效益，接受人民政府及其有关部门、机构依法实施的管理和监督，接受社会公众的监督，承担社会责任，对出资人负责。

国家出资企业应当依法建立和完善法人治理结构，建立健全内部监督管理和风险控制制度。

第十八条 国家出资企业应当依照法律、行政法规和国务院财政部门的规定，建立健全财务、会计制度，设置会计账簿，进行会计核算，依照法律、行政法规以及企业章程的规定向出资人提供真实、完整的财务、会计信息。

国家出资企业应当依照法律、行政法规以及企业章程的规定，向出资人分配利润。

第十九条 国有独资公司、国有资本控股公司和国有资本参股公司依照《中华人民共和国公司法》的规定设立监事会。国有独资企业由履行出资人职责的机构按照国务院的规定委派监事组成监事会。

国家出资企业的监事会依照法律、行政法规以及企业章程的规定，对董事、高级管理人员执行职务的行为进行监督，对企业财务进行监督检查。

第二十条　国家出资企业依照法律规定，通过职工代表大会或者其他形式，实行民主管理。

第二十一条　国家出资企业对其所出资企业依法享有资产收益、参与重大决策和选择管理者等出资人权利。

国家出资企业对其所出资企业，应当依照法律、行政法规的规定，通过制定或者参与制定所出资企业的章程，建立权责明确、有效制衡的企业内部监督管理和风险控制制度，维护其出资人权益。

第四章　国家出资企业管理者的选择与考核

第二十二条　履行出资人职责的机构依照法律、行政法规以及企业章程的规定，任免或者建议任免国家出资企业的下列人员：

（一）任免国有独资企业的经理、副经理、财务负责人和其他高级管理人员；

（二）任免国有独资公司的董事长、副董事长、董事、监事会主席和监事；

（三）向国有资本控股公司、国有资本参股公司的股东会、股东大会提出董事、监事人选。

国家出资企业中应当由职工代表出任的董事、监事，依照有关法律、行政法规的规定由职工民主选举产生。

第二十三条　履行出资人职责的机构任命或者建议任命的董事、监事、高级管理人员，应当具备下列条件：

（一）有良好的品行；

（二）有符合职位要求的专业知识和工作能力；

（三）有能够正常履行职责的身体条件；

（四）法律、行政法规规定的其他条件。

董事、监事、高级管理人员在任职期间出现不符合前款规定情形或者出现《中华人民共和国公司法》规定的不得担任公司董事、监事、高级管理人员情形的，履行出资人职责的机构应当依法予以免职或者提出免职建议。

第二十四条 履行出资人职责的机构对拟任命或者建议任命的董事、监事、高级管理人员的人选，应当按照规定的条件和程序进行考察。考察合格的，按照规定的权限和程序任命或者建议任命。

第二十五条 未经履行出资人职责的机构同意，国有独资企业、国有独资公司的董事、高级管理人员不得在其他企业兼职。未经股东会、股东大会同意，国有资本控股公司、国有资本参股公司的董事、高级管理人员不得在经营同类业务的其他企业兼职。

未经履行出资人职责的机构同意，国有独资公司的董事长不得兼任经理。未经股东会、股东大会同意，国有资本控股公司的董事长不得兼任经理。

董事、高级管理人员不得兼任监事。

第二十六条 国家出资企业的董事、监事、高级管理人员，应当遵守法律、行政法规以及企业章程，对企业负有忠实义务和勤勉义务，不得利用职权收受贿赂或者取得其他非法收入和不当利益，不得侵占、挪用企业资产，不得超越职权或者违反程序决定企业重大事项，不得有其他侵害国有资产出资人权益的行为。

第二十七条 国家建立国家出资企业管理者经营业绩考核制度。履行出资人职责的机构应当对其任命的企业管理者进行年度和任期考核，并依据考核结果决定对企业管理者的奖惩。

履行出资人职责的机构应当按照国家有关规定，确定其任命的国家出资企业管理者的薪酬标准。

第二十八条 国有独资企业、国有独资公司和国有资本控股公司的主要负责人，应当接受依法进行的任期经济责任审计。

第二十九条 本法第二十二条第一款第一项、第二项规定的企业管理者，国务院和地方人民政府规定由本级人民政府任免的，依照其规定。履行出资人职责的机构依照本章规定对上述企业管理者进行考核、奖惩并确定其薪酬标准。

第五章 关系国有资产出资人权益的重大事项

第一节 一般规定

第三十条 国家出资企业合并、分立、改制、上市，增加或者减少注册资本，发行债券，进行重大投资，为他人提供大额担保，转让重大财产，进行大额捐赠，分配利润，以及解散、申请破产等重大事项，应当遵守法律、行政法规以及企业章程的规定，不得损害出资人和债权人的权益。

第三十一条 国有独资企业、国有独资公司合并、分立，增加或者减少注册资本，发行债券，分配利润，以及解散、申请破产，由履行出资人职责的机构决定。

第三十二条 国有独资企业、国有独资公司有本法第三十条所列事项的，除依照本法第三十一条和有关法律、行政法规以及企业章程的规定，由履行出资人职责的机构决定的以外，国有独资企业由企业负责人集体讨论决定，国有独资公司由董事会决定。

第三十三条 国有资本控股公司、国有资本参股公司有本法第三十条所列事项的，依照法律、行政法规以及公司章程的规定，由公司股东会、股东大会或者董事会决定。由股东会、股东大会决定的，履行出资人职责的机构委派的股东代表应当依照本法第十三条的规定行使权利。

第三十四条 重要的国有独资企业、国有独资公司、国有资本控股公司的合并、分立、解散、申请破产以及法律、行政法规和本级人民政府规定应当由履行出资人职责的机构报经本级人民政府批准的重大事项，履行出资人职责的机构在作出决定或者向其委派参加国有资本控股公司股东会会议、股东大会会议的股东代表作出指示前，应当报请本级人民政府批准。

本法所称的重要的国有独资企业、国有独资公司和国有资本控股公司，按照国务院的规定确定。

第三十五条 国家出资企业发行债券、投资等事项，有关法律、行政法规规定应当报经人民政府或者人民政府有关部门、机构批准、核准或者备案的，依照其规定。

第三十六条 国家出资企业投资应当符合国家产业政策，并按照国家规定进行可行性研究；与他人交易应当公平、有偿，取得合理对价。

第三十七条 国家出资企业的合并、分立、改制、解散、申请破产等重大事项，应当听取企业工会的意见，并通过职工代表大会或者其他形式听取职工的意见和建议。

第三十八条 国有独资企业、国有独资公司、国有资本控股公司对其所出资企业的重大事项参照本章规定履行出资人职责。具体办法由国务院规定。

第二节 企业改制

第三十九条 本法所称企业改制是指：

（一）国有独资企业改为国有独资公司；

（二）国有独资企业、国有独资公司改为国有资本控股公司或者非国有资本控股公司；

（三）国有资本控股公司改为非国有资本控股公司。

第四十条 企业改制应当依照法定程序，由履行出资人职责的机构决定或者由公司股东会、股东大会决定。

重要的国有独资企业、国有独资公司、国有资本控股公司的改制，履行出资人职责的机构在作出决定或者向其委派参加国有资本控股公司股东会会议、股东大会会议的股东代表作出指示前，应当将改制方案报请本级人民政府批准。

第四十一条 企业改制应当制定改制方案，载明改制后的企业组织形式、企业资产和债权债务处理方案、股权变动方案、改制的操作程序、资产评估和财务审计等中介机构的选聘等事项。

企业改制涉及重新安置企业职工的，还应当制定职工安置方案，并经职工代表大会或者职工大会审议通过。

第四十二条 企业改制应当按照规定进行清产核资、财务审计、资产评估，准确界定和核实资产，客观、公正地确定资产的价值。

企业改制涉及以企业的实物、知识产权、土地使用权等非货币财产折算为国有资本出资或者股份的，应当按照规定对折价财产进行评估，以评估确认价格作为确定国有资本出资额或者股份数额的依据。不得将财产低价折股或者有其他损害出资人权益的行为。

第三节 与关联方的交易

第四十三条 国家出资企业的关联方不得利用与国家出资企业之间的交易，谋取不当利益，损害国家出资企业利益。

本法所称关联方，是指本企业的董事、监事、高级管理人员及其近亲属，以及这些人员所有或者实际控制的企业。

第四十四条 国有独资企业、国有独资公司、国有资本控股公司不得无偿向关联方提供资金、商品、服务或者其他资产，不得以不公平的价格与关联方进行交易。

第四十五条 未经履行出资人职责的机构同意，国有独资企业、国有独资公司不得有下列行为：

（一）与关联方订立财产转让、借款的协议；

（二）为关联方提供担保；

（三）与关联方共同出资设立企业，或者向董事、监事、高级管理人员或者其近亲属所有或者实际控制的企业投资。

第四十六条 国有资本控股公司、国有资本参股公司与关联方的交易，依照《中华人民共和国公司法》和有关行政法规以及公司章程的规定，由公司股东会、股东大会或者董事会决定。由公司股东会、股东大会决定的，履行出资人职责的机构委派的股东代表，应当依照本法第十三条的规定行使权利。

公司董事会对公司与关联方的交易作出决议时，该交易涉及的董事不得行使表决权，也不得代理其他董事行使表决权。

第四节 资 产 评 估

第四十七条 国有独资企业、国有独资公司和国有资本控股公司合并、分立、改制，转让重大财产，以非货币财产对外投资，清算或者有法律、行政法规以及企业章程规定应当进行资产评估的其他情形的，应当按照规定对有关资产进行评估。

第四十八条 国有独资企业、国有独资公司和国有资本控股公司应当委托依法设立的符合条件的资产评估机构进行资产评估；涉及应当报经履行出资人职责的机构决定的事项的，应当将委托资产评估机构的情况向履行出资人职责的机构报告。

第四十九条 国有独资企业、国有独资公司、国有资本控股公司及其董事、监事、高级管理人员应当向资产评估机构如实提供有关情况和资料，不得与资产评估机构串通评估作价。

第五十条 资产评估机构及其工作人员受托评估有关资产，应当遵守法律、行政法规以及评估执业准则，独立、客观、公正地对受托评估的资产进行评估。资产评估机构应当对其出具的评估报告负责。

第五节　国有资产转让

第五十一条 本法所称国有资产转让，是指依法将国家对企业的出资所形成的权益转移给其他单位或者个人的行为；按照国家规定无偿划转国有资产的除外。

第五十二条 国有资产转让应当有利于国有经济布局和结构的战略性调整，防止国有资产损失，不得损害交易各方的合法权益。

第五十三条 国有资产转让由履行出资人职责的机构决定。履行出资人职责的机构决定转让全部国有资产的，或者转让部分国有资产致使国家对该企业不再具有控股地位的，应当报请本级人民政府批准。

第五十四条 国有资产转让应当遵循等价有偿和公开、公平、公正的原则。

除按照国家规定可以直接协议转让的以外，国有资产转让应当在依法设立的产权交易场所公开进行。转让方应当如实披露有关信息，征集受让方；征集产生的受让方为两个以上的，转让应当采用公开竞价的交易方式。

转让上市交易的股份依照《中华人民共和国证券法》的规定进行。

第五十五条 国有资产转让应当以依法评估的、经履行出资人职责的机构认可或者由履行出资人职责的机构报经本级人民政府核准的价格为依据，合理确定最低转让价格。

第五十六条 法律、行政法规或者国务院国有资产监督管理机构规定可以向本企业的董事、监事、高级管理人员或者其近亲属，或者这些人员所有或者实际控制的企业转让的国有资产，在转让时，上述人员或者企业参与受让的，应当与其他受让参与者平等竞买；转让方应当按照国家有关规定，如实披露有关信息；相关的董事、监事和高级管理人员不得参与转让方案的制定和组织实施的各项工作。

第五十七条 国有资产向境外投资者转让的，应当遵守国家有关规定，不得危害国家安全和社会公共利益。

第六章 国有资本经营预算

第五十八条 国家建立健全国有资本经营预算制度，对取得的国有资本收入及其支出实行预算管理。

第五十九条 国家取得的下列国有资本收入，以及下列收入的支出，应当编制国有资本经营预算：

（一）从国家出资企业分得的利润；

（二）国有资产转让收入；

（三）从国家出资企业取得的清算收入；

（四）其他国有资本收入。

第六十条 国有资本经营预算按年度单独编制，纳入本级人民政府预算，报本级人民代表大会批准。

国有资本经营预算支出按照当年预算收入规模安排，不列赤字。

第六十一条 国务院和有关地方人民政府财政部门负责国有资本经营预算草案的编制工作，履行出资人职责的机构向财政部门提出由其履行出资人职责的国有资本经营预算建议草案。

第六十二条 国有资本经营预算管理的具体办法和实施步骤，由国务院规定，报全国人民代表大会常务委员会备案。

第七章 国有资产监督

第六十三条 各级人民代表大会常务委员会通过听取和审议本级人民政府履行出资人职责的情况和国有资产监督管理情况的专项工作报告，组织对本法实施情况的执法检查等，依法行使监督职权。

第六十四条 国务院和地方人民政府应当对其授权履行出资人职责的机构履行职责的情况进行监督。

第六十五条 国务院和地方人民政府审计机关依照《中华人民共和国审计法》的规定，对国有资本经营预算的执行情况和属于审计监督对象的国家出资企业进行审计监督。

第六十六条 国务院和地方人民政府应当依法向社会公布国有资产状况和国有资产监督管理工作情况，接受社会公众的监督。

任何单位和个人有权对造成国有资产损失的行为进行检举和控告。

第六十七条 履行出资人职责的机构根据需要，可以委托会计师事务所对国有独资企业、国有独资公司的年度财务会计报告进行审计，或者通过国有资本控股公司的股东会、股东大会决议，由国有资本控股公司聘请会计师事务所对公司的年度财务会计报告进行审计，维护出资人权益。

第八章 法律责任

第六十八条 履行出资人职责的机构有下列行为之一的，对其直接负责的主管人员和其他直接责任人员依法给予处分：

（一）不按照法定的任职条件，任命或者建议任命国家出资企业管理者的；

（二）侵占、截留、挪用国家出资企业的资金或者应当上缴的国有资本收入的；

（三）违反法定的权限、程序，决定国家出资企业重大事项，造成国有资产损失的；

（四）有其他不依法履行出资人职责的行为，造成国有资产损失的。

第六十九条 履行出资人职责的机构的工作人员玩忽职守、滥用职权、徇私舞弊，尚不构成犯罪的，依法给予处分。

第七十条 履行出资人职责的机构委派的股东代表未按照委派机构的指示履行职责，造成国有资产损失的，依法承担赔偿责任；属于国家工作人员的，并依法给予处分。

第七十一条 国家出资企业的董事、监事、高级管理人员有下列行为之一，造成国有资产损失的，依法承担赔偿责任；属于国家工作人员的，并依法给予处分：

（一）利用职权收受贿赂或者取得其他非法收入和不当利益的；

（二）侵占、挪用企业资产的；

（三）在企业改制、财产转让等过程中，违反法律、行政法规和公平交易规则，将企业财产低价转让、低价折股的；

（四）违反本法规定与本企业进行交易的；

（五）不如实向资产评估机构、会计师事务所提供有关情况和资料，或者与资产评估机构、会计师事务所串通出具虚假资产评估报告、审计报告的；

（六）违反法律、行政法规和企业章程规定的决策程序，决定企业重大事项的；

（七）有其他违反法律、行政法规和企业章程执行职务行为的。

国家出资企业的董事、监事、高级管理人员因前款所列行为取得的收入，依法予以追缴或者归国家出资企业所有。

履行出资人职责的机构任命或者建议任命的董事、监事、高级管理人员有本条第一款所列行为之一，造成国有资产重大损失的，由履行出资人职责的机构依法予以免职或者提出免职建议。

第七十二条 在涉及关联方交易、国有资产转让等交易活动中，当事人恶意串通，损害国有资产权益的，该交易行为无效。

第七十三条 国有独资企业、国有独资公司、国有资本控股公司的董事、监事、高级管理人员违反本法规定，造成国有资产重大损失，被免职的，自免职之日起五年内不得担任国有独资企业、国有独资公司、国有资本控股公司的董事、监事、高级管理人员；造成国有资产特别重大损失，或者因贪污、贿赂、侵占财产、挪用财产或者破坏社会主义市场经济秩序被判处刑罚的，终身不得担任国有独资企业、国有独资公司、国有资本控股公司的董事、监事、高级管理人员。

第七十四条 接受委托对国家出资企业进行资产评估、财务审计的资产评估机构、会计师事务所违反法律、行政法规的规定和执业准则，出具虚假的资产评估报告或者审计报告的，依照有关法律、行政法规的规定追究法律责任。

第七十五条 违反本法规定，构成犯罪的，依法追究刑事责任。

第九章 附 则

第七十六条 金融企业国有资产的管理与监督，法律、行政法规另有规定的，依照其规定。

第七十七条 本法自2009年5月1日起施行。

企业国有资产监督管理暂行条例

（2003年5月27日国务院令第378号公布 根据2011年1月8日《国务院关于废止和修改部分行政法规的决定》第一次修订 根据2019年3月2日《国务院关于修改部分行政法规的决定》第二次修订）

第一章 总 则

第一条 为建立适应社会主义市场经济需要的国有资产监督管理体制，进一步搞好国有企业，推动国有经济布局和结构的战略性调整，发展和壮大国有经济，实现国有资产保值增值，制定本条例。

第二条 国有及国有控股企业、国有参股企业中的国有资产的监督管理，适用本条例。

金融机构中的国有资产的监督管理，不适用本条例。

第三条 本条例所称企业国有资产，是指国家对企业各种形式的投资和投资所形成的权益，以及依法认定为国家所有的其他权益。

第四条 企业国有资产属于国家所有。国家实行由国务院和地方人民政府分别代表国家履行出资人职责，享有所有者权益，权利、义务和责任相统一，管资产和管人、管事相结合的国有资产管理体制。

第五条 国务院代表国家对关系国民经济命脉和国家安全的大型国有及国有控股、国有参股企业，重要基础设施和重要自然资源等领域的国有及国有控股、国有参股企业，履行出资人职责。国务院履行出资人职责的企业，由国务院确定、公布。

省、自治区、直辖市人民政府和设区的市、自治州级人民政府分别代表国家对由国务院履行出资人职责以外的国有及国有控股、国有参股企业，履行出资人职责。其中，省、自治区、直辖市人民政府履行出资人职责的国有及国有控股、国有参股企业，由省、自治区、直辖市人民政府确定、公布，并报国务院国有资产监督管理机构备案；其他由设区的市、自治州级人民政府履行出资人职责的国有及国有控股、国有参股企业，由设区的市、自治州级人民政府确定、公布，并报省、自治区、直辖市人民政府国有资产监督管理机构备案。

国务院，省、自治区、直辖市人民政府，设区的市、自治州级人民政府履行出资人职责的企业，以下统称所出资企业。

第六条 国务院，省、自治区、直辖市人民政府，设区的市、自治州级人民政府，分别设立国有资产监督管理机构。国有资产监督管理机构根据授权，依法履行出资人职责，依法对企业国有资产进行监督管理。

企业国有资产较少的设区的市、自治州，经省、自治区、直辖市人民政府批准，可以不单独设立国有资产监督管理机构。

第七条 各级人民政府应当严格执行国有资产管理法律、法规，坚持政府的社会公共管理职能与国有资产出资人职能分开，坚持政企分开，实行所有权与经营权分离。

国有资产监督管理机构不行使政府的社会公共管理职能，政府其他机构、部门不履行企业国有资产出资人职责。

第八条 国有资产监督管理机构应当依照本条例和其他有关法律、行政法规的规定，建立健全内部监督制度，严格执行法律、行政法规。

第九条 发生战争、严重自然灾害或者其他重大、紧急情况时，国家可以依法统一调用、处置企业国有资产。

第十条 所出资企业及其投资设立的企业，享有有关法律、行政法规规定的企业经营自主权。

国有资产监督管理机构应当支持企业依法自主经营，除履行出资人职责以外，不得干预企业的生产经营活动。

第十一条 所出资企业应当努力提高经济效益，对其经营管理的企业国有资产承担保值增值责任。

所出资企业应当接受国有资产监督管理机构依法实施的监督管理，不得损害企业国有资产所有者和其他出资人的合法权益。

第二章 国有资产监督管理机构

第十二条 国务院国有资产监督管理机构是代表国务院履行出资人职责、负责监督管理企业国有资产的直属特设机构。

省、自治区、直辖市人民政府国有资产监督管理机构，设区的市、自治州级人民政府国有资产监督管理机构是代表本级政府履行出资人职责、负责监督管理企业国有资产的直属特设机构。

上级政府国有资产监督管理机构依法对下级政府的国有资产监督管理工作进行指导和监督。

第十三条 国有资产监督管理机构的主要职责是：

（一）依照《中华人民共和国公司法》等法律、法规，对所出资企业履行出资人职责，维护所有者权益；

（二）指导推进国有及国有控股企业的改革和重组；

（三）依照规定向所出资企业委派监事；

（四）依照法定程序对所出资企业的企业负责人进行任免、考核，并根据考核结果对其进行奖惩；

（五）通过统计、稽核等方式对企业国有资产的保值增值情况进行监管；

（六）履行出资人的其他职责和承办本级政府交办的其他事项。

国务院国有资产监督管理机构除前款规定职责外，可以制定企业国有资产监督管理的规章、制度。

第十四条 国有资产监督管理机构的主要义务是：

（一）推进国有资产合理流动和优化配置，推动国有经济布局和结构的调整；

（二）保持和提高关系国民经济命脉和国家安全领域国有经济的控制力和竞争力，提高国有经济的整体素质；

（三）探索有效的企业国有资产经营体制和方式，加强企业国有资产监督管理工作，促进企业国有资产保值增值，防止企业国有资产流失；

（四）指导和促进国有及国有控股企业建立现代企业制度，完善法人治理结构，推进管理现代化；

（五）尊重、维护国有及国有控股企业经营自主权，依法维护企业合法权益，促进企业依法经营管理，增强企业竞争力；

（六）指导和协调解决国有及国有控股企业改革与发展中的困难和问题。

第十五条 国有资产监督管理机构应当向本级政府报告企业国有资产监督管理工作、国有资产保值增值状况和其他重大事项。

第三章 企业负责人管理

第十六条 国有资产监督管理机构应当建立健全适应现代企业制度要求的企业负责人的选用机制和激励约束机制。

第十七条 国有资产监督管理机构依照有关规定，任免或者建议任免所出资企业的企业负责人：

（一）任免国有独资企业的总经理、副总经理、总会计师及其他企业负责人；

（二）任免国有独资公司的董事长、副董事长、董事，并向其提出总经理、副总经理、总会计师等的任免建议；

（三）依照公司章程，提出向国有控股的公司派出的董事、监事人选，推荐国有控股的公司的董事长、副董事长和监事会主席人选，并向其提出总经理、副总经理、总会计师人选的建议；

（四）依照公司章程，提出向国有参股的公司派出的董事、监事人选。

国务院，省、自治区、直辖市人民政府，设区的市、自治州级人民政府，对所出资企业的企业负责人的任免另有规定的，按照有关规定执行。

第十八条 国有资产监督管理机构应当建立企业负责人经营业绩考核制度，与其任命的企业负责人签订业绩合同，根据业绩合同对企业负责人进行年度考核和任期考核。

第十九条 国有资产监督管理机构应当依照有关规定，确定所出资企业中的国有独资企业、国有独资公司的企业负责人的薪酬；依据考核结果，决定其向所出资企业派出的企业负责人的奖惩。

第四章 企业重大事项管理

第二十条 国有资产监督管理机构负责指导国有及国有控股企业建立现代企业制度，审核批准其所出资企业中的国有独资企业、国有独资公司的重组、股份制改造方案和所出资企业中的国有独资公司的章程。

第二十一条 国有资产监督管理机构依照法定程序决定其所出资企业中的国有独资企业、国有独资公司的分立、合并、破产、解散、增减资本、发行公司债券等重大事项。其中，重要的国有独资企业、国有独资公司分立、合并、破产、解散的，应当由国有资产监督管理机构审核后，报本级人民政府批准。

国有资产监督管理机构依照法定程序审核、决定国防科技工业领域其所出资企业中的国有独资企业、国有独资公司的有关重大事项时，按照国家有关法律、规定执行。

第二十二条 国有资产监督管理机构依照公司法的规定，派出股东代表、董事，参加国有控股的公司、国有参股的公司的股东会、董事会。

国有控股的公司、国有参股的公司的股东会、董事会决定公司的分立、合并、破产、解散、增减资本、发行公司债券、任免企业负责人等重大事项时，国有资产监督管理机构派出的股东代表、董事，应当按照国有资产监督管理机构的指示发表意见、行使表决权。

国有资产监督管理机构派出的股东代表、董事，应当将其履行职责的有关情况及时向国有资产监督管理机构报告。

第二十三条 国有资产监督管理机构决定其所出资企业的国有股权转让。其中，转让全部国有股权或者转让部分国有股权致使国家不再拥有控股地位的，报本级人民政府批准。

第二十四条 所出资企业投资设立的重要子企业的重大事项，需由所出资企业报国有资产监督管理机构批准的，管理办法由国务院国有资产监督管理机构另行制定，报国务院批准。

第二十五条 国有资产监督管理机构依照国家有关规定组织协调所出资企业中的国有独资企业、国有独资公司的兼并破产工作，并配合有关部门做好企业下岗职工安置等工作。

第二十六条 国有资产监督管理机构依照国家有关规定拟订所出资企业收入分配制度改革的指导意见，调控所出资企业工资分配的总体水平。

第二十七条 国有资产监督管理机构可以对所出资企业中具备条件的国有独资企业、国有独资公司进行国有资产授权经营。

被授权的国有独资企业、国有独资公司对其全资、控股、参股企业中国家投资形成的国有资产依法进行经营、管理和监督。

第二十八条 被授权的国有独资企业、国有独资公司应当建立和完善规范的现代企业制度，并承担企业国有资产的保值增值责任。

第五章 企业国有资产管理

第二十九条 国有资产监督管理机构依照国家有关规定，负责企业国有资产的产权界定、产权登记、资产评估监管、清产核资、资产统计、综合评价等基础管理工作。

国有资产监督管理机构协调其所出资企业之间的企业国有资产产权纠纷。

第三十条 国有资产监督管理机构应当建立企业国有资产产权交易监督管理制度，加强企业国有资产产权交易的监督管理，促进企业国有资产的合理流动，防止企业国有资产流失。

第三十一条 国有资产监督管理机构对其所出资企业的企业国有资产收益依法履行出资人职责；对其所出资企业的重大投融资规划、发展战略和规划，依照国家发展规划和产业政策履行出资人职责。

第三十二条 所出资企业中的国有独资企业、国有独资公司的重大资产处置，需由国有资产监督管理机构批准的，依照有关规定执行。

第六章 企业国有资产监督

第三十三条 国有资产监督管理机构依法对所出资企业财务进行监督，建立和完善国有资产保值增值指标体系，维护国有资产出资人的权益。

第三十四条 国有及国有控股企业应当加强内部监督和风险控制，依照国家有关规定建立健全财务、审计、企业法律顾问和职工民主监督等制度。

第三十五条 所出资企业中的国有独资企业、国有独资公司应当按照规定定期向国有资产监督管理机构报告财务状况、生产经营状况和国有资产保值增值状况。

第七章 法律责任

第三十六条 国有资产监督管理机构不按规定任免或者建议任免所出资企业的企业负责人，或者违法干预所出资企业的生产经营活动，侵犯其合法权益，造成企业国有资产损失或者其他严重后果的，对直接负责的主管人员和其他直接责任人员依法给予行政处分；构成犯罪的，依法追究刑事责任。

第三十七条 所出资企业中的国有独资企业、国有独资公司未按照规定向国有资产监督管理机构报告财务状况、生产经营状况和国有资产保值增值状况的，予以警告；情节严重的，对直接负责的主管人员和其他直接责任人员依法给予纪律处分。

第三十八条 国有及国有控股企业的企业负责人滥用职权、玩忽职守，造成企业国有资产损失的，应负赔偿责任，并对其依法给予纪律处分；构成犯罪的，依法追究刑事责任。

第三十九条 对企业国有资产损失负有责任受到撤职以上纪律处分的国有及国有控股企业的企业负责人，5 年内不得担任任何国有及国有控股企业的企业负责人；造成企业国有资产重大损失或者被判处刑罚的，终身不得担任任何国有及国有控股企业的企业负责人。

第八章 附 则

第四十条 国有及国有控股企业、国有参股企业的组织形式、组织机构、权利和义务等，依照《中华人民共和国公司法》等法律、行政法规和本条例的规定执行。

第四十一条 国有及国有控股企业、国有参股企业中中国共产党基层组织建设、社会主义精神文明建设和党风廉政建设，依照《中国共产党章程》和有关规定执行。

国有及国有控股企业、国有参股企业中工会组织依照《中华人民共和国工会法》和《中国工会章程》的有关规定执行。

第四十二条 国务院国有资产监督管理机构，省、自治区、直辖市人民政府可以依据本条例制定实施办法。

第四十三条 本条例施行前制定的有关企业国有资产监督管理的行政法规与本条例不一致的，依照本条例的规定执行。

第四十四条 政企尚未分开的单位，应当按照国务院的规定，加快改革，实现政企分开。政企分开后的企业，由国有资产监督管理机构依法履行出资人职责，依法对企业国有资产进行监督管理。

第四十五条 本条例自公布之日起施行。

企业国有资产交易监督管理办法

（2016年6月24日国资委、财政部令
第32号发布 自发布之日起施行）

第一章 总 则

第一条 为规范企业国有资产交易行为，加强企业国有资产交易监督管理，防止国有资产流失，根据《中华人民共和国企业国有资产法》、《中华人民共和国公司法》、《企业国有资产监督管理暂行条例》等有关法律法规，制定本办法。

第二条 企业国有资产交易应当遵守国家法律法规和政策规定，有利于国有经济布局和结构调整优化，充分发挥市场配置资源作用，遵循等价有偿和公开公平公正的原则，在依法设立的产权交易机构中公开进行，国家法律法规另有规定的从其规定。

第三条 本办法所称企业国有资产交易行为包括：

（一）履行出资人职责的机构、国有及国有控股企业、国有实际控制企业转让其对企业各种形式出资所形成权益的行为（以下称企业产权转让）；

（二）国有及国有控股企业、国有实际控制企业增加资本的行为（以下称企业增资），政府以增加资本金方式对国家出资企业的投入除外；

（三）国有及国有控股企业、国有实际控制企业的重大资产转让行为（以下称企业资产转让）。

第四条 本办法所称国有及国有控股企业、国有实际控制企业包括：

（一）政府部门、机构、事业单位出资设立的国有独资企业（公司），以及上述单位、企业直接或间接合计持股为100%的国有全资企业；

（二）本条第（一）款所列单位、企业单独或共同出资，合计拥有产（股）权比例超过50%，且其中之一为最大股东的企业；

（三）本条第（一）、（二）款所列企业对外出资，拥有股权比例超过50%的各级子企业；

（四）政府部门、机构、事业单位、单一国有及国有控股企业直接或间接持股比例未超过50%，但为第一大股东，并且通过股东协议、公司章程、董事会决议或者其他协议安排能够对其实际支配的企业。

第五条　企业国有资产交易标的应当权属清晰，不存在法律法规禁止或限制交易的情形。已设定担保物权的国有资产交易，应当符合《中华人民共和国物权法》、《中华人民共和国担保法》等有关法律法规规定。涉及政府社会公共管理事项的，应当依法报政府有关部门审核。

第六条　国有资产监督管理机构（以下简称国资监管机构）负责所监管企业的国有资产交易监督管理；国家出资企业负责其各级子企业国有资产交易的管理，定期向同级国资监管机构报告本企业的国有资产交易情况。

第二章　企业产权转让

第七条　国资监管机构负责审核国家出资企业的产权转让事项。其中，因产权转让致使国家不再拥有所出资企业控股权的，须由国资监管机构报本级人民政府批准。

第八条　国家出资企业应当制定其子企业产权转让管理制度，确定审批管理权限。其中，对主业处于关系国家安全、国民经济命脉的重要行业和关键领域，主要承担重大专项任务子企业的产权转让，须由国家出资企业报同级国资监管机构批准。

转让方为多家国有股东共同持股的企业，由其中持股比例最大的国有股东负责履行相关批准程序；各国有股东持股比例相同的，由相关股东协商后确定其中一家股东负责履行相关批准程序。

第九条 产权转让应当由转让方按照企业章程和企业内部管理制度进行决策，形成书面决议。国有控股和国有实际控制企业中国有股东委派的股东代表，应当按照本办法规定和委派单位的指示发表意见、行使表决权，并将履职情况和结果及时报告委派单位。

第十条 转让方应当按照企业发展战略做好产权转让的可行性研究和方案论证。产权转让涉及职工安置事项的，安置方案应当经职工代表大会或职工大会审议通过；涉及债权债务处置事项的，应当符合国家相关法律法规的规定。

第十一条 产权转让事项经批准后，由转让方委托会计师事务所对转让标的企业进行审计。涉及参股权转让不宜单独进行专项审计的，转让方应当取得转让标的企业最近一期年度审计报告。

第十二条 对按照有关法律法规要求必须进行资产评估的产权转让事项，转让方应当委托具有相应资质的评估机构对转让标的进行资产评估，产权转让价格应以经核准或备案的评估结果为基础确定。

第十三条 产权转让原则上通过产权市场公开进行。转让方可以根据企业实际情况和工作进度安排，采取信息预披露和正式披露相结合的方式，通过产权交易机构网站分阶段对外披露产权转让信息，公开征集受让方。其中正式披露信息时间不得少于20个工作日。

因产权转让导致转让标的企业的实际控制权发生转移的，转让方应当在转让行为获批后10个工作日内，通过产权交易机构进行信息预披露，时间不得少于20个工作日。

第十四条 产权转让原则上不得针对受让方设置资格条件，确需设置的，不得有明确指向性或违反公平竞争原则，所设资格条件相关内容应当在信息披露前报同级国资监管机构备案，国资监管机构在5个工作日内未反馈意见的视为同意。

第十五条 转让方披露信息包括但不限于以下内容：

（一）转让标的基本情况；

（二）转让标的企业的股东结构；

（三）产权转让行为的决策及批准情况；

（四）转让标的企业最近一个年度审计报告和最近一期财务报表

中的主要财务指标数据，包括但不限于资产总额、负债总额、所有者权益、营业收入、净利润等（转让参股权的，披露最近一个年度审计报告中的相应数据）；

（五）受让方资格条件（适用于对受让方有特殊要求的情形）；

（六）交易条件、转让底价；

（七）企业管理层是否参与受让，有限责任公司原股东是否放弃优先受让权；

（八）竞价方式，受让方选择的相关评判标准；

（九）其他需要披露的事项。

其中信息预披露应当包括但不限于以上（一）、（二）、（三）、（四）、（五）款内容。

第十六条 转让方应当按照要求向产权交易机构提供披露信息内容的纸质文档材料，并对披露内容和所提供材料的真实性、完整性、准确性负责。产权交易机构应当对信息披露的规范性负责。

第十七条 产权转让项目首次正式信息披露的转让底价，不得低于经核准或备案的转让标的评估结果。

第十八条 信息披露期满未征集到意向受让方的，可以延期或在降低转让底价、变更受让条件后重新进行信息披露。

降低转让底价或变更受让条件后重新披露信息的，披露时间不得少于20个工作日。新的转让底价低于评估结果的90%时，应当经转让行为批准单位书面同意。

第十九条 转让项目自首次正式披露信息之日起超过12个月未征集到合格受让方的，应当重新履行审计、资产评估以及信息披露等产权转让工作程序。

第二十条 在正式披露信息期间，转让方不得变更产权转让公告中公布的内容，由于非转让方原因或其他不可抗力因素导致可能对转让标的价值判断造成影响的，转让方应当及时调整补充披露信息内容，并相应延长信息披露时间。

第二十一条 产权交易机构负责意向受让方的登记工作，对意向受让方是否符合受让条件提出意见并反馈转让方。产权交易机构与转让方意见不一致的，由转让行为批准单位决定意向受让方是否符合受让条件。

第二十二条 产权转让信息披露期满、产生符合条件的意向受让方的，按照披露的竞价方式组织竞价。竞价可以采取拍卖、招投标、网络竞价以及其他竞价方式，且不得违反国家法律法规的规定。

第二十三条 受让方确定后，转让方与受让方应当签订产权交易合同，交易双方不得以交易期间企业经营性损益等理由对已达成的交易条件和交易价格进行调整。

第二十四条 产权转让导致国有股东持有上市公司股份间接转让的，应当同时遵守上市公司国有股权管理以及证券监管相关规定。

第二十五条 企业产权转让涉及交易主体资格审查、反垄断审查、特许经营权、国有划拨土地使用权、探矿权和采矿权等政府审批事项的，按照相关规定执行。

第二十六条 受让方为境外投资者的，应当符合外商投资产业指导目录和负面清单管理要求，以及外商投资安全审查有关规定。

第二十七条 交易价款应当以人民币计价，通过产权交易机构以货币进行结算。因特殊情况不能通过产权交易机构结算的，转让方应当向产权交易机构提供转让行为批准单位的书面意见以及受让方付款凭证。

第二十八条 交易价款原则上应当自合同生效之日起5个工作日内一次付清。

金额较大、一次付清确有困难的，可以采取分期付款方式。采用分期付款方式的，首期付款不得低于总价款的30%，并在合同生效之日起5个工作日内支付；其余款项应当提供转让方认可的合法有效担保，并按同期银行贷款利率支付延期付款期间的利息，付款期限不得超过1年。

第二十九条 产权交易合同生效后，产权交易机构应当将交易结果通过交易机构网站对外公告，公告内容包括交易标的名称、转让标的评估结果、转让底价、交易价格，公告期不少于5个工作日。

第三十条 产权交易合同生效，并且受让方按照合同约定支付交易价款后，产权交易机构应当及时为交易双方出具交易凭证。

第三十一条 以下情形的产权转让可以采取非公开协议转让方式：

（一）涉及主业处于关系国家安全、国民经济命脉的重要行业和关键领域企业的重组整合，对受让方有特殊要求，企业产权需要在国有及国有控股企业之间转让的，经国资监管机构批准，可以采取非公开协议转让方式；

（二）同一国家出资企业及其各级控股企业或实际控制企业之间因实施内部重组整合进行产权转让的，经该国家出资企业审议决策，可以采取非公开协议转让方式。

第三十二条 采取非公开协议转让方式转让企业产权，转让价格不得低于经核准或备案的评估结果。

以下情形按照《中华人民共和国公司法》、企业章程履行决策程序后，转让价格可以资产评估报告或最近一期审计报告确认的净资产值为基础确定，且不得低于经评估或审计的净资产值：

（一）同一国家出资企业内部实施重组整合，转让方和受让方为该国家出资企业及其直接或间接全资拥有的子企业；

（二）同一国有控股企业或国有实际控制企业内部实施重组整合，转让方和受让方为该国有控股企业或国有实际控制企业及其直接、间接全资拥有的子企业。

第三十三条 国资监管机构批准、国家出资企业审议决策采取非公开协议方式的企业产权转让行为时，应当审核下列文件：

（一）产权转让的有关决议文件；

（二）产权转让方案；

（三）采取非公开协议方式转让产权的必要性以及受让方情况；

（四）转让标的企业审计报告、资产评估报告及其核准或备案文件。其中属于第三十二条（一）、（二）款情形的，可以仅提供企业审计报告；

（五）产权转让协议；

（六）转让方、受让方和转让标的企业的国家出资企业产权登记表（证）；

（七）产权转让行为的法律意见书；

（八）其他必要的文件。

第三章 企业增资

第三十四条 国资监管机构负责审核国家出资企业的增资行为。其中，因增资致使国家不再拥有所出资企业控股权的，须由国资监管机构报本级人民政府批准。

第三十五条 国家出资企业决定其子企业的增资行为。其中，对主业处于关系国家安全、国民经济命脉的重要行业和关键领域，主要承担重大专项任务的子企业的增资行为，须由国家出资企业报同级国资监管机构批准。

增资企业为多家国有股东共同持股的企业，由其中持股比例最大的国有股东负责履行相关批准程序；各国有股东持股比例相同的，由相关股东协商后确定其中一家股东负责履行相关批准程序。

第三十六条 企业增资应当符合国家出资企业的发展战略，做好可行性研究，制定增资方案，明确募集资金金额、用途、投资方应具备的条件、选择标准和遴选方式等。增资后企业的股东数量须符合国家相关法律法规的规定。

第三十七条 企业增资应当由增资企业按照企业章程和内部管理制度进行决策，形成书面决议。国有控股、国有实际控制企业中国有股东委派的股东代表，应当按照本办法规定和委派单位的指示发表意见、行使表决权，并将履职情况和结果及时报告委派单位。

第三十八条 企业增资在完成决策批准程序后，应当由增资企业委托具有相应资质的中介机构开展审计和资产评估。

以下情形按照《中华人民共和国公司法》、企业章程履行决策程序后，可以依据评估报告或最近一期审计报告确定企业资本及股权比例：

（一）增资企业原股东同比例增资的；

（二）履行出资人职责的机构对国家出资企业增资的；

（三）国有控股或国有实际控制企业对其独资子企业增资的；

（四）增资企业和投资方均为国有独资或国有全资企业的。

第三十九条 企业增资通过产权交易机构网站对外披露信息公开征集投资方，时间不得少于40个工作日。信息披露内容包括但不限于：

（一）企业的基本情况；

（二）企业目前的股权结构；

（三）企业增资行为的决策及批准情况；

（四）近三年企业审计报告中的主要财务指标；

（五）企业拟募集资金金额和增资后的企业股权结构；

（六）募集资金用途；

（七）投资方的资格条件，以及投资金额和持股比例要求等；

（八）投资方的遴选方式；

（九）增资终止的条件；

（十）其他需要披露的事项。

第四十条 企业增资涉及上市公司实际控制人发生变更的，应当同时遵守上市公司国有股权管理以及证券监管相关规定。

第四十一条 产权交易机构接受增资企业的委托提供项目推介服务，负责意向投资方的登记工作，协助企业开展投资方资格审查。

第四十二条 通过资格审查的意向投资方数量较多时，可以采用竞价、竞争性谈判、综合评议等方式进行多轮次遴选。产权交易机构负责统一接收意向投资方的投标和报价文件，协助企业开展投资方遴选有关工作。企业董事会或股东会以资产评估结果为基础，结合意向投资方的条件和报价等因素审议选定投资方。

第四十三条 投资方以非货币资产出资的，应当经增资企业董事会或股东会审议同意，并委托具有相应资质的评估机构进行评估，确认投资方的出资金额。

第四十四条 增资协议签订并生效后，产权交易机构应当出具交易凭证，通过交易机构网站对外公告结果，公告内容包括投资方名称、投资金额、持股比例等，公告期不少于5个工作日。

第四十五条 以下情形经同级国资监管机构批准，可以采取非公开协议方式进行增资：

（一）因国有资本布局结构调整需要，由特定的国有及国有控股企业或国有实际控制企业参与增资；

（二）因国家出资企业与特定投资方建立战略合作伙伴或利益共同体需要，由该投资方参与国家出资企业或其子企业增资。

第四十六条 以下情形经国家出资企业审议决策，可以采取非公开协议方式进行增资：

（一）国家出资企业直接或指定其控股、实际控制的其他子企业参与增资；

（二）企业债权转为股权；

（三）企业原股东增资。

第四十七条 国资监管机构批准、国家出资企业审议决策采取非公开协议方式的企业增资行为时，应当审核下列文件：

（一）增资的有关决议文件；

（二）增资方案；

（三）采取非公开协议方式增资的必要性以及投资方情况；

（四）增资企业审计报告、资产评估报告及其核准或备案文件。其中属于第三十八条（一）、（二）、（三）、（四）款情形的，可以仅提供企业审计报告；

（五）增资协议；

（六）增资企业的国家出资企业产权登记表（证）；

（七）增资行为的法律意见书；

（八）其他必要的文件。

第四章 企业资产转让

第四十八条 企业一定金额以上的生产设备、房产、在建工程以及土地使用权、债权、知识产权等资产对外转让，应当按照企业内部管理制度履行相应决策程序后，在产权交易机构公开进行。涉及国家出资企业内部或特定行业的资产转让，确需在国有及国有控股、国有实际控制企业之间非公开转让的，由转让方逐级报国家出资企业审核批准。

第四十九条 国家出资企业负责制定本企业不同类型资产转让行为的内部管理制度，明确责任部门、管理权限、决策程序、工作流程，对其中应当在产权交易机构公开转让的资产种类、金额标准等作出具体规定，并报同级国资监管机构备案。

第五十条 转让方应当根据转让标的情况合理确定转让底价和转让信息公告期：

（一）转让底价高于100万元、低于1000万元的资产转让项目，信息公告期应不少于10个工作日；

（二）转让底价高于1000万元的资产转让项目，信息公告期应不少于20个工作日。

企业资产转让的具体工作流程参照本办法关于企业产权转让的规定执行。

第五十一条 除国家法律法规或相关规定另有要求的外，资产转让不得对受让方设置资格条件。

第五十二条 资产转让价款原则上一次性付清。

第五章 监 督 管 理

第五十三条 国资监管机构及其他履行出资人职责的机构对企业国有资产交易履行以下监管职责：

（一）根据国家有关法律法规，制定企业国有资产交易监管制度和办法；

（二）按照本办法规定，审核批准企业产权转让、增资等事项；

（三）选择从事企业国有资产交易业务的产权交易机构，并建立对交易机构的检查评审机制；

（四）对企业国有资产交易制度的贯彻落实情况进行监督检查；

（五）负责企业国有资产交易信息的收集、汇总、分析和上报工作；

（六）履行本级人民政府赋予的其他监管职责。

第五十四条 省级以上国资监管机构应当在全国范围选择开展企业国有资产交易业务的产权交易机构，并对外公布名单。选择的产权交易机构应当满足以下条件：

（一）严格遵守国家法律法规，未从事政府明令禁止开展的业务，未发生重大违法违规行为；

（二）交易管理制度、业务规则、收费标准等向社会公开，交易规则符合国有资产交易制度规定；

（三）拥有组织交易活动的场所、设施、信息发布渠道和专业人员，具备实施网络竞价的条件；

（四）具有较强的市场影响力，服务能力和水平能够满足企业国有资产交易的需要；

（五）信息化建设和管理水平满足国资监管机构对交易业务动态监测的要求；

（六）相关交易业务接受国资监管机构的监督检查。

第五十五条 国资监管机构应当对产权交易机构开展企业国有资产交易业务的情况进行动态监督。交易机构出现以下情形的，视情节轻重对其进行提醒、警告、通报、暂停直至停止委托从事相关业务：

（一）服务能力和服务水平较差，市场功能未得到充分发挥；

（二）在日常监管和定期检查评审中发现问题较多，且整改不及时或整改效果不明显；

（三）因违规操作、重大过失等导致企业国有资产在交易过程中出现损失；

（四）违反相关规定，被政府有关部门予以行政处罚而影响业务开展；

（五）拒绝接受国资监管机构对其相关业务开展监督检查；

（六）不能满足国资监管机构监管要求的其他情形。

第五十六条 国资监管机构发现转让方或增资企业未执行或违反相关规定、侵害国有权益的，应当责成其停止交易活动。

第五十七条 国资监管机构及其他履行出资人职责的机构应定期对国家出资企业及其控股和实际控制企业的国有资产交易情况进行检

查和抽查，重点检查国家法律法规政策和企业内部管理制度的贯彻执行情况。

第六章 法律责任

第五十八条 企业国有资产交易过程中交易双方发生争议时，当事方可以向产权交易机构申请调解；调解无效时可以按照约定向仲裁机构申请仲裁或向人民法院提起诉讼。

第五十九条 企业国有资产交易应当严格执行“三重一大”决策机制。国资监管机构、国有及国有控股企业、国有实际控制企业的有关人员违反规定越权决策、批准相关交易事项，或者玩忽职守、以权谋私致使国有权益受到侵害的，由有关单位按照人事和干部管理权限给予相关责任人员相应处分；造成国有资产损失的，相关责任人员应当承担赔偿责任；构成犯罪的，依法追究其刑事责任。

第六十条 社会中介机构在为企业国有资产交易提供审计、资产评估和法律服务中存在违规执业行为的，有关国有企业应及时报告同级国资监管机构，国资监管机构可要求国有及国有控股企业、国有实际控制企业不得再委托其开展相关业务；情节严重的，由国资监管机构将有关情况通报其行业主管部门，建议给予其相应处罚。

第六十一条 产权交易机构在企业国有资产交易中弄虚作假或者玩忽职守、给企业造成损失的，应当承担赔偿责任，并依法追究直接责任人员的责任。

第七章 附 则

第六十二条 政府部门、机构、事业单位持有的企业国有资产交易，按照现行监管体制，比照本办法管理。

第六十三条 金融、文化类国家出资企业的国有资产交易和上市公司的国有股权转让等行为，国家另有规定的，依照其规定。

第六十四条 国有资本投资、运营公司对各级子企业资产交易的监督管理，相应由各级人民政府或国资监管机构另行授权。

第六十五条 境外国有及国有控股企业、国有实际控制企业在境内投资企业的资产交易，比照本办法规定执行。

第六十六条 政府设立的各类股权投资基金投资形成企业产（股）权对外转让，按照有关法律法规规定执行。

第六十七条 本办法自发布之日起施行，现行企业国有资产交易监管相关规定与本办法不一致的，以本办法为准。

企业国有产权交易操作规则

（2009年6月15日 国资发产权〔2009〕120号）

第一章 总 则

第一条 为统一规范企业国有产权交易行为，根据《中华人民共和国企业国有资产法》、《企业国有资产监督管理暂行条例》（国务院令第378号）、《企业国有产权转让管理暂行办法》（国资委、财政部令第3号）等有关规定，制定本规则。

第二条 省级以上国资委选择确定的产权交易机构（以下简称产权交易机构）进行的企业国有产权交易适用本规则。

第三条 本规则所称企业国有产权交易，是指企业国有产权转让主体（以下统称转让方）在履行相关决策和批准程序后，通过产权交易机构发布产权转让信息，公开挂牌竞价转让企业国有产权的活动。

第四条 企业国有产权交易应当遵循等价有偿和公开、公平、公正、竞争的原则。产权交易机构应当按照本规则组织企业国有产权交易，自觉接受国有资产监督管理机构的监督，加强自律管理，维护市场秩序，保证产权交易活动的正常进行。

第二章 受理转让申请

第五条 产权转让申请的受理工作由产权交易机构负责承担。实行会员制的产权交易机构，应当在其网站上公布会员的名单，供转让方自主选择，建立委托代理关系。

第六条　转让方应当向产权交易机构提交产权转让公告所需相关材料，并对所提交材料的真实性、完整性、有效性负责。按照有关规定需要在信息公告前进行产权转让信息内容备案的转让项目，由转让方履行相应的备案手续。

第七条　转让方提交的材料符合齐全性要求的，产权交易机构应当予以接收登记。

第八条　产权交易机构应当建立企业国有产权转让信息公告的审核制度，对涉及转让标的信息披露的准确性和完整性，交易条件和受让方资格条件设置的公平性与合理性，以及竞价方式的选择等内容进行规范性审核。符合信息公告要求的，产权交易机构应当予以受理，并向转让方出具受理通知书；不符合信息公告要求的，产权交易机构应当将书面审核意见及时告知转让方。

第九条　转让方应当在产权转让公告中披露转让标的基本情况、交易条件、受让方资格条件、对产权交易有重大影响的相关信息、竞价方式的选择、交易保证金的设置等内容。

第十条　产权转让公告应当对转让方和转让标的企业基本情况进行披露，包括但不限于：

（一）转让方、转让标的及受托会员的名称；

（二）转让标的企业性质、成立时间、注册地、所属行业、主营业务、注册资本、职工人数；

（三）转让方的企业性质及其在转让标的企业的出资比例；

（四）转让标的企业前十名出资人的名称、出资比例；

（五）转让标的企业最近一个年度审计报告和最近一期财务报表中的主要财务指标数据，包括所有者权益、负债、营业收入、净利润等；

（六）转让标的（或者转让标的企业）资产评估的备案或者核准情况，资产评估报告中总资产、总负债、净资产的评估值和相对应的审计后账面值；

（七）产权转让行为的相关内部决策及批准情况。

第十一条 转让方在产权转让公告中应当明确为达成交易需要受让方接受的主要交易条件，包括但不限于：

（一）转让标的挂牌价格、价款支付方式和期限要求；

（二）对转让标的企业职工有无继续聘用要求；

（三）产权转让涉及的债权债务处置要求；

（四）对转让标的企业存续发展方面的要求。

第十二条 转让方可以根据标的企业实际情况，合理设置受让方资格条件。受让方资格条件可以包括主体资格、管理能力、资产规模等，但不得出现具有明确指向性或者违反公平竞争的内容。产权交易机构认为必要时，可以要求转让方对受让方资格条件的判断标准提供书面解释或者具体说明，并在产权转让公告中一同公布。

第十三条 转让方应当在产权转让公告中充分披露对产权交易有重大影响的相关信息，包括但不限于：

（一）审计报告、评估报告有无保留意见或者重要提示；

（二）管理层及其关联方拟参与受让的，应当披露其目前持有转让标的企业的股权比例、拟参与受让国有产权的人员或者公司名单、拟受让比例等；

（三）有限责任公司的其他股东或者中外合资企业的合营他方是否放弃优先购买权。

第十四条 产权转让公告中应当明确在征集到两个及以上符合条件的意向受让方时，采用何种公开竞价交易方式确定受让方。选择招投标方式的，应当同时披露评标方法和标准。

第十五条 转让方可以在产权转让公告中提出交纳交易保证金的要求。产权交易机构应当明示交易保证金的处置方式。

第三章　发布转让信息

第十六条 企业国有产权转让信息应当在产权交易机构网站和省级以上公开发行的经济或者金融类报刊上进行公告。

中央企业产权转让信息由相关产权交易机构在其共同选定的报刊

以及各自网站联合公告，并在转让标的企业注册地或者转让标的企业重大资产所在地选择发行覆盖面较大的经济、金融类报刊进行公告。

第十七条 转让方应当明确产权转让公告的期限。首次信息公告的期限应当不少于20个工作日，并以省级以上报刊的首次信息公告之日为起始日。

第十八条 信息公告期按工作日计算，遇法定节假日以政府相关部门公告的实际工作日为准。产权交易机构网站发布信息的日期不应当晚于报刊公告的日期。

第十九条 信息公告期间不得擅自变更产权转让公告中公布的内容和条件。因特殊原因确需变更信息公告内容的，应当由产权转让批准机构出具文件，由产权交易机构在原信息发布渠道进行公告，并重新计算公告期。

第二十条 在规定的公告期限内未征集到符合条件的意向受让方，且不变更信息公告内容的，转让方可以按照产权转让公告的约定延长信息公告期限，每次延长期限应当不少于5个工作日。未在产权转让公告中明确延长信息公告期限的，信息公告到期自行终结。

第二十一条 企业国有产权转让首次信息公告时的挂牌价不得低于经备案或者核准的转让标的资产评估结果。如在规定的公告期限内未征集到意向受让方，转让方可以在不低于评估结果90%的范围内设定新的挂牌价再次进行公告。如新的挂牌价低于评估结果的90%，转让方应当重新获得产权转让批准机构批准后，再发布产权转让公告。

第二十二条 信息公告期间出现影响交易活动正常进行的情形，或者有关当事人提出中止信息公告书面申请和有关材料后，产权交易机构可以作出中止信息公告的决定。

第二十三条 信息公告的中止期限由产权交易机构根据实际情况设定，一般不超过1个月。产权交易机构应当在中止期间对相关的申请事由或者争议事项进行调查核实，也可转请相关部门进行调查核实，及时作出恢复或者终结信息公告的决定。如恢复信息公告，在产权交易机构网站上的累计公告期不少于20个工作日，且继续公告的期限不少于10个工作日。

第二十四条 信息公告期间出现致使交易活动无法按照规定程序正常进行的情形，并经调查核实确认无法消除时，产权交易机构可以作出终结信息公告的决定。

第四章 登记受让意向

第二十五条 意向受让方在信息公告期限内，向产权交易机构提出产权受让申请，并提交相关材料。产权交易机构应当对意向受让方逐一进行登记。

第二十六条 意向受让方可以到产权交易机构查阅产权转让标的的相关信息和材料。

第二十七条 产权交易机构应当对意向受让方提交的申请及材料进行齐全性和合规性审核，并在信息公告期满后5个工作日内将意向受让方的登记情况及其资格确认意见书面告知转让方。

第二十八条 转让方在收到产权交易机构的资格确认意见后，应当在5个工作日内予以书面回复。如对受让方资格条件存有异议，应当在书面意见中说明理由，并提交相关证明材料。转让方逾期未予回复的，视为同意产权交易机构作出的资格确认意见。

第二十九条 经征询转让方意见后，产权交易机构应当以书面形式将资格确认结果告知意向受让方，并抄送转让方。

第三十条 转让方对产权交易机构确认的意向受让方资格有异议，应当与产权交易机构进行协商，必要时可以就有关争议事项征询国有资产监督管理机构意见。

第三十一条 通过资格确认的意向受让方在事先确定的时限内向产权交易机构交纳交易保证金（以到达产权交易机构指定账户为准）后获得参与竞价交易资格。逾期未交纳保证金的，视为放弃受让意向。

第五章 组织交易签约

第三十二条 产权转让信息公告期满后，产生两个及以上符合条件的意向受让方的，由产权交易机构按照公告的竞价方式组织实施公开竞价；只产生一个符合条件的意向受让方的，由产权交易机构组织交易双方按挂牌价与买方报价孰高原则直接签约。涉及转让标的企业其他股东依法在同等条件下享有优先购买权的情形，按照有关法律规定执行。

第三十三条 公开竞价方式包括拍卖、招投标、网络竞价以及其他竞价方式。

第三十四条 产权交易机构应当在确定受让方后的次日起 3 个工作日内，组织交易双方签订产权交易合同。

第三十五条 产权交易合同条款包括但不限于：

（一）产权交易双方的名称与住所；

（二）转让标的企业的基本情况；

（三）产权转让的方式；

（四）转让标的企业职工有无继续聘用事宜，如何处置；

（五）转让标的企业的债权、债务处理；

（六）转让价格、付款方式及付款期限；

（七）产权交割事项；

（八）合同的生效条件；

（九）合同争议的解决方式；

（十）合同各方的违约责任；

（十一）合同变更和解除的条件。

第三十六条 产权交易机构应当依据法律法规的相关规定，按照产权转让公告的内容以及竞价交易结果等，对产权交易合同进行审核。

第三十七条 产权交易涉及主体资格审查、反垄断审查等情形，产权交易合同的生效需经政府相关部门批准的，交易双方应当将产权交易合同及相关材料报政府相关部门批准，产权交易机构应当出具政府相关部门审批所需的交易证明文件。

第六章 结算交易资金

第三十八条 产权交易资金包括交易保证金和产权交易价款，一般以人民币为计价单位。

产权交易机构实行交易资金统一进场结算制度，开设独立的结算账户，组织收付产权交易资金，保证结算账户中交易资金的安全，不得挪作他用。

第三十九条 受让方应当在产权交易合同约定的期限内，将产权交易价款支付到产权交易机构的结算账户。受让方交纳的交易保证金按照相关约定转为产权交易价款。产权交易合同约定价款支付方式为分期付款的，首付交易价款数额不低于成交金额的30%。

第四十条 受让方将产权交易价款交付至产权交易机构结算账户后，产权交易机构应当向受让方出具收款凭证。对符合产权交易价款划出条件的，产权交易机构应当及时向转让方划出交易价款。转让方收到交易价款后，应当向产权交易机构出具收款凭证。

第四十一条 交易双方为同一实际控制人的，经产权交易机构核实后，交易资金可以场外结算。

第四十二条 产权交易的收费标准应当符合产权交易机构所在地政府物价部门的有关规定，并在产权交易机构的工作场所和信息平台公示。

交易双方应当按照产权交易机构的收费标准支付交易服务费用，交易机构在收到服务费用后，应当出具收费凭证。

第七章 出具交易凭证

第四十三条 产权交易双方签订产权交易合同，受让方依据合同约定将产权交易价款交付至产权交易机构资金结算账户，且交易双方支付交易服务费用后，产权交易机构应当在3个工作日内出具产权交易凭证。

第四十四条 产权交易涉及主体资格审查、反垄断审查等情形时，产权交易机构应当在交易行为获得政府相关部门批准后出具产权交易凭证。

第四十五条 产权交易凭证应当载明：项目编号、签约日期、挂牌起止日、转让方全称、受让方全称、转让标的全称、交易方式、转让标的评估结果、转让价格、交易价款支付方式、产权交易机构审核结论等内容。

第四十六条 产权交易凭证应当使用统一格式打印，不得手写、涂改。

第八章 附 则

第四十七条 产权交易过程中发生争议时，当事人可以向产权交易机构申请调解。争议涉及产权交易机构时，当事人可以向产权交易机构的监管机构申请调解，也可以按照约定向仲裁机构申请仲裁或者向人民法院提起诉讼。

第四十八条 国有产权转让过程中，涉嫌侵犯国有资产合法权益的，国有资产监督管理机构可以要求产权交易机构终结产权交易。

第四十九条 产权交易中出现中止、终结情形的，应当在产权交易机构网站上公告。

第五十条 本规则自 2009 年 7 月 1 日起施行。

图书在版编目(CIP)数据

国有资产交易法律实务与疑难问题 / 佟杉杉著. --
北京：法律出版社, 2021(2025.1 重印)
ISBN 978-7-5197-4843-2

Ⅰ. ①国… Ⅱ. ①佟… Ⅲ. ①国有资产法-研究-中
国 Ⅳ. ①D922.291.914

中国版本图书馆 CIP 数据核字(2020)第 146664 号

国有资产交易法律实务与疑难问题
GUOYOU ZICHAN JIAOYI FALÜ SHIWU YU YINAN WENTI

佟杉杉 著

责任编辑 冯雨春 张 颖
装帧设计 臧晓飞

出版发行 法律出版社
编辑统筹 法律应用出版分社
责任校对 王 丰 李景美
责任印制 刘晓伟
经 销 新华书店

开本 710 毫米×1000 毫米 1/16
印张 21.5 字数 371 千
版本 2021 年 1 月第 1 版
印次 2025 年 1 月第 5 次印刷
印刷 天津嘉恒印务有限公司

地址:北京市丰台区莲花池西里 7 号(100073)
网址:www.lawpress.com.cn
投稿邮箱:info@lawpress.com.cn
举报盗版邮箱:jbwq@lawpress.com.cn

销售电话:010-83938349
客服电话:010-83938350
咨询电话:010-63939796

书号:ISBN 978-7-5197-4843-2
定价:98.00 元